経済のトリセツ

Instruction Manual for the Economy

山形浩生

Hiroo Yamagata

AKISHOBO

目次

はじめに 8

第1章　経済のトリセツ　その1 15

援助屋の悩み：経済ってどうすりゃ発展すんの？ 19
発展の可能性があるベトナムと停滞する日本 24
経済成長は、ぼくたちの努力や成長の総和でしかない。 28
ゴッドランドの経済学 34
生産性の話の基礎 41
会社と仕事への忠誠心 57
NY大停電と構造改革 61
おたく系コンテンツ産業振興策 65
乞食にお金をあげるべきか。 69
寄付をしないケチな日本人ども 72
金持ちの人生哲学を教えよう 77

ご主人様をしつける女中たち　81
閉じたパイと開いたパイの作る国民性　85
「元を取る」という思考の落とし穴　88
お金についての浅はかな話　91

第2章　クルーグマンとかケインズの話　99

クルーグマンが教えてくれる経済学の驚き　105
クルーグマンのノーベル賞と調整インフレ　108
『クルーグマン教授の〈ニッポン〉経済入門』訳者解説　112
『さっさと不況を終わらせろ』訳者解説　140
いま読むべきケインズ　161
『要約 ケインズ 雇用と利子とお金の一般理論』訳者解説　167
『お金の改革論』訳者解説　196

第3章　リフレをめぐる個人史、ときどきピケティの話　213

リフレーション政策の個人史と展望　218
経済ジャーナリズム：二〇一四年への展望　242
ピケティ理論とアベノミクスはマッチする　261
『21世紀の資本』のパワー　265
ピケティをめぐる経済学論争　278
幼児教育への投資は国としてきわめて重要　288
民主党の「格差解消」はお題目　291
片岡剛士『日本経済はなぜ浮上しないのか』書評　294
スタックラー他『経済政策で人は死ぬか？』書評　297
アベノミクスですら生ぬるい　300
日本経済復活には何が必要なのか　304

岩田規久男副総裁は黒田の尻を蹴飛ばして
リフレを一〇倍増させるべきだったと思う。 309
『21世紀の資本』：経済学書から映画へ 319

第4章 経済のトリセツ その2 339

戦争反対は理念より実利から 342
ＩＭＦ、自らの処方箋を味わう 346
排出権取引が新しいバブルの温床になるだろう 349
貧乏人の経済学：中途半端は意外といいかも？ 356
ギリシャ危機とユーロの未来 359
不自由な発展と自由な貧困：北アフリカ動乱の選択 363
移民に来てもらえるのもいまのうち 366
経済政策に「真意」はいらない 369
ヨーロッパはもうだめかもしれない 372

周辺国経済の死を平然と見過ごすドイツ　375
ブレグジットの五分（以上）の理について　378
海賊版つぶしで自滅するマンガ、アニメ業界　384
下手な鉄砲がイノベーションを生む　388
人工知能はまだ自動化できない　391
ネット覇者が溶かす平等幻想　394
中高生のためのケンチク：建築と政治経済　400
おわりに　420

経済のトリセツ

はじめに

ようこそ。もちろん手に取った方はわかっているんだろうが、これは山形浩生の経済関連の雑文集となる。

さておそらくご存じの通り、この山形というヤツは経済についてあれこれ書いているし、経済学についてもいろいろきいたふうなことは言うんだが、「経済学者」ではない。教育からすれば、エンジニアの落ちこぼれだ。だからときどき「学者でもないくせに、経済のことをアレコレ言うな」なんてことを言われる。これはまあ、仕方ない面もある。というのも、素人の経済談義というのは、往々にしてゴミクズだからだ。

だれしも日々、買い物をしたり給料をもらったりしているし、なんらかの形で経済の構成員ではあるので、多くの人は自分が経済について何かしらわかっていて、一人前の口がきけるつもりでいる。でも実は、いろんな要因をきちんと切り分けて考えるのはツイッターなんかでくだらないことをアレコレつぶやいている人たちはもとより、マスコミでいっぱしの評論家ヅラしている人ですら、まあろくなもんじゃない。

一方で経済学者どもがましかと言えば、必ずしもそうとは言えない。景気が悪くなったら金利を下げ、公共投資をして、減税することでお金がまわりやすくするのが経済学の初歩の初歩だ。ところが日本のエライはずの経済学者は、なぜか消費税率を引き上げると景気が回復するとかいうトンデモ理論を平気で掲げ、東日本大震災でもまっ先に復興増税を言い出し、コロナの対策会議で呼ばれたら、ロックダウンその他の経済的影響を考えるどころか、ＰＣＲ検査をしろとかいう愚にもつかない提言をしてみせる。が、平均で言えば、まあ何も肩書きのない素人よりは少しましかもしれない。その意味で「経済学者でもないくせに」という難癖には一理ないわけではない。

その一方で、ぼくの本業は開発途上国援助で、その相当部分はプロジェクトの財務計算、経済計算だ。そのときの肩書きは「エコノミスト」となる。いわゆる実務エコノミストだ。「経済学者」という意味でのエコノミストとなんらちがいはない。

もちろんこの肩書きでマスコミに出てくる連中も、これまたろくでもないのがいくらもいる。というか、経済学者に輪をかけてひどい場合もしょっちゅうだ。特定分野の税務処理や経理しか知らない人や、無内容な株の予想屋が「実務エコノミスト」を平気で名乗っている。多くは、経済全体のことなんか考えたこともない。経済学の最近の流行りもきちんと知らないどころか、「自分は現場のリアルな感覚で経済を捉えている、経済学なんか机上の空論だから知る必要がない」と胸を張ったりする。その手の人間は、たいがいはトンデモだ、というのはケインズが指摘した通り。その意味で、実務エコノミストだからどうした、と言われても仕方ない面はあるだろう。

ただ、実務エコノミストの中で、ぼくのやっている開発援助というのは、少しおもしろい立場にいる。まず建前上とはいえ、開発援助はその国の発展のためにやるものだから、国全体の経済を考える、という話は不可欠になる。そしてもう一つ。開発援助の世界は、本当に泥臭い実務の世界のはずなのに、なんだか妙に変な学問的潮流の影響が一気に入ってくる分野でもある、ということだ。

たぶんその理由の一つは、開発援助の基本的な目的である「開発」とか「発展」（英語ではどっちもdevelopmentで同じ言葉です）というのが、もともとアダム・スミス以来の経済学の最も根本的な問題意識でもあるからだ。そして……非常に嫌なことだけれど、開発援助はある意味で先進国の生焼け理論が途上国を実験台にお遊びをする場になってしまっているからだ。世界銀行やＩＭＦには、結構優秀な経済学者たちがたくさんいる。それは結構なんだが、その人たちは、もちろん経済学の最先端の潮流を熟知し……そしてそれを、いとも簡単に、途上国に押しつけようとする。おまえ、自分の国でそれできますか、というような代物がどんどん入ってくる。いやむしろ、自分の国ではできないからこそ、よそでやってみよう、みたいな印象すらある。

かつては開発援助というのは、途上国には発展のための資本が足りないから、先進国がかわりに資本を作ってあげよう、というのが基本だった。資本というと、工場、設備、道路、港など、各種のインフラだ。ところが経済学の風潮が変わり、なんでも市場に任せるのがいちばんだという話になると、いきなり世銀の援助方針が変わる。これからは脱インフラだ、もうインフラには融資しない、インフラも民営だ、すべてを市場に任せろ、なんでも市場化、という方針になる。そして経済成長が重要だという立場が急に、経済発展を押しつけるのはよくない、腐敗を招くだけ、だから経済成長は無視だ、貧困削減を直接目指すべきだ、と言い出す。そして、貧困なくすにも成長必須よ、という当然の話が一〇年がかりで認識されたと思ったら、今度は成長のためには制度が大事だ、構造改革しろ、制度構築を、と言い出す。

経済学の知見は理論としてはおもしろい。でもそのときの知的流行に合わせて世俗的な援助の方針がガラガラ変わる様子は、正直言ってまぬけだし、迷惑だとすら思っている。ぼくだけじゃない。停電している国が、発電所作るお金を貸して、と言っているときに「いやインフラにお金は出さない、電力会社を民営化しろ」と言うのは、あまりまともなことには思えない。民営化すると、停電がなくなるんですか？　いつ？　どうやって？　そんなものを押しつけられる途上国こそ、たまったもんじゃない。ちなみに日本の援助は、しばしば世界の潮流に遅れているかのようなことが言われるけれど、むしろそれはこうした軽薄な「流れ」に安易に乗らないという意味ではいい面もあるとぼくは思う。

そんなわけで、開発援助のエコノミストとして、ぼくは一応、理論のそこそこ「最先端」がどんな話になっているか、部分的にせよ嫌でも思い知らされることになる。だいたい、それがいちばん極端な悪い形で降ってくるからだ。その一方で、相手にしている「現場」は、これまた壮絶な代物だ。まともな会計基準がないところで、株式市場ってどうすりゃいいのよ。食べ物と住宅が配給制のところで「所得水準」はどう計算しようか？　そして、それをここの発展につなげるにはどうすればいいんだろうか。ぼくの仕事は、その理論と現場（の双方の最悪の部分）の板挟みでもある。

ここに集めた文章は、そんな日々の悩みの副産物でもある。個人的には、それが理論っぽい話と現実っぽい話でそれなりにバランスの取れたものだと思いたいのだけれど、いかがだろうか。それはもう、読者のみなさんの判断次第。

そしてもう一つ、ここに集まった文章の半分くらいは二〇一二年以前、アベノミクスによる景気の（ある程度の）回復以前に書かれている。援助関係者としては、発展途上国に発展のお手伝いに行って「でも日本は全然成長してないじゃないか、そんなところがわが国の支援ができるのか」と言われるのは、結構つらいものがあった。最初はクルーグマンの請け売りで宣伝しはじめたリフレ（リフレーション）政策も、やっぱ援助する側として、日本は経済の扱いを心得ています、と言いたい気持ちもあって深入りしていったものだし、それがいろいろ石を投げられるのに少しは対抗しようとして、理論面の勉強も進められたのは、いまにして思えばありがたいことだった。ケインズをめぐる各種の文も、その派生のようなものだ。文中にも出てくるけれど、かつては、何やら「声の出るゴキブリ」とまで罵倒され、まさに冒頭で述べたような、「経済学者でもないくせに」「これだから素人は」と嘲笑された話が、まがりなりにも本道の政策になるプロセスを目撃できたのは、得がたい体験ではあった。その話についてては本書でも触れているけれど、多少は経済についての嗅覚くらいはある証拠、と見ていただけると嬉しいのだけれど。

そして、そうした理論と現実の板挟みの中で、まだきちんとしたコンセンサスがないような話について自分なりの考えも出てくる。人工知能の役割、イノベーションの起こし方、排出権取引の動向——そんな話も本書には収めてある。まあ、ここらへんは話半分で読んでもらえればいい。ただ、最終的にぼくは、経済の話は実体的な世界の話——いわゆる「経済活動」の範疇にとどまらないもの——まで波及する必要はあると思っている。本書に収録した最後の文は、建築という視点からいろんな分野の関わり合いについて触れたものだけれど、ぼくはそれが、経済についても言える話だと思っている。「経済観」なんていう大げさなものではないけれど、つい抽象化されがちな「経済」の話より、もう少し経済が具体的な世界や活動とからみ合うところに目を向けるべきだと思うのだ。

それをいろいろつまみ食い的にやってみたのが、本書収録の各種雑文となる。さて、どこまで説得力がありますことやら。が、中身の是非はさておき、多少の暇つぶしとしてはお楽しみいただけるものになっているのではと自負する次第。では、お楽しみあれ。

第1章　経済のトリセツ　その1

この章は、経済について語る上での基礎用語確認みたいな章となる。経済発展ってなんだろうか。生産性ってなんだろうか。経済や社会の活力ってなんだろうか？

基本的にぼくは、経済成長信者だと言っていいだろう。経済成長「だけ」でいいとは思っていない。その一方で、経済成長がないとお話にならない。経済成長がないと、それはこの章に収めた「パイの拡大」の話でも述べたように、社会全体の考え方にも影響し、足の引っ張り合いが生じてなおさら成長できずに停滞して、それがさらに足の引っ張り合いを悪化させるという悪循環に入ってしまうのだ。

そして、実際に成長している社会と、そうでない社会を見たとき、その雰囲気はかなり明確にちがう。成長の基盤になっているのは、その社会の人々の生産性でもあるし、人々の働く意欲とも相関している。そして、それはその社会の幸福感の水準とも直結している。多くの人は、経済成長というのが何か抽象的な数字のことだと思っている。でもそうじゃない。その社会に存在する将来への希望、活力、それが経済成長だ。経済成長率は、それを示す粗雑な指標でしかない。経済がマイナス成長に陥った社会のドンヨリ感は、少しあたりを歩いただけでもわかる。

それを実感できない人間は、そもそも経済がどうしたとか言うべきではないと思う。ところがその感覚がまったくない人、ゼロ成長やマイナス成長のところに出かけてそこに漂う悲しさを感じられない人に限って、くだらない経済成長否定論に走る。絵本やアニメの世界にしかない、停滞した何も変わらない農村社会を理想化してみせ、経済成長なんかいらない、そんなものは不要だ、文明の恩恵は必要ない、と唱えてみせる。

いや、正確にはそうした人たちは決して、「経済成長なんか不要だ」「経済停滞しろ、いや衰退しろ」とは言わない。「改めて考え直してみるべきではないか」「もう一度考えてみたい」「本当の幸せとは何なのかを直視すべきではないか」とか言うだけだ。

オッケー、考え直してくださいよ。直視してくださいよ。で、その結論は何だったんですか？　この連中は、決してそれを言わない。というのも、実際に考え直したりはしないからだ。そうすべきではないか、と言っただけだからだ。そんなことを思ってみた自分に酔っているだけだからだ。そして、つっこまれると「いや経済成長を否定したわけではない、それだけでいいのかと問題提起をしたいだけだ」と逃げるのだ。

もちろん、他にも望ましいことはいろいろある。成長の果実がなるべくみんなに行き渡るようにしたいし、社会が不安定になったり、歪んだりするのは望ましくないこともある。でもそれは、ある程度の成長が実現した次のレベルの話だ。それに、そういう物言いはしばしば、以前の停滞社会で既得権益を握っていた連中のひがみだったりもするので、どこまで真に受けるかはちょっと考える必要もある。

そしてそれを認めたとたん、成長を否定をしたがる人はしばしば「ほら、格差（あるいは公害でも伝統社会崩壊でも）が出るから成長はよくない」と言い出す。でもそれは成長「だけ」ではよくない、という話だったはずだ。ところがこの議論も三歩進んだあたりで成長そのものがよくないという話にすりかわる。そういう二枚舌には本当に気をつけないといけない。

この章に収めたいろいろな文章は、そうした詭弁への反論でもある。ある国の経済を見るとき、考えるべきことは本当にいろいろある。でもまず見るべきポイントはどこにあるのか？　そしてそこから派生する、豊かさとそれに関連する各種の仕組みについて、ここでは扱っている。

援助屋の悩み：経済ってどうすりゃ発展すんの？

初出：「旅行人」2003年1月号、旅行人

モロッコでミントティーを飲んでぼんやりするのは、これはもう日課のようなものだ。旧市街の迷路のように入り組んだカスバの狭い通りのカフェに、お湯入りコップにミントの枝をつっこんだだけのお茶をすすりながらすわっていると、「チーノ？」とかいって話しかけてくるオヤジがいるわけだな。んでもって、次から次へとやってくる靴磨きを右に左に追い払うぼくを前に、まあしつこくあれこれ話をして、どっからきたの、結婚してるかだの、適当に相手をしているうちにだいたいじゅうたんを買えという話になるのは定石ではある。そういう人を見るにつけ、いやあ暇だなあと思ったりするのは人情だ。

そして翌日、安宿から朝出かけると、目の前のカフェでミントティーを前にしたあのオヤジが手を振ってよこしたりして、そして夕方戻ってきてみると、同じオヤジが同じところにいてまた手を振ったりしている。おまえ……そこにすわって無為に時間を過ごしてていいのかよ。少し働こうとか思わないわけ？　と思ってしまうのもこれまた人情だ。

もちろんこれにはいくつか原因があって、モロッコは失業率がとりあえず高い、というのはある。だけれど、それ以上に、こいつら本質的に単に怠け者なんじゃないー？と思うことはままある（そこのあなた、ないとは言わせませんよ）。気楽な旅行者なら「人生、あくせく働くだけが能じゃないんだなー」とか「仕事に埋もれている自分の日常を見直すきっかけに」とか、くだらんおためごかしをつぶやいて悦に入っていればいいや。でも援助となると、そうはいかんのよ。援助って何のためにするかといえば、まあとりあえず死なないようにする、という援助はある。飢餓地域の食料援助や災害援助とかだ。でも基本は、援助はみんなに経済成長してもらうためにやるのだ。経済成長ってなあに？　みんなの所得が上がることだ。そしてそのためには、みんなガシガシ働いてもらわにゃなりません。働かざる者食うべからずだ。

でも——そこがむずかしいところだ。いったいどうやって人をガシガシ働かせればいいんだろう。経済が発展しないと、仕事なんかできませんぞ。でも発展するにはガシガシと……と話は堂々巡りだ。

実は、経済がどうして成長したりしなかったりするのか、あまりよくわかってないからだ。だからこそ、みんなある地域が急速に発展すると驚く。たとえば戦後の日本。なぜ日本がこんなに成長したのか、実はよくわからない。あるいは江戸時代から明治期に入ったときの日本はなぜ成長したんだろうか？　あるいは最近では東南アジアや中国。なぜ発展できたの？

たとえば爺さんあたりに、日本がなんで成長できたのかきいてごらん。するとたぶん、日本人は勤勉だったからとか、日本の官僚が優秀だったから、とかいろいろ返事が返ってくるだろう。「プロジェクトXを見ろ！　あの情熱だ！　国民のやる気だ！」とか。もっともらしいけれど、実はこれがなんの説明にもなってないことは、すぐわかる。じゃあ、どうして昔の日本人はやる気があって、家族を顧みずにいっしょうけんめい働いたの？　日本民族は優秀なのだとか答えるバカがいるけど、そんなわきゃない。戦国時代の日本にきた宣教師たちは、日本人ほど不真面目で怠け者の連中はいない、と書き残している。あるいは、どうして昔の官僚ってそんなに優秀だったの？　それにそんなの他の国に移植できないでしょ。どうするね。うちの財務省と経産省から一〇〇人くらい輸出しますか？

さらにダメ押し。自分の頭のハエを追え、という故事がありますわな。もし経済成長の仕方がわかってるんなら、日本はなんだって過去一〇年にわたり、一パーセント以下の低成長ばかりかマイナス成長なの？　他人の援助をする前に、自分のとこをなんとかしろよ。実は最近は、援助の相手国でよく嫌みを言われるのだ。「おまえの国は今年三パーセント成長で調子悪いぞ」と言うと、「ほう。ところで日本は今年どのくらい成長しましたっけ」（ニヤリ）と口ごたえされる。でも、それは実は本質をついているのだ。

そしてこれは、海外援助の一つの（でもたぶん最大の）問題の一つだ。いったいどうやれば経済が発展するか、実はぼくたちはよくわかっていない。ぼくたち、というのは日本の援助機関もそうだし、世界銀行だって、その他ありとあらゆる援助機関だって。みんな、知ってるような口はきく。でも、実はわかってない。

理論的にもそうだ。いま主流の新古典派経済学では、要するにすべて市場任せにして放っておけば、何もかも最高の状態になるはず、なのだ。だから援助のいちばんの基本は、何もしないこと、だったりする。が、もちろん何もしないで状況がよくならないから困ってるわけですな。

するといろんな理論では、市場がうまく機能しないからダメなんだ、という理屈を次々に考え出す。途上国は労働力は余ってるのに設備がないから発展しない、と主張された時代があった。ホントなら、そういう状況だと資本設備が希少なので儲かるはずだ。だから民間がどんどん投資するだろう、ということになる。そういう投資家がまだいないから、外国の政府がかわりにいろんな工場やダムや発電所を作ってあげよう、という理屈だった。農業にも緑の革命をやって、資本をつっこんだ。でも、ダメなところはダメなままだ。これはそれを使う人がダメなのだ、人材教育だ、という時代もあった。それもちょぼちょぼ。最近の流行りは構造改革ね。古い構造があるから市場がきちんと機能しないのだ、という理屈。でも、これも日本をごらん。構造改革なんて、そう簡単にできるもんじゃありませんぜ。てなわけで、最近は実は、援助の世界はかなり手詰まりになってるのだ。さてどうしたもんか。

てなことを考えながら、ぼくはモロッコのカフェにすわっていたのであるよ。隣には、またあのオヤジがきている。なんだい、オレが結婚しているかどうかは昨日もきいただろうに。だからじゅうたんは買わないって言っただろう。もうちっとまともに仕事でも探したらどうだ――と思うんだけれど、でもその仕事がないからこそ、こんなことやってこいつらは小遣い稼ぎをしているんだよな。そしてぼくが本当に能書き通りの仕事をしてるんなら、彼らに仕事を作ってやれるはずなんだよな。そう思うと内心忸怩たる思いがたちこめて、せめてミクロレベルでちょっと雇用創出するかと思って、よってきた靴磨きに靴を磨いてもらうと、こいつがまた図にのってふっかけてくるんだ。何が「テン・ダラー」だ、ふざけんじゃねえぞ。妙な仏心を起こしたのがバカだった。まったくなめやがって。

発展の可能性があるベトナムと停滞する日本

初出：「アルコムワールド」２０１１年３月号、アルク

一月のハノイはとても寒い。真冬の日本を離れて、少しは暖かくなるかと思ったのに。で、こちらにきて何をしているかというと、いろんな企業の話をきいているわけだ。

もちろん仕事なので、その細かい中身を話すことはできないのだけれど、それはここでの話とは関係ない。でもいろんな人と話をしていて感じるのは、みんな表情が明るいということだ。その人たちは言う。いま、日本国内でやる仕事はどうしても後ろ向きだ、と。これから当分、日本国内の市場が大きく拡大するようなシナリオはあり得ない。日本国内の仕事はすべて、せいぜいが現状維持だ。下手をすると、事業縮小やリストラも考えなくてはならない。

でもベトナムはちがう。

むろん、ここでの事業が容易というわけじゃない。人材は結構優秀で器用とはいえ、気質的にむずかしいこともある。日本人なら常識的に、言われなくてもやるような片付けをしないとか、あるいは下請けさんも、品質や納期を守るといった程度のことすらこなせない。だいたい

できてりゃいいじゃん、ちょっとくらい質が悪くても製品は動くし、ちょっとした傷や歪みのせいで使える部品を捨てるなんてもったいないじゃん、という発想。いやあ、参りますよ、そういう基本から仕込まないとダメですからねえ、と日系企業の人々は言うのだけれど、それに続けて「でも……」と言うのだ。

でも、ここは成長を見込んだ話ができる。事業をどう拡大しようか、次はどこへ進出しようか。それは本当におもしろい、日本ではついぞ味わえなかった気分だ、と。やっぱり自分の手がけた製品がどんどん売れるのは楽しいし、自分の仕事が成長するのはやりがいがある、と。

最初にベトナムに行けと言われたときには、結構「げっ」と思ったという人もいた。それはそうだろう。かつての日本企業は、普通は国内勤務が通例、たぶんちょっとエリートっぽい人は欧米支社に転勤になったりして、一方途上国の工場に送られる人は、まあ左遷やドサまわりとまでは言わないけど、下手すりゃ出世コースからははずれるかもしれない。たぶん奥さん子供は連れてこられず、単身赴任だ。

でもいまはちがう。別に家族をつれてきてもそんなに困らない。まあ言葉の問題はあるし、子供の学校は悩みの種ではある。でも、ブランドショッピングだってできる、日本料理屋だってある、それに日本側でもエスニック料理は普及して、ベトナム料理くらい平気で食える。

そしていまや企業の中でも、アジア市場こそが成長市場でありドル箱市場となりつつある。日本に戻っても胸の張れる部署だ。別にそれは、その人が特に優秀だからじゃない。でもパイが成長している環境では、普通の人でも、普通に成功を手にできるということだ。

そしてそれは、日本だけじゃない。欧米の銀行もそうだという。いまロンドンやニューヨークに行っても、そんなにおもしろくない。もちろん、ものすごく頭のいい超エリートなら、変なデリバティブ取引とかいろいろできるかもしれない。でも普通の人がおもしろい仕事をやって成功して充実感を味わえるのは、アジアだ（さすがにアフリカはまだつらいとのこと）。

毎日そういう話を聞いて、戻る道すがらも、そこらのコーヒー屋や服屋だってずいぶん元気そうだ。いまだって食べるには困らないし、生活がこれから向上することを彼らは確信している。

そして宿に戻ってテレビをつけると、日本の内閣改造（というより何やら政治取引で椅子を順繰りにまわしているだけにしか見えないけど）のニュースが出ている。その様子を見ていると、彼らは目先の人気取りだけしか考えておらず、みんなが幸せに成功できるような成長路線に日本を少しでも戻そうという意志はないようだ。残念なことだと思う。

コメント

これを書いてから一〇年。アジアは急激に発展し、だんだん中進国の罠的な症状が強まるところも多い。その一方で、当時はまだかな、という感じもあったアフリカの一部は、ずいぶん面白味を増している模様。東アジアの奇跡と呼ばれたほどの活力ではないし、やっと離陸しかけたところで、コロナによりこの先どうなるかもはっきりしなくなったけれど、でもかつて絶望をこめてブラックホールとまで呼ばれ、もはや発展はあり得ないのではと危惧されたような感じではない。

日本も、この翌年にまさかの第二次安倍政権で、まさかのリフレ政策が採用され、少なくともこの頃の停滞感からは脱出できた。それがしばらく続いた結果、多くの人はこの二〇一一年当時の閉塞感を忘れている。でも、日本があの状態から多少なりとはいえ回復できたんだから、世界の他のところも希望はあるはずなんだが……。

経済成長は、ぼくたちの努力や成長の総和でしかない。

初出：「山形浩生の『経済のトリセツ』」2006年11月3日、著者個人ブログ

ここ（http://bewaad.com/20061103.html#p01）でのやりとりを見ていて思ったこと〔注：現在ではリンク切れ。当時、bewaad氏のHP上のコメントのやりとりで、経済成長の是非についての議論がなされていた〕。

もう経済成長はいらないとか、お金だけが大事なのではない、とかを他人に対して（それはたとえば「日本は」とか「人々は」とか「先進国は」といった表現になることも多い）口走る連中は、みんな衣食足りているどころか飽食している人々だということ。そしてその人々が、その大事でないはずのお金を手放そうとしたりすることはおそらくほとんどないということ。

が、それより重要なこととして、そうした人々の多くは想像力が欠如していること。経済成長ってことの意味がまったく理解できていない。

ぼくたちが経済成長するということは、別にお金を貯め込むということではない。たくさん生産して、その分たくさん買うようになるということだ。そしてその買う相手は日本だけじゃ

ない。アメリカやアジア、各種発展途上国もある。日本が経済成長すれば、そうした国々の商品を買って、その国々の経済成長――つまりは彼らの生活水準の向上――を助けることになる。かつて一九九七～九八年頃にアジアの通貨危機が起きたとき、日本の景気がよくて経済成長がもっと高く、アジア諸国からもっとたくさん買ってあげられていれば、インドネシアはあんなひどい状況にならずにすんだかもしれない。アメリカだって、住宅需要減速におびえる状況が少しはましになっていたかもしれないし、ヨーロッパだってもう少し楽に息ができるようになっただろう。そして相変わらずろくでもない状況のアフリカのものだって、少しは多めに買ってあげられて、彼らも少しは助かったかもしれない。

それはある意味で、経済大国の責任でもある。自分が飽食して、ほしいモノが一通りそろい、ネットもパソコンも家も持ち、ブログを書き散らすだけのゆとりが手に入っているからといって、日本全体に対して成長をやめろというのは、ある意味で世界第二位の経済としての責任を放棄しろと言っているに等しい。それは、自分の身の回り三メートル四方しか見えていない近視眼の告白でしかない。

経済に限らず、あらゆる成長というのは自分だけに関わることじゃない。まわりの人々、社会全体、世界のあり方にも関わることだ。成長して、余計に使えるようになったお金は、人助けにも使えるし、環境改善にも使えるし、あれやこれや、いまお金が足りなくてできない各種のよいことに使える。それを考えなきゃいけない。まだまだ世の中は完璧じゃない。もっともっとしたいこと、すべきことはある。それを実現するためにも、もっと成長しなきゃ。というよりも、そうしたことを実現することこそまさに経済の拡大であり、成長なのだ。これまで垂れ流されていた廃棄物をきちんと処理する技術をつくり、産業化することで経済は拡大する。見殺しにするしかなかった病人を治療し、回復させる仕事を作ることで経済は拡大する。人間がもっと生活を便利にしよう、もっと世の中をよくしようと思う限り、経済はほっといても成長するのが普通なのだ。無理に経済を成長させようなんてする必要は、本当はない。だまっていても、人は何かしら工夫をして生活を向上させる。経済成長ってのはその集まりでしかないのだ。そう思って左のグラフを見てごらん。

人はGDPとか経済成長とかいう言葉だけ覚えて、なんかわかったつもりでいるけれど、それを実感として理解している人は驚くほど少ない。でも、それは抽象的な数字なんかじゃない。明日はもう少し能率よく仕事を片付けて、あまった時間で新しい何かをやろうと思う。いまは捨てているこのピーマンのへたを、新しい料理に使ってみようと思う。そうした各種の無数の努力が積み重なっていく様子を想像してみなきゃいけない。GDP成長が一パーセントとか二パーセントとかきいたときに、その背後にある多くの人々の努力と知恵を思い浮かべなきゃいけない。左のグラフの背後にある無数の個人の力をありありとイメージできなきゃいけない。そしてそれができたら、経済成長はいらないなんていうつまらないことは口走れないはずだ。あなたは、もう努力もやめたかもしれないし、工夫に頭を使うこともなく、昨日と同じ生

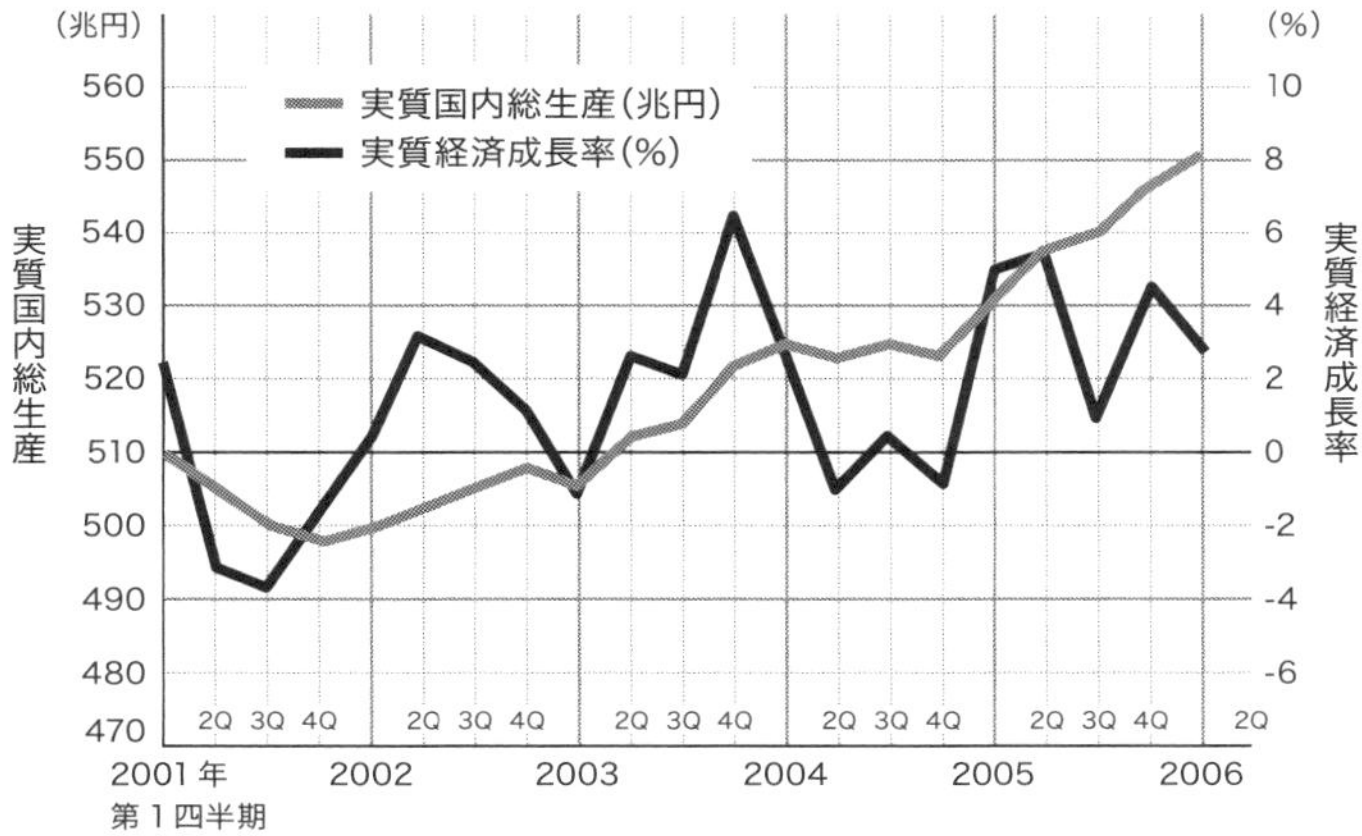

図：国内総生産（GDP）実質ベース　出典：総務省統計局

活を送れればそれでいいと思っているかもしれない。でも、その他の多くの人間——もはや中年になったこのぼくですら——はまだまだ今以上にやりたいことがあるんだし、そのやりたいことの多くは、飽食した連中のアームチェア経済停滞マンセー談義よりはるかに切実なものなんだから。

一部の人は、経済成長というと何か無理強いされたもののように感じるようだ。経済成長率三パーセントと言われると、現状で満足している人々を、国や企業が無理矢理ムチでしばいてもっとたくさん生産させる、そんな様子を想像するらしい。昔の社会主義国の、「鉄の男」式むちゃくちゃ生産ノルマを連想しちゃうのかもしれないね。でも、そうじゃないのだ。去年の自分と今年の自分を比べて、少しは成長したと思わないだろうか。多少は仕事がうまくなった、多少は手際がよくなった、多少は知恵がついた、多少はいろんな面で腕を上げたと思わないだろうか。それは必ずしも無理強いされたものじゃないはずだ。かなりの部分は自分から喜んで向上させた技能のはずだし、それが実現できたときは本当に嬉しかったはずだ。

それがまさに経済成長のもとだ。そして、その自分の能力向上を数字であらわすとどのくらいだと思う？　二パーセントの向上？　五パーセント？　一割くらい能力が上がった人だってざらだろう（一方で運が悪かったり、へまをこいたりしてもっと低い数字しか出なかった人もいるだろうから、平均するともっと下がるけれど）。経済成長が重要だ、という議論は、それが実現されないと生活水準が下がって嫌だ、という非常にまっとうな感覚に基づくものでもある。でも一方で経済成長は、ぼくたち一人一人の成長や能力向上の直接的な反映だ。経済成長できるはずだ、というのは、ぼくたち自身の成長能力に対する信頼でもある。経済成長をやめろというのは、人間が成長をやめろということだ。あなたにはそれができる？　何も工夫せず、成長もせず、一年前と何も変わらない状態でいられると思う？　あなたはさておき、日本社会の全員がそうなれると思う？

ぼくは思わない。ぼく自身、来年までには少しは成長するだろう。あなたも成長するだろう。今日ぼくが出会った人すべてが、よほどの不運に見舞われない限り、まちがいなくなんらかの形で成長をとげることだろう――少なくとも、成長するだけの潜在力を持っていることだろう。それを考えたとき、経済成長しなくていいとか、してはいけないとかいう連中の物言いは、噴飯もののアホダラ経でしかない。よほどとんでもない環境にでも置かれない限り、だまってたって人はあれこれ工夫をするし成長しちゃうし、みんながそれをやったら、経済だって当然のように成長するしかないんだもの。それが起こらない、という状況のほうがきわめて不自然だからこそ、人は低成長を憂慮しなきゃいけないんだよ。経済成長を願うのは、人の成長能力を信じ、そしてその潜在力を思い切り発揮してくれることを願う、信頼と希望の表明でもある。それが信じられないというならご愁傷さま。いや、ぼくだってそれが理解できないわけじゃない。セリーヌ読むとそんな気分になるし、しばらく前はＡＴＲを聴いて“Destroooooy!!”とか叫んでいたことでもあるし。でもぼくは反経済成長論者がそこまで気骨あるペシミズムを本気で抱いているとはとても思えないのだ。

ゴッドランドの経済学

初出：「山形浩生の『経済のトリセツ』」2007年2月4日、著者個人ブログ

年末から一月にかけてむちゃくちゃ忙しいので、また他人のふんどしに頼る。教育話の続きはまたおあずけ。今回もまたbewaad殿経由だけれど、一部でおもしろい議論が展開されているようだ。

生産性の高い人だけ集めたら、ものすごい生産力が実現できるとか、実はいまの世界に必要なものを作るには一〇〇分の一の人手でいいはずだとか。楽しいな。ぼくも高校生くらいの頃に、よくそんなことを考えたものだ。

そしてそれは別にぼくが優秀だから思いつくわけじゃない。みんなそんな話を読んだことがあるはずだ。ある大きな災厄をきっかけとして、某特殊部隊の少佐が神に選ばれたものだけの王国——人呼んで神の国、ゴッドランドを作ろうとする、という話をたぶんどこかで見たことがあるだろう〔注：マンガ『北斗の拳』のエピソードのこと〕。堕落した無能な将軍どものいない、優秀で高潔な軍人だけの国を作るんだ、と。だれでも一度や二度は思いつくことなんだ。

でもそれを聞いてケンシロウは言うんだよ。「その考えがすでにまちがっていることがわからないのか」と。

生産性の高い人だけを集めたら――気持ちはわかる。これはみんな考えることだ。まったく、オレの足を引っ張るあいつとか、こいつとか、出張精算が一〇円ちがうとかで再提出を要求する経理部とか、残業や休日出勤にいちいち申請書を求めてくるXX部とか、みんなオレの生産性を下げるウンコどもばかり。こいつらがいなくなったらオレの生産性がいかに上がることか。やっても意味のない仕事を要求してくるこのクズ顧客。説明をまともに理解する能力すらなさそうなあいつとかこいつとか。なんでこんなのが給料もらっとるんじゃ！　こういう連中を一網打尽でぶち殺し、すっぱり話の通る、打てば響くような連中だけ集めて仕事をしたら、同じ仕事が半分以下の時間で終わりそうだ――みんながイメージするのはそういうことだ。いろんな仕事における、二：八の法則というやつがある。ある集団の中では、二割の人間が八割の仕事をやっている、という説。その二割の生産性は高く、残り八割は生産性がとっても低い。実際の感覚でいうと、二割の生産性は高く、三割ほどはそこそこ、さらに三割はいなくてもいい存在で、残り二割はもう積極的に足を引っ張る足手まとい以外のなにものでもない。この最後の足手まとい二割を銃殺させてくれたら、この世は楽園と化すでありましょうぞ！

が……多くの人はこの話の続きも知っているだろう。じゃあ、といってその生産性の高い二割の人だけを集めて仕事をさせてみる。すると、その二割の人々がまた二：八に分かれてしまうんだと。二割の八割は仕事をしなくなる。これが本当に実験の結果として観察されたものなのかどうかは知らない。でも、なんとなく実感に合う話でもある。実は生産性というのは、個体の生得的な能力で決まるんじゃないかもしれない。むしろ組織内の力学で決まるのかもしれない。ゴッドランドを作ってみたら、高潔で高いモチベーションを持った特殊部隊の人々の一部は結局堕落して、昔とあまり変わらない状態になっちゃうかもしれないのだ。

もうちょっと具体的に考えてみよう。世の中には、どう考えても生産性の高くない仕事が山ほどある。コンビニの店員さんは生産性が高いと思う？　床屋さんは？　うちの会社の経理は？　小学校の先生はどうだろう。トラックの運転手は？　キャバクラのおネーチャンはどうだろう。歯医者は生産性が高いと思う？　スタバの店員さんは？　ラーメン屋のオヤジさんは？　メイド喫茶の女中どもは？　生産性高くないよ？　でもいなくなっちゃっていいの？

いま挙げた職業が特別ってわけじゃない。実はサービス業の多くは、あまり生産性が高くないんだよ。優秀なプログラマたちは、自分たちの生産性がものすごく高いと思っている。でも彼らですら、実は五十歩百歩。だってしょせん人間がシコシコ書いてるんだもの。でも、だからこそ第三次産業／サービス産業は雇用吸収力がある。一次産業や二次産業は、ガンガン機械化が進んでいて、労働生産性はむちゃくちゃ高い。でっかい自動車工場や火力発電所で働いている人の数は驚くほど少ないから、労働生産性で見たら工場の工員さんのほうがずっと生産性が高いんだよ。

まあそこらへんはなんとかごまかそう。なんでも無料でくれるほど生産性の高いはずの優秀なグーグルのプログラマたちはゴッドランドにきていただきましょうか（でも、これも実際には別にグーグルの生産性が高いからではないことくらい、わかりそうなものだけれどなあ。ソフトウェアというものの複製コストがほとんどゼロだから、というだけのことなんだけれど。LinuxやGNUが無償なのは、別に関わっているプログラマたちの生産性が異様に高いから、ではないでしょう?）。一方、いま挙げたような職種の人々は、生産性が低いのでゴッドランドには入れないことにしよう。でも……そしたら生産性が高いはずの人たちが、余計な仕事をしなきゃいけない。生産性の高い人たちだって、おいしいコーヒーが飲みたくない？　一部のプログラマはスタバなしでは生きていけないとか言ってるよ？　まあぼくが（ゴッドランドに入れていただけるとして）かわりにコーヒーいれてあげてもいい。でもその分、ぼくの本来の仕事はできなくなるよ。資料を届けるのに生産性の高い高潔な特殊部隊の軍人たちがいちいち直接出向いてたら無駄でしょ。結局そんなことをしてると、生産性が高いはずの人たちの生産性も下がっちゃうのだ。するとゴッドランドも思ったほど生産性は高くならないかもしれないぞ。

こうして考えはじめると、「生産性の高い人だけ集めて仕事をさせる」とかいった物言いが、だんだん意味不明になってくるだろう。実はこういうことを言う人々は、「生産性が高い」という言葉の意味をきちんと考えていない。多くの人は「生産性が高い」という表現を、単に能力が高い、という意味で使っている。別にコンビニ店員をすべて排除しろと言いたいわけではなく、コンビニ店員の中でも優秀な人だけを残せばいい、と。メイド喫茶だって、店のナンバーワンから上位五人くらいいればいい、と。医者や歯医者も優秀なやつだけいれば……でも、これも変でしょ。そうなったら本当に優秀な人たちが、大したことのない客——新入りやぼんくらでも十分こなせる相手——の対応で忙殺されることになり、その優秀性を発揮する機会はがくんと減る。すると彼らの優秀さの度合いも目立たなくなる。結局のところ「生産性の高い人/優秀な人だけを集めた世界」というのは……細かく考えはじめると、実はあまり意味がないのだよ。さらに優秀な人は我の強い人も多いので、そういう人を集めるとけんかといがみ合いに労力を費やしてかえって生産力が下がることも多いだろうし……。

実はこれ、かつてクルーグマンが「高付加価値産業」とか「国際競争力の高低」といったビジネス雑誌の通俗議論について似たような揶揄をしているので、『良い経済学 悪い経済学』(日経ビジネス人文庫)でも読んでくださいな。

いますでに人口の半数以上は働いていないし、実際には人口の一パーセントくらいが働けば必要なものは全部生産できるはず、とかいう議論も、これと同じようにきちんと考え出すと成り立たない。その一パーセントの人は、残りの九九パーセントの人(いや完全なごくつぶしもいるだろうから、八〇パーセントくらいにまけてあげてもいいよ)が陰ひなたにサポートしているからこそいまの仕事ができるんだよ。その人たちが買い物するためのコンビニがあり、仕事が終わって宴会する寿司屋の職人さんがおり、必要な資料を届けてくれる宅配便の人たちがいて、家や家族の面倒を見てくれる奥さんや旦那がいるからこそ、その一パーセントの人は全人口を養えるだけの働きができるわけだ。労働統計に出てこないからって仕事してないわけじゃないですからね。多くの人は給料もらってなくても、世界においては価値創造をしているんだよ。就労者に入っていない主婦は、三食昼寝つきと陰口を叩かれることもあるけれど、ちゃんと働いている。「いや、うちの女房は家事何もしませんで」という人はいるだろう。あと、本当に何もしていないヒッキーなニートのみなさまもいるのかもしれない。でも幸か不幸か、それはまだ少数派だ。

それを考えずに、人は仕事がないことに耐えられるか、一パーセントに養われる存在に甘んじられるか、という問題設定はそもそもがナンセンスだ。社会は持ちつ持たれつ、支え合うことで成立している。その一パーセントの人々が、他の人々とまったく無関係に世に必要な財やサービスを全部生産する、なんてことはあり得ないんだもん。やればできるのかもしれないけれど、それはえらく効率が悪い。いっぱい人がいるなら、優れた人が全部の仕事を一手に引き受けられたとしても、それぞれの人が自分の最も得意な部分に集中することで全体としてはいちばんいい効率が達成できる。これは経済学で最も理解しづらいとすら言われる、比較優位という概念なんだけれど。

ということで、これは発想自体がまちがっている。生産性が高いと自負しているあなたも、自分が無数の生産性が低い人たちの働きに支えられているという自覚を持たなきゃ。ねえケンシロウくん。

コメント

もはやこの「おもしろい議論」が行われていたサイトは消えている。背景としては当時、グーグルが単なる検索エンジンから急激に手を広げはじめ、Gメールやブラウザをはじめ、各種サービスをどんどん無料で配りまくっている、というのが発端だった。それを見てあるブロガーは、それがグーグルに優秀な生産性の高いプログラマが集まっているせいなのだ、と述べていた。そういう生産性の高い優秀な連中だけを集めて働かせれば、それだけで世の中に必要なものはほんの一瞬で作れてしまい、他の無能な連中が効率の悪い仕事をする必要なんかなくなる、というかかえってそんな連中のゴミ仕事は迷惑なのだ、という。そして日本の経済が停滞しているのは、そうした優秀な人材が能力をきちんと発揮できないせいであって、そんなことではグーグルに一瞬で蹂躙されるであろう、といった議論だった。ちょうど、梅田望夫の『ウェブ進化論』(ちくま新書)が流行っていた時代の話だ。それを引用してコメントしていたbewaad氏は、それがいささかピントはずれでは、というまっとうな指摘を行っていた。彼は財務省官僚という触れ込みで、この当時はリフレ派を名乗っていた(が、その後心変わりを告白し、やがてサイトも消してしまった)。

生産性の話の基礎

初出：「山形浩生の『経済のトリセツ』」2007年2月11日、著者個人ブログ

「ゴッドランドの経済学」で生産性の話を書いて、インドから戻ってきてみると反応がいろいろついてた。この連載はその意味で毎回楽しいね。もちろんそれが楽しいのは、読者のみなさんが有益で生産的な議論をいろいろ展開してくれるから……ではない。はてなブックマークにしてもトラックバックにしても、多くは単なるバカと無知の表明にすぎないものばかり。ぼくがまったく考えなかったような論点を指摘してくれるものなんてほとんどありゃしない。きみたち、ワタクシを震撼させるような議論ができないのかね!! ……って、できるわけがない。だってぼくが書いていることは経済学のほんの基礎の基礎で、考えられる反論や揚げ足取りはもう過去一〇〇年以上で出尽くしてるんだもん。でも、それはそれでありがたいのだ。というのも、何をぼくが説明しなきゃならないかがかなりよくわかるし、その説明内容がかなり基礎的なものでいいことが見えるからだ。

そして今回、ちゃんと生産性というものについて説明しなきゃならんな、ということがよ〜

くわかりましたよ。みなさん、かなり誤解なさっているのですもの。特に大きな問題点は、生産性、稼ぎ／賃金、熟練／未熟練労働といったポイントの相互の関係ということだ。

生産性の基礎

まず生産性ということから。生産性というのはむずかしい。たとえば宅配の配達員と、このぼくの生産性を比べるにはどうすればいい？　ブッシュ大統領とぼくの生産性はどっちが高い？　こういう見方をするとなかなか答えが出ない。そしてその混乱に乗じていろんな誤解が出てくる。生産性が高いか低いかと、その職業の重要性とはかなり話が別なんだけれど、でもいろんな人がこれをいっしょくたにして誤解するんだ。だからまずいちばん簡単な生産性の考え方と、それが技能や所得とどう関係しているかの議論から。

生産性を比較するのにいちばんいいのは、その他の条件をすべて同じにして生産量（または同じ作業に要する時間）を比較する方法だ。たとえば、ぼくは先日、ウィリアム・バロウズ&アレン・ギンズバーグ『麻薬書簡』（河出文庫）という本を訳した。所要時間は一日半。しかも品質最高。一方、この本には既訳があって、某大学の先生がどっかに缶詰にされて「たった二週間で仕上げた」と自慢し、しかも「やっつけ仕事だ」と自負なさる通り、目を覆うばかりのまちがいだらけ。この場合、ぼくの生産性と、この大学の先生の生産性のちがいは簡単に計算できる。時間だけで見ても、ぼくの翻訳の生産性はこの先生の一〇倍弱。品質を考慮すれば二〇倍以上だろう。

そしてここから、生産性と所得がある程度は比例していることもわかる。この先生が一冊翻訳をあげる間に、ぼくは二〇冊あげることができる。この先生は一ヶ月に二冊翻訳ができるけれど、ぼくは四〇冊。一冊あたり五〇万円もらえるとすると、この先生の収入は月に一〇〇万円。ぼくは月に二〇〇〇万円という計算になる。生産性に比例して所得は増える。なぜそうなってないかというのは別の問題だけれど、ここではとりあえず計算上そうなることだけ理解してね。

ここまではよろしいか。これはとっても簡単な話だ。同じ作業で比較すれば、品質の高さ、時間あたりの処理件数なんかで生産性ははかれる。そして処理件数は、すなわちその仕事における技能ということだ。さらに、本来であれば生産性――つまりは技能水準――に比例して所得は増える。これはまちがいない。この水準では、高い技能＝高い生産性＝高い所得という関係が成立する。

でも、これだけ読んでわかった気分にはならないでほしいのだ。これはかなり限られた文脈での話なんだから。前回のエントリーに対する各種コメントを見ると、多くの人はこの議論をかなり不適切な文脈で理解しているようだ。でも、それじゃいけない。他の職業を考えてほしい。いやそれよりも、国際比較を考えてほしい。生産性は収入その他ときちんと比例しているか？　そんなことはまるでない。

生産性の国際比較：サービス業は世界的に大差ありませんわよ

というわけで、生産性を国際的に比べてみませう。たとえば医者。日本のお医者さんは、ガーナやマラウイのお医者さんよりもはるかに高い所得を得ている。さてなぜでしょう。だれでも思いつくのは、日本のお医者さんのほうが技能が高く、サービス水準も高く、つまり生産性が高いからだ、というものだ。

これは一見もっともらしい。でもよく考えてみると……ホントですかぁ？　そりゃ一部はそうだろう。でもたとえばマラリア治療でいったら、アフリカの医者のほうが熟練しているし技能も高い。ときどき、日本人がマラリアにかかると、現地の医者ではアレだからすぐに日本に帰国させろ、と言われる。ドジンの医者なんか信用できないってわけね。んでもってその通りにすると、帰りの飛行機の中で高熱で死んだり、あるいは日本の（ここ五〇年ほどマラリアなんかお目にかかったこともない）お医者さんたちのたらいまわしにあって、結局死んだりするんだ。日常茶飯でマラリア患者を診ている現地のお医者さんのほうがずっと信用できる。日本の医者の生産性がそんなに文句なしに高いですか？

もちろん、注文をつけようと思えばいろいろある。もっといい設備が、とか、もうちょっときれいに消毒してくれませんか、とかね。でも基本的なところは変わらない。日本でもアフリカでも、たいがいの患者はどうってことない、ほっとけば治る連中ばっかだ。日本の病院でいちばん多いのは年寄りの愚痴ききと風邪の診察だもん。そんな人の診察にかかる時間なんて大差ない。マラウイの医者が一人こなす時間で日本の医者なら五〇人診察できる、なんてことはない。その意味で、日本とアフリカとでは、医者の生産性に大した差はないんだ。

で、なぜ日本の医者のほうが圧倒的に高いお給料なの？　別にそれがいけないってわけじゃない。ぼくは安すぎるくらいだと思うけど、でもなぜ生産性がちがわないのにそんなに給料が高いの？

あるいはもっと卑賤な職業を見ようか。床屋！　日本でぼくが床屋に行くと、ＱＢハウスで一回一〇〇〇円だ。フィリピンだと、一回一〇〇円。ガーナだと一回七〇円だった。

さてＱＢハウスは手際はいい。でも、フィリピンの一〇倍手際がいいか？　ガーナの一五倍手際がいいか？　そんなことはない。ガーナの床屋は、所要時間は一〇分かそこら。ＱＢハウスはそれを一分で仕上げてくれる？　そんなわけはない。フィリピンは、時間は三〇分ほどかけるけれど、その分総バサミで仕事はものすごくていねいだった。勘案すれば処理件数は、日本もガーナもフィリピンも似たりよったり。つまり生産性も似たりよったり。なのに、日本の床屋さんは後進国の一〇倍以上も稼ぐ。

もっと卑賤なほうへ。マクドナルドのスマイルゼロ円の店員さん！　彼らの仕事に、日本とスリランカとで何かちがいがあると思う？　ないでしょう。生産性はまったく同じ。でも給料はやっぱり一〇倍二〇倍ちがうよ。

もっと卑賤なほうへ！　メイド喫茶の女中さんがいる。日本の女中どもは、やはりメイド喫茶のあるタイの女中さんの数十倍の時給だ。どうして？　日本の女中さんはなんか手際がいいの？　目にもとまらぬはやさでオーダーとるとか？　「お帰りなさいませご主人様」というのを一〇〇倍の速度で言えるとか？　日本ならタイの女の子の一〇〇倍の媚びを売って、萌え度一〇〇倍、タイの女中喫茶なら平気なキモヲタくんが、アキバの女中喫茶だと店に入った瞬間に萌えオーラでいきなり射精とか？　ねーよ。給料は大幅にちがうのに、どう見てもやってることはほとんど同じだ。それどころかかわいさや愛想でいえばタイの子たちのほうがレベル高いよ。だまされたと思ってサイアムスクエアに行きなさい。ついでにナナプラザまで——いやこのネタはやめとこ。でもそれにしても、中身同じでなんで日本のほうが賃金高いわけ？

あるいは会社の管理職！　あるいは官僚！　モンゴルでもフィリピンでも、働く人はいっぱい働くよ。ぼくは日本の官僚はとってもよく働いてくれると思って感謝してるけれど、それがモンゴルの一〇倍も働いてるか？　一日に稟議《りんぎ》を通す書類は何通くらい？　ぼくはそんなに変わらないと思う。

話はわかるだろう。人間を相手にするサービス業では、時間あたりの処理人数で見た生産性で大差はあり得ない。どっかで生身の人間を相手にする以上、その処理効率の改善には限界があるからだ。電話やコンピュータを間にはさむ場合はいざ知らず、対面が要求される多くの職業では、最低限の接触しかないコンビニの店員さんですらお客一人あたり数分はかかるし、それは先進国でも後進国でも変わりようがない。にもかかわらず、その稼ぎには大きな差がある。なぜ?

それはだね、稼ぎ——つまり賃金水準——というのは、絶対的な生産性で決まるんじゃないからだ。その社会の平均的な生産性で決まってくるものだからだ。

はてなブックマーク連中よ、ここを絶対に見逃すなよ。賃金水準は、絶対的な生産性で決まるんじゃない。その社会の平均的な生産性で決まるんだ。ここだけ理解してくれれば、本稿の他の部分なんかどうでもいいくらい。念のため太字でも書いとこう。**賃金水準は、絶対的な生産性で決まるんじゃない。その社会の平均的な生産性で決まるんだ。**

所得水準は、社会の平均的な生産性で決まる:そしてそれを引き上げているのは製造業だ

所得水準は、社会の平均的な生産性で決まる。これはしつこいくらい理解しておいてほしい。プログラマとかは、自分たちの給料が高いのは自分たちが高い生産性を実現しているからだ、と思っている。銀行員は、自分たちが高給取りなのは自分が優秀で高い生産性を実現している

からだと思っているだろう。多くの人は、たとえばフィリピンや旧東欧諸国に出かけて、店員の手際が悪いとか、官僚の仕事が遅いとかいう話をして「あれじゃあ所得が低いのも仕方ないね」なんてことを得意げに語る。「日本なら絶対あんなことはない、だから日本は先進国の仲間入りができたんだ」と。

でも実はちがう。あなたたちの給料が高い理由の大半は、あなた自身の優秀性なんかとはなんの関係もない。店員の手際が悪くたって、せいぜいが倍ほど悪い程度のもんだろう。あれやこれやで不満はある。でも大差はない。あなたにとってのはした金で、途上国の人々は奴隷のように働いてくれる。それも嬉々として。でも、それはあなたがえらいとか優秀だということを意味するものではまったくない。あなたがサービス業／第三次産業なら、あなたの生産性はスーパー貧困なカンボジアの同じ業種の人と大差ない。所得水準ほどの差があるわけがない。

あなたの給料が高いのは、社会全体の平均的な生産性が圧倒的に日本のほうが高いからだ。そしてそれを引き上げているのはなんだろう。床屋でも官僚でも管理職でもプログラマでもない。トヨタが、松下が、帝人が、すさまじい大量生産によってすさまじい生産性を実現しているからだ。こういうところの工場労働者たちは、後進国に比べて一人あたり数十万倍以上の生産性を実現している。スリランカの労働者は、車（たとえばオートリキシャのボディだけでも）を作るのに一週間以上かかる。だって手で板金を曲げて、パイプを溶接して、屋根つけて、塗装して……というのをやるんだもん。日本では、たぶん、平均で見ると工場の労働者一人あたり二、三分に一台くらいで車が生産できる。ほとんどすべてオートメーションの工場だもんね。

そしてその生産性の差が他のところに波及する。そうした高い生産性の人々は高い給与／所得を実現する。その人々は、たとえば食堂で高いお金を払っても平気だ。そしてそういう人々の保険や、法律相談や、床屋や、その他ありとあらゆるサービスは、その高い生産性の人々の水準に合わせて調整されることになる。高い労働生産性を持つ工業セクターの人々が買う野菜の価格は、それに応じて高くなる。生産性が途上国の一〇〇倍の人たちは、床屋に途上国の一〇倍払っても平気だ。靴も服も食事も、その他各種サービスもまったく同じ。それがあるからこそ、日本の床屋はフィリピンの床屋の一〇倍の料金を取れるわけだ。日本の管理職は途上国の一〇〇倍の給料をもらえる。官僚も、食堂も、あらゆるサービス業がそうだ。はてなに巣くうお気楽大学生どもが、バイトで途上国の高級官僚の何倍ものお金を稼げるのも、究極的にはシャープやソニーやスズキのおかげなんだよ。腐ったアーティストだの、エコロジストだの、勉強不足の新聞記者だの大学教師だのが高い給料をもらってのほほんとして、大企業批判にうつつをぬかしていられるのは、実は彼らが往々にして忌み嫌う大企業の大量生産システムのおかげなんだ。2ちゃんねるに巣くう（一部の）くされニートどもだって、その安楽な生活は彼らがとかく批判したがる大企業が高い生産性を実現している余剰にたかっているだけなんだよ。

前回述べたように、こうした企業が高い生産性を実現できるのは、その他の人々の支えがあればこそ、ではある。そうは言っても、やっぱり肝心なのはすさまじい労働生産性を達成している製造業なんだよ。もちろん、平均労働生産性で決まるのは、社会のベースラインとなる所得／給与水準だ。それだけですべてが決まるわけじゃない。その次に社会の中での需給水準に基づいて、それぞれの仕事の所得／給与水準が決まってくる。そしてその仕事の中では、生産性に応じて所得水準が決まる。もちろん、これが完全にあてはまらない場合もある。細かいところではいろいろ差がある。でも、全体がこんな段階を経て決まってることは理解しなきゃいけない。

同じ社会の中での賃金水準は需給で決まる：技能が高ければいいわけじゃない

いまのところも、ふんふんとみんな読み流しただろうけど、たぶんわかってない。だからくどく説明しよう。

その次のレベル——未熟練労働と高度技能労働の差——も、みんなわかってるようで実はわかってない。前回に対するコメントで、生産性と熟練とか高度技能を混同している議論がたくさんあったもんね。でも、いまの議論をよく考えてもらえばわかる通り、これだって必ずしも関係がないんだ。

多くのお気楽なおめでたいブロガーたちは、高度技能労働のほうが常に当然給料も高く、需要も常にたっぷりあって、社会的地位も高いものと信じ切っている。一方の未熟練労働は常に余ってだぶつくものと信じてやまない。だから高度技能はどんどん高給取りになって、未熟練労働はどんどん給料が下がって、格差は拡大する一方だ、やれ困ったどうしましょ、という具合。あれとかこれとか、一知半解の社会経済派ブロガーがしばしばこんなことをしたり顔でえらそうに述べたりするんだ。

でも、ぼくはそういうのを見るたびに失笑する。だって必ずしもそんなことはないんだもん。ごく最近も、それをにおわす事件があった。大卒の人が、高卒だと偽って自治体の仕事について、それがばれてクビになったという事件。高卒水準の仕事——たぶんそんなに要求レベルの高くない、相対的にいえば未熟練労働だと思う。でもこの「犯人」にしてみれば、そっちのほうが高学歴の求職よりも魅力的だったんだよ。未熟練労働のほうが、熟練労働よりもよかったんだ。給与水準や安定性を見たとき、そのほうがその「犯人」にとっては上だったんだよ。

もちろん、高卒が大卒より本当に未熟練か、というのは議論の余地はある。実践的な知識という面なら、半田付けもろくにできない（多くの）東大卒より、旋盤も溶接トーチも使える工業高校の卒業生のほうがずっと役に立つだろう。が、そういう細かいアレコレは追求しないでおくれ。どんな議論を読むときでも、人がどのくらいの粒度で話をしているかは見極めなきゃいけないんだから。でも、未熟練がダメで高度技能が常に需要バリバリ、というような一般にありがちな偏見が、必ずしも的を射ていないことはわかっておくれ。すべてはひたすら需給によるんだ。将来的に、たとえば便所掃除をしてもいい人の数が圧倒的に減ったら、便所掃除作業の時給はそこらのサラリーマンをはるかに超える。メイド喫茶がいまの一〇倍の人気を博すようになったら、女中どもの時給がモルガンスタンレーの高級取りよりはるかに高くなることは十分に考えられる。バブル期には、コンクリートの型枠職人がビジネスクラスの飛行機で日本各地の現場を行き来していたんだよ。もちろん、非熟練労働の問題は、まさにだれでもできるということだ。「お金はいくらでも払いますから、うちの便所を是非掃除してやっていただけませんでしょうか」という状況になったら、お金のためにに仕事をしているのではないというbewaad殿のような方はさておき、多くの優秀な官僚や技術者が現職をなげうって便所掃除市場に殺到して、結局その賃金水準は下がってしまうだろう。でも以前3K職場に人がいかないという問題が深刻に議論されていた。金を積まれても嫌、という職場は、必然的に高給を払うしかなくなるんだ。未熟練だろうと熟練だろうと。

熟練／未熟練の関係を理解するために、資本主義の原点にまでさかのぼってみよう。アダム・スミスは分業の偉大さを述べるのに、ピン作りの例を使った。針金を切る人、その先を削ってとがらせる人、ピンの頭をつける人、検品する人、梱包する人。そうやってプロセスごとに分業化することで生産性が何百倍にも高まるんだ、と彼は『国富論』で主張した。これに反論できる人はだれもいない。

さて一方には、プレ分業時代から一子相伝でまち針を作り続けている、天下無双のピン作り名人がいる。切るのからとがらせるのからなんでも自分でこなす。ピン作りについて知らないことは何一つない。そのまち針を使うと、しつけ縫いが不要になるとすら言われる、絹のタッチの奇跡のピン。が、残念ながら手作りだから、作れるピンの数は分業体制のピン工場に比べて一〇〇分の一以下だ。

で、技能はどっちが高い？　前者の労働者は一人残らずバカの未熟練労働者と言っていい。ピン作りの全体像なんか何もわかってない。後者は、文句なしにピン作りに関する圧倒的な高度技能を持った、熟練労働者だ。でも……前者の労働者は、誰一人高度な熟練技能なんか持っていないけれど、ピン工場全体で平均すれば生産性はものすごく高い。後者は、高度技能を持っていても生産性はピン工場平均より圧倒的に低い。ひょっとしたら「マルホトラさんのお作りになるまち針はやっぱりちがうわねオホホホ」といってピン作り名人のまち針に四倍くらいのお金を払う物好きはいるだろう。でも一〇〇倍は……無理でしょ。

つまり技能や熟練水準と生産性とは、実はあんまり関係ない。熟練だからってニーズがあって世間の勝ち組と決まってるだろうか？　そんなこともない。あなたが熟練だと思っているものだって、いつ陳腐化するかわからないでしょう。すべては需給なんだよ。未熟練労働が不足したら、その価格――賃金――は絶対上がる。（スタニスワフ・）レムによれば、かつてポーランドでは家政婦がすごい力を持ってたんだってさ。だからふと気がつくと、あなたの給料よりもメイド喫茶の女中や駅の掃除員のほうが給料が高い事態だって十分に考えられる。明日はあなたも、院卒の経歴を隠して高卒資格で採用面接に臨んでいるかもしれないよ。

そして……やっとのことで、同じ職種、同じ仕事の中で見たら、生産性の高いほう——単位時間でこなせる量の多いほう——が高い賃金を得るわけだ。ふう。やっと最後の最後で、普通の人が考えている生産性と稼ぎの関係のところに話が落ちてきたよ。でも、社会の平均生産性とか、社会の中での相対的な需給のほうが、たぶん影響としてはずっとでかいだろう。

まとめ

今回は、生産性をめぐるありがちな誤解をざっとレビューしてきた。生産性の高低、熟練度や技能の高低、そして所得の高低は、無関係ではない。でも、完全に一致しているわけじゃない。だからそのときの議論をよく考えて、どこまで関係あるかをよく見極めなきゃいけない。逆に、人が何か議論を書いているとき、それがどのくらいのレベルまで考慮した話なのかはちゃんと考えておくれよ。同じ職種の中での比較なのか、同じ経済圏の中での相対的な立場なのか、あるいはもっとグローバルな話なのか。これを混同したら、生産的な議論は何一つ不可能だ。だから、十分に注意してほしい。多くの経済系アルファブロガーと称する人々でも、ここらへんのレベル分けは驚くほどできておらず、とんちんかんな議論をしたり顔でしているケースがままある。そして読む側も、それを（無知から）混同しておかしな議論をしていることがかなりある。書く側としてはなるべく誤解ないような書き方を心がけるけれど、このぼくが書く場合ですら、あらゆる条件をすべて記述しきるのは不可能だ。だから、そこらへんは読者のリテラシーとやらにおすがりするしかありませんや。よろしくね。

ここまで親切に書いてあげても、多くの人はまだ非生産的な議論を展開し続けるだろう。それは仕方ない。ぼくもこの議論を初めて読んでから本当に腑に落ちるまで数年かかったもん。ただ、生産性という話をしたときに、この程度のレベル分けを頭の中で自動的にするだけの見識は身につけてほしいな。そして自分がそういう議論をするときにも、自分がいったいどの水準でモノを言ってるのかは、ちゃんと考えてね。国内での差を議論しているときに「でも途上国では」と言われたり、あるいは生産性の話をしているときに給料がどうしたという話をされても、レベルがちがうので困ってしまうんだよ。

……なんか本気で「経済のトリセツ」になってきたな。でも、今回の話は絶対に理解して損のないことだから、もう一回くらい読んでよく理解しておいてほしいな。ではワタクシはしばらくガーナに行ってきますので、みんないい子にしているんですよ。よろしいですね。ではまた。

コメント

実はこれには続きがある。このコラムが出たら、あるブログ屋がこれに噛みついた。ぼくの書いていることがナンセンスであって、賃金の差があるのは労働が貿易できず、国ごとに平準化されないからだ、といっしょうけんめい主張していた。

ぼくはそれに対して、それ自体はその通りだが、でもその条件の下でそもそも賃金の差が生じるのは、生産性の差によるんでしょうに、という話をいっしょうけんめいしたんだが、なかなかわかってくれない。

仕方ないので、ぼくのMITの先生ウィリアム・ウィートンと、超大物のグレゴリー・マンキューと、生産性については並ぶもののないロバート・ゴードンにメールして判定してもらったら、なんとみんな返事をくれて、ぼくの言う通りだとお墨付きがもらえた。

内容的には、ここに書いたことを詳しくしただけではあるけれど、関連して多くの人がいろいろ有益な説明方法を考案してくれたし、そしてこれだけえらい経済学者が、こんな初歩的なことについて親切にコメントしてくれるというのも、なかなか見られる話ではない。興味ある方は是非ともごらんあれ。リンクはサポートページに載せておこう。

会社と仕事への忠誠心

初出「月刊 Playboy」2000年8月号、集英社

企業は、労働者を締め上げて低賃金でこきつかえれば、生産性（そして業績）は上がる。でも、労働者が喜んで働かないと、生産性と業績は下がる。その最適なバランスはどこにあるのか？忠誠心とは、要はこのバランスをどう取るか、という話だ。ストックオプションは、実はこのバランスのいいとこ取りをしようというムシのいい話で、株価が上がればおまえも得するから、低賃金でも我慢しろ、というわけですな。ちなみにこのため、ストックオプション自体もそろそろ問題視されつつある点にはご注意を。

ちなみに日本は、これまで主に労働者を締め上げて国際競争力をつけてきた。日本人は勤勉で忠実だと言うけれど、これは安月給でよく働くという意味だ。そしてこれは、転職というオプションを政策的に閉ざすことで実現された。それがいま、一部では崩れている。そしてその中では、社員が会社への忠誠心を失い、オプションの高いところへの転職を考える、という現象もある程度は生じるだろう。

ただ、ぼくはいずれもそんなに重要じゃないと思う。コンピュータと株屋では目立つかも。でも他ではほどほどだろう。それは主に、職業技能教育の観点からそう思うのだ。高い技能を持っていれば、確かに忠誠心などなしに自分の仕事だけに精を出して、もっとおもしろい（払いのいい）仕事があればそっちの企業にうつればいい。でも、その「高い技能」はどこで身につける？　学校？　資格？　それと何よりも仕事の現場でしか身につかない技能がある。いちばん大事なのはそれだ。

さてもし、あなたが会社に忠実で、当分やめないとしよう。すると会社は転勤とかをバンバン押しつけるかもしれない。どうせやめないんだから。しかし一方では、教育投資もするだろう。留学、資格取得補助、あるいは高度なＯＪＴでもいい。いずれそれは会社に還元される投資になる。これはまさに、これまで日本企業の強みだった部分だ。

しかし、あなたがいつやめるかわかんないなら、嫌がる転勤もさせないけど、余計な投資もしないだろう。何も教えてやらずに、いま知っている範囲の技能だけで給料を決めて、それっきりだ。さてその場合、あなたはどこで、仕事の技能を修得する？　学校では決して覚えられない実務の技能を、どうやって身につける？

コンピュータは、実はこの点できわめて特殊だ。プログラムを書く技能は、他人のソースコードを読んで、自分でも書いて、というループの中でほぼ完結し、ＯＪＴの要素は比較的弱い。また株屋の世界も、金融理論とツラの皮だけで、あとは数字とにらめっこしていればおしまい。技能もクソもない。いちばん忠義心のないのもこの二つの業種だ。この業種がいまは目立っているので、日本式がダメに見える。でも、それ以外のすべての職能は、そうはいかない。本物の、役に立つ技能教育は、仕事の現場でしか身につかないのだ。

これを働く側も考えるようになったら、札束型企業と学校型企業、という企業類型ができてもいいはず。何も教えないけど給料は高いぞ、という企業と、低賃金だけど勉強させてやるぞ、という企業と。いまは後者を大学院にやらせようとしているけれど、それでは足りない。そしてこの二つの類型は、うまく組み合わさらないと、どちらも機能しにくいのだ。どっちがいいという話ではなく、結局はバランスの問題になってくるはずだ。

さらにもう一つ、考えておくべきこと。『現代の二都物語』(講談社)という、翻訳者(当時)以外はとてもよい本がある。シリコンバレーと、ルート一二八沿線というハイテク地域を比較して、なぜ前者がアメリカ(いや世界)のハイテクの牽引地域となり、後者が、一九九〇年代以降だんだん影響力を失ったのか、という研究だ。

この本によれば、それはまさに愛社精神の問題だ。シリコンバレーでは社員が愛社精神なんかカケラもなく、機密情報を頭に入れてどんどん転職し、情報の共有化がはからずも進んですごい勢いで技術革新が起きた。ルート一二八はみんな愛社精神旺盛だったがために、後れをとってしまった。

ここから「愛社精神は国の技術向上に有害」なんて思ってはいけない。コンピュータ系の職能が特殊だ、というのは前に言った通り。でも、この愛社精神の話は、実は企業レベルにとどまらない、もっと広い影響力を持っているのだ。国や地域全体としての技術水準や知識水準をどう構築するか？　実はこれはそういう国家設計の話にもつながってくる。が、この話は本稿の範囲をはるかに超える。

コメント

本稿は、ストックオプションとかで社員がオプションの高いところにばかり転職を考えて、会社への忠誠心がなくなってしまった、という翻訳記事への追加コメントとして書かれた。その記事では、ダメになると社員が一気に逃げるとか、社員の忠誠心を高めるためにいろんな育児生活支援サービスをもうける会社の紹介とかをしていた。まあそうねえ。でも、そういう短期の話より、長期的なスキルのほうが重要ではないかな、と思って書いたのがこの文章だ。

その後、最後に触れた『現代の二都物語』は日経BP社より拙訳で再刊された。

ＮＹ大停電と構造改革

初出：「サイゾー」２００３年10月号、インフォーバーン

いまぼくは、電力がらみの仕事でバンコクにきている。で、こっちの電力業界の人とあれこれ話をしているんだけれど、やはり話題はほんの一〇日ほど前に起きた、アメリカ東海岸の大停電だ〔注：二〇〇三年北アメリカ大停電のこと〕。日本では一瞬で忘れさられたようだけれど、あれだけ大規模に送配電グリッドが落ちる、というのは尋常な事態ではないし、何も起きなかったのは別にテロ警戒やイラク爆撃で規律ができていたからじゃなくて、単に運がよかっただけだ。さらにオドロクのは、一〇日たったいまになっても、その原因が一向にはっきりしないことだ。一つのグリッドが落ちると、連鎖反応的に次から次へとグリッドが落ち、復旧までに丸一日以上かかり――それがなんの原因かもわからない？

ただし間接的な原因としてはすでにあちこちで言われていることがある。それは、構造改革と自由化の問題だ。アメリカの電力セクターは構造改革と自由化が進みすぎて、それ故にああいう事態になったんじゃないか？　数年前のカリフォルニアの電力危機とあわせて、今回の事

件はそういう見解をかなり裏付けるものとなっている。

電力を安定的に供給するなんて、簡単といえば簡単だ。システムのいろんなところに、余裕を持たせておけばいい。発電能力、送電能力など、余裕を見た設備投資が行われていれば、まあ何か非常事態が起きても対応できるだけのマージンができる。多くの国では、電力は独占公共事業体が発電から送電、配電まですべてを担当している。こうした公共事業体や公社の多くは、独占的で競争がなく、お役所まがいで、効率が悪く、利用者のニーズにも応えずに無駄が多いことになっている。いま流行の電力セクター改革では、発電は自由化して民営化し、だれでも発電所を作れるようにする。そしてそれを送電事業者に売るようにする。そうすれば、競争が発生して、市場の働きで最も効率よい低コストの電力が得られて、そのコスト低下分が利用者に還元される、という考えだ。

これはこれでまちがっちゃいない。でも、電力の安定供給のためには、余裕が必要だ、とさっき述べた。余裕、すなわちふだんは遊んでいる無駄な部分だ。自由化と民営化は、極端に言えばそうした無駄をなくすための手法だ。それはつまり、システムの余裕がなくなる、ということでもある。さらに、いろんなレベルで分割され、異なる民間事業者が運営しているシステムにおいては、今回みたいにシステム全体が落ちたとき、どこのだれに責任があるのかはっきりしない、ということになる。民間は、自分の利益を最大化するよう、必要最低限の投資に抑えようとする。それに対して「おまえが余裕ある運営をしないから」と言えるか？　もし無駄な運営をしろと民間に強制するなら、その無駄な分についてはだれが払う？　そして無駄を残しておく必要があるなら、構造改革だの自由化だの民営化だのにどこまで意味があるんだろうか？　すでにある程度効率よく運営されているシステムなら、それを構造改革だの自由化だのというお題目で無理に変えることは、大したメリットを生まないかもしれないどころか、かえって有害になる可能性だってある。バンコクの電力関係者の中には、いま「それ見たことか」という顔をして、だから無理に構造改革なんかしないほうがいいんだよ、と言う人も結構いる。

　これはもちろん、必ずしもわが国の構造改革談義にすぐにあてはまるわけじゃない。これだけをもって、構造改革はダメとか役立たず、とかいうことにはならない。あれとかこれとか、非効率な部分はあるし、それを改善するのはまあいいことだろう。ただし……それが本当に言われるほど大した話なのか、というのは疑問視する必要はあるんじゃないか。それが本当に日本の場合に景気回復と関係あるのか、というのもまた、よく考えてみる必要はあるんじゃないだろうか。

（近況：というわけでやっと日本に戻ってきたら、タイより暑いではございませんか。バラード『コンクリート・アイランド』の解説を書きましたです）

コメント

ちょうど本書を編集している二〇二一年二月には、テキサス州およびアメリカ南部全域で大停電が起きている。寒波による電力需要の激増と、火力発電所のメンテ等によるダウン、驚くほど甘い最悪ケースシナリオの想定による送配電のキャパ不足、さらに大量に入れた太陽光や風力発電が、雪や寒さでこれまた稼働せず、という何重もの悪条件。多くの論者は、これについて我田引水に走るばかり。あてにならない再生可能エネルギーの偏重を批判する人もいれば、火力がダウンしているのが悪いから、再生可能エネルギーを増やすべきなのだという変な議論を展開する人もいる。が、根本のところは、ここで書いたような話の蒸し返しのようだ。

おたく系コンテンツ産業振興策

初出：「サイゾー」2004年4月号、インフォバーン

「朝日新聞」にも書いたネタなのだけれど、最近総務省系で、おたく系コンテンツが国際的な競争力があるから今後それを支援して日本経済の核に据えようとか、あるいは議員立法でアニメ活用促進法を作ろうとか、変な動きがあれこれ出てきている。いまアニメだのゲームだのが何やら元気よさげだし、なんか世界的に評判になっているくさい、だからいまそれに対する支援だのなんだのと言っておけば、勝ち組にすり寄って自分の手柄みたいな顔ができる、というくらいの腹なんだろう。

でも……そもそも政策的な支援をやるなら、いますでに強くて競争力を持っているところを支援したってしょうがないのだ。去年（二〇〇三年）、ノーベル賞をもらった二人に、尻馬で賞をあげてみたり、ナントカ名誉市民にしてみたり、といったみっともない現象がたくさん見られた。それはまあわからなくもない。マイナーな賞としては、彼らを受賞者にすることでその賞自体の知名度が上がる、という計算も大きかったはずだ。でも、産業政策ってのはそういう

もんじゃない。いまはダメでもこれからのびそうな産業や業種を支援して芽を出させる、というのが産業政策の基本でしょう。

そういう「これから」の産業を見つけるのはむずかしい。国主導の産業振興策というのは、世界的に見ても、日本的に見ても、ほとんど成功したためしがないけど、それは公共が無能だからじゃなくて、何が将来的にのびるか、重要になるかなんて、だれにもわからないからなのだ。そしてわかったとしても、多くの場合その産業は自分で勝手にのびて、政府の支援なんか何も役に立たない。そもそも支援がいるというのは、単にもともとモノにならない、ということだったりする。

そしておたく系コンテンツのために政策でどんな支援ができるのか？　なんか出ているのを見ると、人材育成に著作権保護？　うーむ。実は日本のかつての官僚による産業政策、たとえば傾斜生産や超ＬＳＩプロジェクトは、数少ない成功した産業政策の例だとされることが多い。でも、そこでの官僚の役割というのは、実は企業間で情報を横流しすることだった、という説もあるのだ。Ａ社がすごい新機軸をうちだすと、役人はＢ社を呼びつけて「同じものを来週までに作れ」と言う。Ｂ社は必死でそれを研究して——そして産業全体の技術力が上がった、という説。シリコンバレーが栄えたのも、人の流動性が激しくて企業秘密がダダ漏れで、だから秘密を囲い込むよりどんどん新しい技術革新を追いかけないと生き残れなかったからだ、ともいう。下手に著作権を保護しないほうが、実はいい結果になるんじゃないか。これはローレンス・レッシグの主張なんかとも通じる考え方だ。

そして彼らが支援したがってるコンテンツって何なの？　ギャルゲーやロリ萌えコミックは支援してくれるのかな？　無理だろう。エロマンガが訴えられたら助けてくれるか？　無理だろう。それどころか、政府が手出し口出しするようになったとたん、そういうのはすごい迫害と自主規制にさらされるのは目に見えてる。でも、それがなくておたく系コンテンツが栄えるとは思えない。去年出版された快著『趣都の誕生』（幻冬舎）に紹介されていておもしろかったのが、韓国のおたく系コンテンツ振興策。何やら立派な施設があるんだけれど、そこでは日本のアダルトアニメも見放題！　笑ったけど、そこまでできるのはえらい。ついでに言えば、過去のおたく系コンテンツをきちんと保存する事業もやったほうがいいぞ。でもやんないでしょ。どう考えても、まともな結果を生みそうにないどころか、かえっていろんなものを殺しそうなんですけど。早い話が、一九七〇年代のイギリスが競争力ある産業支援と称してロック活用促進政策を推進してたら、パンクやニューウェーブが生まれたと思う？　そういうことだ。

（近況：久々に日本に帰ってくると、寒いので驚きました。そうか、長いこと南国にいて忘れていたけれど、これが噂にきく冬というやつなんですねえ）

コメント

ここで触れた話は、日本ではその後「クールジャパン」なる旗印の下で大量の予算をつけて進められたが、まったくモノにならず、丸投げ方式で予算の中身すらはっきりせず、うやむやになって迷走したあげく、二〇二一年の段階で続いているのかどうかさえはっきりしない。

乞食にお金をあげるべきか。

初出：「サイゾー」2004年1月号、インフォバーン

途上国にいれば（いや先進国でも）必ずどこかで乞食にお金をせびられる。そのときどうするかは、人それぞれだ。ある人は、別の方向を見て相手が存在しないふりをしようとしてみたり。ある人はお金をあげるし、ある人はにらみつけたり、ひたすら「ノー、ノー」と言い続けて追い払う。その横で、ぼくたちよりずっと貧しい地元の人が、結構ほいほいお金をあげたりしていて、そのコントラストに笑ってしまうことも結構あるんだけれど。ぼくは中学生の頃には、本多勝一がえらいと思っていたのだけれど（その後見捨てたが）、彼がどこかで乞食に金をやった話を書いていた。あとで後悔したんだって。「あのまま心を鬼にして金をやらなければ、彼は飢えと苦しみからアメリカ資本主義を打倒する優れたゲリラになったかもしれないのに、自分が金をやって堕落させてしまったかもしれない」といったような話だった。さすがに、中学生時代でもこれを読んで、ずいぶん極端なことを言うやつだと思ったのは覚えている。

まあここまで極端でないにしても、乞食に金をあげるのはよくない、堕落させると言う人は

多い。そして、そのお金をやらなかった人は、いや、私は彼らのためを思えばこそやらないのだ、と言い訳をしたりする。ぼくは結構、お金をやるのだ。それを見て怒る人まで結構いる。やる気さえあれば、人は貧しい境遇を抜け出して社会の階段をのぼれる。それを実現した人は多い。そもそも金をせびること自体が、その人物に自己改善意欲が欠けている証拠だ、という主張だ。そして金をやることで、おまえはその人物のやる気を阻害し、かえって成長への芽をつんでしまったのである、と。そういう甘い考えこそ彼らにとって有害なのだ、と。

確かにそういう面はないわけじゃないのを知っている。でもその一方で……自分の置かれた境遇を抜け出すのは、そんな簡単なことじゃないのだって知っている。ぼくはこうやってえらそうなことを書いてはいるけれど、サラリーマンの小せがれでしかないし、そして結局ぼくもまた普通のサラリーマンとして、自分の階級の中にとどまっている。そして、乞食にお金をあげると怒る人たちだって、別にそんなすさまじい社会的上昇を実現したりはしていない。たまたまそういう階級に生まれついて、その階級の常識通りに学校にいったり就職したりしているうちに、親と似たような境遇に落ち着く。世の多くの人はそんなものだろう。もちろん社会の変動期に、田舎から都市に出てくる途上国の人々や、昔ハワイやブラジルや北朝鮮に、希望に燃えて移住していった人々は話が別ではあるだろうけれど。でもそれだって、成功する人が限られているのも言うまでもない。「やる気さえあれば」と言うのは簡単なんだけれど、でも実際にはそれは「信念があればなんでもできる」とか「夢は必ずかなう」と言うのに等しい、非現実的なお題目でしかない。自分ができていないことを、なかなか他人に要求する気にはなれない。

……と、怒る人に言ってみたところ、「われわれが中流なのはそれで満足しているからであって、そこからさらに所得や社会的地位面で上昇する必要性を感じていないからだ。それに比べ、彼らが貧しくて、そこから抜け出したいと思っているのはまちがいないことなんだし、だからわれわれが親と大して変わらない境遇だからといって、この人々も自分の置かれた環境から抜け出せないだろうというのは、比較対象がおかしい」と反論されたこともある。うーん。それはどうなんだろう。ぼくたちだって、もっと暇がほしいとか、住宅ローンの支払いがもっと楽にならんかとか、改善したいところはたくさんあるけど、でもまあいいか、といって現状に甘んじているわけだ。

じゃあ乞食に金をやればそれで解決になるのか、と言われると、もちろんそんなことはないんだけれど。ただ最近、援助のことをいろいろ考えているうちに、施しというものをちと見直したほうがいいかも、という気がしているのだ。が、字数が尽きた。この話はまたいずれ。

（近況：ほとんど日本にいなくて、家賃を払うのがあほくさい今日この頃ではあります）

寄付をしないケチな日本人ども

初出：「Voice」２０１０年９月号、ＰＨＰ研究所

日本人はアメリカ人に比べて全然寄付をしない、というニュースがしばらく前に流れていた。特に個人。内閣府経済社会総合研究所のレポートによれば、個人の寄付総額は、日本はアメリカの一〇〇分の一。二〇〇五年のスマトラ沖地震でも、アメリカの民間寄付は六億ドル弱なのに、日本からの民間寄付は五〇〇〇万ドル。それも日本は七割が法人寄付だと見ていい。

さてこれについて巨大ネット掲示板2ちゃんねるでは、日本はいま不況だから払う余裕がないとか、文化・宗教的なちがいだとか、実は寄付するアメリカ人は腹黒くて云々とか、例によって腐った弁明がさんざん連ねられていた。またこの手の議論となると専門家と称する人が出てきて、日本では寄付に対する税制優遇が薄いからいけない、といった責任転嫁をしてみたりする。

バカな話だ。日本人の民間個人による寄付が少ないのは、ひとえに日本人がケチで公共性というものを考えたことがなく、政府についてあれこれ愚痴を言いつつも、実はお上のやること

にまちがいはないという下僕根性がしみついているせいだ。政府に税金をむしり取られて勝手に使われるのと、自分で寄付先を選んで、自分がいいと思っている使途に供してもらうのとでは、前者のほうがいいと思っているのだ。

だってそうだろう。特に最近になって、多くの「識者」なる人々が、日本の財政が破綻するから消費税を上げろ、などと説く。財務省が言うのはわかるが、消費税が上がったらお金をむしられる人まで、驚いたことにそれを待望している。すごい。財政破綻を防ぐという公共的な善のためには、自分のお金をもっと政府にあげたい、とその人々は主張しているわけだ。なんという公徳心。じゃあ、いますぐそうしてよ。その分をいますぐ政府に寄付すれば？　だって、財政破綻が一円でも遠のくのはよいことなんでしょう？　それなら隗《かい》よりはじめよ。なぜ消費税を政府が上げるのを待つ必要なんかあるの？

あるいは、児童手当や高校無償化の重要性を説く人々も多い。児童手当を出すと、子供のために人々が金を使って消費が喚起されるとか、あるいは高校無償化で高校にいけない可哀想な子供が減るから、当然みんな喜んで追加の負担に耐えるべきなんだと彼らは言う。それに賛成する人もいるだろう。

でも本当にそう思う人は、自分が子供のためにお金を使うところに寄付したらどうだろう。あるいは高校生の奨学金組織にお金を出すか、あるは近所の高校生の学費を出してあげたらどうだろうか。

あなたがお金を出せば、そういう悲しい高校生全員は救えなくても、一人でも減る。それはよいことのはずでしょう。あなたはみんながお金を出してそうすべきだと主張する。つまり自分もそれを負担する用意があると主張しているに等しい。だったら、その覚悟を見せてよ。国がそれをやるまで何十年も待たないで。政府経由でそれをやるのはよくて、自分が直接お金を出すのはダメという理屈は変だ。ましてこれを主張する人が、一方では政府の無駄遣いとかを批判していたりするんだし。

さてこういう書き方をすると、自分だけがそんなことをしても意味はない、だからやらない、と言われる。あるいはそんなお人好しがいるわけない、と思う人が多いようだ。だからこの文も、反実的な仮想により消費税アップや高校無償化といった政策のほうを批判したいのかと思われるかもしれない。

でも、そんなことはない。これらの政策を支持する議論も、賛成はしないがわからないわけじゃないし、その理念は(消費税以外は)立派だと思う。そして、そんなお人好しは、ここにちゃんといる。ぼくは実際、それに類することをやっている。年間所得の一割ほどをぼくは本当に寄付している。寄付先の多くは災害救助や人道支援だ。そういうことにまわるお金が少ないとぼくは思っているからだ。ヒョーロンカですし、政府がもっと支援しないのはけしからん、と主張してみせることもできる。でもそれで増税になっても、それが全額災害や人道にまわるわけがないし、実現にいつまでかかることやら。それなら、いますぐ自分で寄付したほうがずっといいだろう。実績のある災害救助団体や人道支援団体に寄付すれば、それは税金経由よりはるかに効率よくその目的に使われるのだ。ちなみに、まともな相手ならちゃんと税制上の優遇もある。

そして冒頭の数字を見ると、アメリカにもそういうお人好しはいるようだ。で、これを読んでいるあなたは、なぜ寄付をしないんですか？　政府のお金の使い方に、そんなに満足ですか？　政府に任せるくらいなら、自分で選んだところにお金を流そうと思わないんですか？だがなぜかみなさん、そんなことは考えもしないらしいのだ。不思議ですね。

コメント

ここに書いた考えはいまもまったく変わっていない。日本人はもっと寄付したほうがいいし、それを促進する施策も必要だ。その一方で、アメリカの狂ったような経済格差に対し、「アメリカは寄付文化があるから大丈夫！　格差は解消されるのだ」みたいなバカなことを言う人がいる。それも、ロバート・シラーというノーベル賞経済学者のえらい人が、そんなことを平然と言っている。ビル・ゲイツが財団作って公益に配慮したりしているじゃないか、というわけだ。

が、多くの場合、そうした財団というのは相続税ごまかし手段で、「子供が環境保護の財団を作ったので共感して寄付しました！」なんてのがまかり通る（ちなみに、これをやるとアイビーリーグ大学の入学審査で、その子供に意識高いポイントがついて有利になるという余禄もあるんだそうな）。

だから寄付を万能の解決策と思え、という話ではないのでご注意を。でも少なくとも、自分で少しでも何かを動かす手段として考えてみてはいかが？

金持ちの人生哲学を教えよう

初出：「マガジンアルク」２００７年６月号、アルク

貧乏人の話ばかりじゃアレだから、ここらで二回ほど金持ちの話をしようじゃないか。金持ちというのは、お金を持っているだけだと思っている人が多い。でもそうじゃない。貧乏人と金持ちというのは、人生哲学の差なのだ。それをぼくが教わったのは、アメリカで受けた建築設計実習の講義（ぼくは建築都市工学の出身なのだ）でのことだった。

それはただの図面引きの設計じゃなかった。土地を見て、法規制を調べ、設計し、事業計画にまとめあげて売り込み用企画書を作る、というのを一つの設計実習でやらせる。そしてその関係をきちんとつけるのが重要だ。なんとなく全体に平均的だから値段も平均的な相場でとかいう甘い考えじゃいけない。いったい何を売りに、どういう人に買わせるのか、それを明確に設計に盛り込まないとボコボコにけなされる。

で、その実習であるとき、金持ち向け分譲住宅が課題になったのだった。

まず対象地域の法規制を調べると、その地域では、家の敷地は二エーカー（一ヘクタールくら

い）以上でないとダメ。しかも、一戸建てのみ。

そんな広い敷地の家なんて見たことなかった。日本のメディアで「三億円の豪邸」とかいうのが出てくるが、それだってその一〇分の一もないぞ。どんな家を作ればいいんだ？　仕方ない。日本的感覚で思いっきりでかい家を設計しはじめたんだが、うーん、なんだか余白が大きいなあ……と思っていたら、教授がやってきて曰く「なんだ、それは犬小屋か」

同じグループのアメリカ人が大笑いして「おまえは金持ちの感覚がわかってないから見学につれてってやろう」と言う。都心からほんの二〇分ほど車で行くと、そこはもうほとんど森の中。建物は正面道路からはるか奥。そしてその家ときたら。ガレージは、車三台四台分はあたりまえの大豪邸！　中の様子を想像するうちにだんだんわけがわからなくなって、ぼくは運転している友人に怒鳴るように詰問しだしたのだった。

「あの家、車五台もどうすんだ!?」

「奥さんと子供の分じゃないかな。あとは気分次第で乗り分けるんじゃないの？　あるいはただの飾りかも」

「どう考えても部屋は一〇室以上あるぞ！　使い切れないじゃないか！」

「あれだと二〇室くらいあるかもね。使わなきゃいいじゃん」

「年に一度も入らない部屋だってあるだろうに！」

「うん。それで？」

「掃除の手間だってばかにならんぞ！」

友人は、車を止めてあわれむような目でぼくを見るのだった。

「そんなの、金持ちが自分でやるわけないだろ。女中や掃除人を雇うんだよ！　あたりまえだろうが！　そんなことはハナから心配しないんだよ！」

うう、そう言えばそうだ、と絶句するぼくに、そいつはさらに言うのだった。

「おまえさぁ、なんでも全部使おうっていう発想が根本的に貧乏人なんだよ！　ジャパニーズ・ミニマリズムは美しいけど、哲学がちがうんだから。実用性とは離れたものをたくさん持てるのが金持ちの醍醐味だろうが。モノも空間も時間も。そこに金持ちたる由縁があるんだよ！　実用性からの自由ってところに！」

うーむ。ぼくは友人のこの一言で悟りを開き、金持ち住宅がきちんと設計できるようになった。「何のため」とかいうのを考えない。敷地の余白がたくさんあっても気にしない。外側の制約条件を考慮せずに、内側からの欲望の赴くままに設計して、収まりは最後に考える。

この手でぼくはAをもらえたんだが……やっぱり、設計していて後ろめたさはぬけなかった。そして、アメリカの新興成金も、その後ろめたさとの戦いが大きな課題なんだとか。というところでまた次回。

コメント

日本で住宅設計をするときには、まず敷地線を見て、その中で建蔽率の範囲でどこまでめいっぱい建てられるかを考える。そして容積率（平たく言えば、何階建てまでOKか）と斜線規制（隣の家にあまり影を落とさないよう、建てられる範囲は斜めに切り取られている）の範囲で、どのくらいのボリュームを確保できるか考える。その範囲の中で、床面積最大でありながら、なんとなくゆとりのある感じにする。これははるか昔からの日本の建築家の腕の見せ所だ。ウナギの寝床みたいな古い町屋建築は、狭い家を広く見せる錯視トリック技法の集大成とすら言える。

これはいわば、外からの制約を重視した建築のあり方で、それに対してここで述べたアメリカの成金建築は、それとはまったくちがう中からの建築設計だ。そうした、建築様式とその思想、そして経済条件との関わりについて、ぼくはもっと検討の余地があると思っているんだが……。

ご主人様をしつける女中たち

初出：「マガジンアルク」２００７年７月号、アルク

金持ち話の続きだ。日本でも最近経済格差が話題になっているけれど、アメリカでも格差はときどき問題視される。上位一割の金持ちが富の半分を独占し、その比率がどんどん増えている、というような話だ。そして金が全部金持ちに流れるので、底辺の貧乏人はいつまでたっても貧乏なままだ、といった議論がされる。

でも一つアメリカの金持ちで重要なポイントがある。それが常に入れ替わっているのだ。アメリカの億万長者の財産のうち、世襲でもらったのは一〇パーセントかそこらで、残りは全部自分で稼いでのしあがっている。金持ちが富を独占しているのではない。富を独占できた人が金持ちになっているだけだ。貧困層は問題だけれど、それは必ずしも金持ちのせいじゃない。

そしてその金持ちも大変なのだ。

前回、アメリカの金持ちは使いもしない部屋だらけの大邸宅に住み、掃除は全部女中任せ、という話を書いた。日本では女中喫茶が流行っているけれど、あれはまあ一種のギャグだ。で

もアメリカではいま、金持ちが増えているので本物の女中養成学校と執事養成学校が大人気。卒業生はひっぱりだこの高給取りで、「ご主人様より稼ぎのいい使用人」という冗談のような本当の話があるくらい。そして彼らはご主人様の雑用その他一切をやるのが仕事なんだが、現代の女中や執事にはもう一つ重要な仕事がある。

それはご主人様たちをしつけることだ。

なんの話だ、と思うだろう。使用人は命令にしたがうだけじゃないの？　ちがう。下克上の激しいアメリカの金持ち業界では、ご主人様方の多くは中産階級出身だ。使用人なんてものを使ったためしがない。命令の仕方もわかってないどころか、かえって使用人に気を使ってしまったりするのだ。ついつい自分のパンツを自分で洗濯機に入れたり、給仕の手伝いをしたり、酔って吐いたゲロを自分で掃除しようとしたりする。

それではご主人様は務まらない。女中や執事もそんなご主人様では、仕事がやりにくくてしょうがない。だからご主人様が自分のパンツを洗濯機に入れようとしたら「そんなことをされては困ります！」と叱る必要がある。ゲロを吐いたら遠慮なしに女中を呼びつけるよう仕込まないと。「悪いね」なんて言われたら顔をしかめてみせるように。日本のテレビ番組なんかでは、傍若無人に使用人をこきつかう居丈高な奥様やお嬢様が悪役で登場するが、あれこそが正しい金持ちなのだ。

ある日本の大SF作家（光瀬龍だったか半村良だったか）は敗戦直後に進駐軍の家で使用人をし

ていたそうだ。ご主人の米軍将校一家は、少年をこきつかい、彼の目の前で平然とセックスまでする。それを見てこの作家は「こいつらは日本人を人間扱いしていないんだ」と思ったそうだが——実はそれはちがう。白人女中だったとしても同じだったろう。彼らは単に正しいご主人様と使用人との関係を実践していただけだったんだね。

もう一つ、使用人としてご主人様をしつけなきゃいけないことがある。それは、彼らに浪費をさせることだ。金持ち業界は見栄張り業界。ご主人様が他の金持ちの前でけちくさいところを見せたら恥をかく。そうならないように「そろそろヨットなどいかがかと……」「最低でもフェラーリくらいは……」とアドバイスしなくてはいけないんだって。小金持ちくらいだと、稼ぎが増えて金持ちの仲間入りをしたばかりに、かえって見栄張り用に借金が増えちゃったりするとか。金持ちも大変だぁ。そしてもちろん、そういう浪費は一部の金持ちの破産を招いて、そしてアメリカの金持ち階級はどんどん健全に入れ替わる。いやあ、アメリカの成金には批判もあるけど、こうして見るとぼくは結構楽しくていいシステムだと思うんだが。

コメント

この記事はいまにして読み返すと、かなり不十分ではある。ネタは、当時(二〇〇七年)原書が出たばかりのロバート・フランク『ザ・ニューリッチ：アメリカ新富裕層の知られざる実態』（邦訳は同年、ダイヤモンド社）をもとにしたものだった。リーマンショック前夜のウォール街成金どもの状況のルポとしては、それなりにおもしろい本だ。

が、実際には金持ち階級はそんなに「健全に入れ替わる」ようなことにはなっていない。トップの成金の順位は多少変動はある。でも金持ちは金持ち、という構造は変わらず、格差は固定化されている。もちろん彼らは、リーマンショックで投資銀行がいくつか破綻しても、全然破滅なんかしていない。これはピケティが『21世紀の資本』（みすず書房）などで指摘した状況だ。金持ちが無駄金づかいをして家をつぶす、というのは日本でも江戸時代からある定番の話だけれど、実際にはそんなことはほとんど起きない。

金持ちの実態は、よくわかっていない。彼らにはそれを隠すくらいの知恵はあるからだ。だから、あんまり一部の話で安心してはいけないし、それを変に一般化してもいけない。そこらへん、この記事はぼくの見識不足ではある。

閉じたパイと開いたパイの作る国民性

初出：「アルコムワールド」2012年1月号、アルク

国民性談義というのはいい加減で根拠レスなことが多い。日本人の大半が生真面目で几帳面になったのは、明治期以来のことでしかないらしいし、ユダヤ教徒はいまではよくも悪くも商売上手と思われているけれど、かつては商才などまったくないと思われていたそうな。

むろん、そうした話自体がある種の悪しきステロタイプだからだ。でも、ステロタイプはいけないというPCな思いこみから、ステロタイプは常にまちがっていると誤解する人が多いけれど、そんなことはない。スティーブン・ピンカーも指摘するように、個別の人間に適用しないことさえ忘れなければ、結構うまく特徴を捉えている。そしてぼくがそうしたステロタイプで重視する類型がある。

ある国の国民性として、他人の損を自分の得と同一視するか、それとも他人の得と自分の得とを切り離して考えられるか、ということだ。

北朝鮮を脱走した人々について描いた『北のサラムたち』（インフォバーン）という名著があ

る。その著者たちの団体は脱北者たちを集めたキャンプみたいなのを運営しているのだけれど、変なことに気がつく。脱北者たちは無意味な告げ口をやたらにしてくるのだという。ＸＸさんはあなたの悪口を言っていた、ＹＹさんは何かを隠していた云々。著者たちはしばらく首をかしげるのだけれど、やがてそれが北朝鮮では当然のことなのだと理解する。そうした相互監視を内面化させることで、北朝鮮は成立しているのだ、と。

そしてぼくが思うに、それを成立させる物質的な基盤があるのだ。成長しない社会、パイが常に一定の社会では、自分が何かを得るためには、他人が何かを失う必要がある。ある独裁者の伝記を訳していたときにもそれが出てきた。その国の発展が遅れて、異様な独裁と相互密告と虐殺を許してしまった原因は、その国の国民性にあるのだ、とその本は書いていた。それはまさに、物資が少ないがために、他人を陥れることが自分の利益につながる社会だった。だからこそ、そうした「国民性」が合理性を持っていた。

北朝鮮や独裁虐殺国家までいかなくても、そうした発想は文化や経済に大きな影響をもたらす。それは、新しいことを拒み（それは既存のものをリスクにさらすことだから）、そして協力を拒む発想でもある（協力のためには自分の手持ちを何かしら差し出す必要があるし、両方が得をできることもあるというのがなかなかピンとこないから）。映画評論家の町山智浩は、これをカニバケツ状態と呼ぶ。カニはだれかが出ようとすると足を引っ張るため、結局だれも出られないからだ。

ぼくの仕事の開発援助は、必ずしも援助先の国は選べない。でも、他人の損が自分の得だと思っている国では、仕事はきわめてやりにくい。その逆だと、仕事はやりやすいことが多い。そして途上国の一部がなかなか発展しないのは、この発想が自己成就的な性格を持つからだ。他人の損が自分の得と思い、みんなが同時に発展するというシナリオを想像できないが故に、協力ができず、そのため本当に発展が実現せず、だからやはり他人の損が自分の得となる停滞状態が続いてしまう。

ちなみに、個人でもこれはかなり有効な切り分けだ。そしてそれを見分けるには、食べ放題飲み放題のところに行くといい。そこで自分が好きなものを飲み食いするのは、他人の損と自分の得とを切り離して考える人。でも、「そこで原価がいちばん高いのは何か」を気にして、ときに好きでもないものばかり飲み食いしたがるのは、他人の損を自分の得と思う人だ（原価が高いとは、店が損をしているということになる）。その人と仕事をしやすいかが、これで結構わかるとぼくは個人的には思っている。

日本も、長期にわたる停滞が続く中で、パイは広がらないという認識がやたらに浸透して、他人の足を引っ張るのが自己利益につながる、といった発想が強まっているように思う。たとえば最近のＴＰＰをめぐる議論をはじめとする、各種既得権益業界保護談義がその典型だ。日本の再生のためには、全員に行き渡るほどパイを広げねばならないという考え方を広めなくてはならないんだが……。

「元を取る」という思考の落とし穴

初出：「Voice」２０１３年２月号、ＰＨＰ研究所

たぶん、みなさんの身の回りにもいると思うのだけれど、ぼくの知り合いにもやたらと「元を取る」ことにこだわる人々がいる。各種の権利、サービスその他を、とにかく使い倒さないと気がすまない。食べ放題に行くと、ローストビーフばかり食い切れないほど取ってきて「これが一番割がいい」と悦に入る。あるいは出張で飛行機に乗るとき、たまにラウンジの使用権をもらうと、もうどうせすぐに搭乗開始でラウンジに行くだけ面倒なのに「使わないともったいない、元を取らないと」とダッシュでラウンジに向かい、シャンパンを四、五杯がぶ飲みして、またダッシュで搭乗口に向かう。

いやあ、そこまでしてシャンパンが飲みたいかねえ、とぼくは思うんだが、彼らにとっては、そういう問題ではないらしい。でもそれじゃあ、どういう問題なのかをぼくはずっと不思議に思いつつ、追求しないできたんだが……。

あるとき、一ヶ月近くにわたり海外出張することになった。そこで仲良くなって週に四日は

いっしょに飲みに出かけていた人がいたんだが、彼はどんな店（といってもカラオケバーだが）に行っても、ママさんと交渉して飲み放題にさせる。そしてその交渉が成立すると、やたらにウォッカのトマトジュース割りとかを頼むのだった。

しばらくそれが続いたので「ずいぶんトマトジュースがお好きなんですねえ」と言うと、彼曰く「いやあ全然。どっちかといえば嫌いだけど。でも、この国はトマトがすべて輸入なんで、原価がいちばん高いんだ。だからコレを飲むのがいちばん元が取れるんだよ！」

ぼくはそれを聞いて、絶句した。原価が高いってだけで、好きでもないものを飲んでるんですか！　そしてそこで、その発想の根拠がわかったのだ。彼らの発想では、とにかく相手が最大限の損をすることが自分にとっての得に思えるらしいのだ。だから相手が損をすれば満足、ということなのだ。ちなみに、さっきのラウンジでのシャンパンがぶ飲み野郎も、あるときなぜシャンパンなのか聞いたところ「これが原価がいちばん高いんです！」とのことだった（本当に高いのかは知らない）。

でも……ちょっと考えれば、だれもまったく得なんかしていない。相手は儲けが減って損だし、自分は好きでもないトマトジュースを飲んで不幸。みんな嫌な思いしかしていないのだ。にもかかわらず、そういう行動の人はどこにでもいる。そして、その比率がどうも多く思える国や文化もある。なぜだろう？　ぼくが見る限り、こうした意識は貧しい陸封国や島国に多いようだ。そうしたところでは、これまでパイの大きさはほとんど変わらなかった。だから、自分の取り分を増やすには、他人の取り分を減らさなくてはならない。どんな状況でも他人に損をさせることが自分の得につながる。それが彼らの世界や文化では合理的なのだ。

そして人は実にたやすくこの発想に陥る。この豊かな日本ですら、過去二〇年の経済停滞で、人々はこうした発想をますます強めてきた。公務員が給料もらいすぎだ、生活保護の不正受給が許せん、いや生活保護自体が許せん、あれを削れ、これをなくせ等々。

そして一方で、成長しないパイを前提にしたこのやり方は、自己成就に陥りかねない。環境が変わっても、まさにそうやって人が足の引っ張り合いをしたがるのが原因で、パイが一向に成長しなくなるのだ。

ぼくはこの失われた二〇年ほどで、日本もまさにそれに近い状態になりつつあるのではと恐れている。それだけに、今回（二〇一二年一二月）の選挙でリフレ政策を前面にうちだした経済成長策を重視する政権ができたこと自体は、きわめてありがたいと思っている。リフレ政策自体も、一〇年以上前から紹介を続けてきた身としてはそれが本当に選挙の争点にすらなったのは隔世の感がある（自民党がそれをきちんと実施できるかは、たぶん本稿が出る頃には見えはじめていると思うが）。でも、それはあくまで手段だ。それによってパイが成長し、みんなが他人の損だの原価だのを気にせず、自分の好きなものを飲み、食い、やれるような国に日本が再びなれますように。それがぼくの新年の願いだ。

お金についての浅はかな話

初出：「山形浩生の『経済のトリセツ』」２０１４年7月15日、著者個人ブログ

ビットコインがらみでお金に関する本をいくつか読んでいるんだけど……どの本を読んでも、「ではお金とは何か、その本質とは何か」というのが必ず出てきて、そしてお金の哲学みたいな話がはじまる。

だけれどいろいろ読んでみて、基本的に、お金を哲学的に理解しよう、本質的に厳密に理解しようという議論って、全部ダメだという感想に至った。特に、真剣にそれをやろうとした本当に善意の、学問的良心に満ちた、生真面目な学者先生の議論は、その熱意は痛いほどわかるので大変言いにくいんだけど、まったくダメ。いやむしろ哲学的に、理念的に、精緻に、厳密に掘り下げて原理的に考えようというその生真面目なアプローチそのものが、お金についての考え方を歪めてしまい、スーパー合理性を仮定する経済学議論みたいな現実離れした話に陥ってしまうんじゃないか。ぼくはそう思うのだ。

お金の議論って、そんなむずかしいもんじゃない。人がなぜ実用的な価値のまったくない紙

切れなどのお金を受け取るかというと、他の人もそれを価値あるものと見なして受け取ってくれるからだ、という話になる。それがお金というものの本質（の一つ）だ。これはまったくその通り。

でもそれは、いまだけの話じゃない。将来、次に自分が使うときにも人がそれを受け取ってくれると思わないと、その人はお金を受け取ってくれないだろう。これもその通り。が、ここらへんから厳密な話はだんだん怪しくなってくるのだ。その一例はたとえばこんな感じ。

・でもその将来の人が受け取るのは、もっと将来の人がお金を受け取ってくれると思うからだよね？

↓はい、これはその通り。

・これってどんどん続いていきますよね？

↓うん、まあ、そうだねえ。

・するとつまり、果てしない先までお金が使えるという信用がないとお金って成立しませんよね？　いまから五六億七〇〇〇万年後に、弥勒菩薩さんが降臨したときにもお金が受け取ってもらえると思わないと、五六億六九九九年後の人はお金を使えず、すると五六億六九九八年後の人もお金を使えず、ずーっとそれが続いて、今日の人もお金を使えず、ということになりますよね？

↓えーっと、えーっと、それって……。

・でも理屈はそうですよね？　するとお金とはその永遠の信用に基づいたものであり、その永遠先の信用が毀損された瞬間にそれがすべて現在にまで波及してだれもお金を受け取らなくなりハイパーインフレが生じ貨幣が崩壊し資本主義がつぶれ世界はカオスになり人類は滅亡しハルマゲドンがやってきて……あるいはその無限先まで見通せないが故にあらゆるお金の取引は決死の闇への跳躍でありそれが止まった瞬間に資本主義はつぶれ世界は（以下同文）

↓おいおいおいおいおい、ちょっと待て待て待て待て。

いや、まじだよ。お金の哲学めいた話を扱った本って、すぐにハイパーインフレの心配ばかりはじめて、資本主義の崩壊だのというご大層な話になるんだ。

そしてもちろん、無限の彼方の信頼が基盤になっているというのはつまり超越的な何かってことで、つまりはお金というものが持つ神学的な基盤があって神がいないと経済も市場もあり得ずとか、本当に腐った話も出てくる。

さて、これは本当だろうか、とぼくなんかは思うわけだ。というのも、この話を聞いて思い出す、数学だか論理学だかのパラドックスがある。死刑囚のパラドックスとかいうんだっけな？　聞いたことがあると思うけれど、こんな具合だ。

あるところに死刑囚がいた。で、王様はその死刑囚に「来週おまえを死刑にするが、おまえはそれが何曜日になるか事前にはわからない」と言う（土日は休みとするね）。

さてそれを聞いて死刑囚は考えた。

もし王様が木曜まで死刑を執行しなければ、金曜に死刑になるのがその木曜の時点でオレにわかってしまう。事前には曜日がわからないはずだから、金曜の死刑はない。

じゃあ木曜の死刑は？　金曜があり得なくて、水曜までに死刑が執行されなければ、木曜しかないから事前にわかっちゃうな。すると木曜でもない。

同じ理屈を続けると、水曜でもない、火曜でもない。月曜でもない。すると……死刑は執行されないということか！

そう思って死刑囚は大喜びしておりました。

すると木曜の朝に死刑執行人がやってきて「じゃこれからおまえの首をちょん切るので」という。

死刑囚は「いや、そんなことはあり得ない」と言って、自分の理屈を説明した。が、執行人は「つまりおまえ、今日死刑になることは事前にわからなかったんだよな。予告通りだ」と言って刑場にそいつを引っ立てていきましたとさ。おしまい。

人が無限遠の将来の状況まで考えて、それが現在のお金の有用性を規定してしまう、ハイパーインフレだ資本主義崩壊だ、という発想は、この死刑囚の発想のまちがいに通じるものがある。

というのも……人は無限遠のことなんか心配しないからだ。だって、人間の寿命は有限だ。子孫のことを考えたって、自分の一〇〇〇年後の子孫を心配するやつはいない。だから、人間はそんな無限に先のことは考えないし、考える必要もない。いろんな財産が法人化しているのは、この意味でちょっと不安なことではある。それでも限界はあるだろう。

そしてお金で取引が行われるためには、無限遠の保証なんかいらない。来週のどこかで取引は行われるだろう。それだけわかればいいのだ。はるか先のリスクは、その分ものすごく割引かれる。それが厳密にいつ行われるかわからなくても、それどころかいつか取引が行われなくなる期限があると確実にわかっていても——別にそれで取引が行われなくなるわけではない。倒産ほぼ確実な会社の株でも、すぐに株価がゼロになるわけではない。お金にまつわる信用だってそうだ。いまお金で取引を行うための信用は、そんな無限の先まで考える必要はない。

唯一必要なのは、人間はこの先存在しつづける限り、何かを媒介に価値の交換を行う、という確信だ。いま手元にあるこの一〇〇〇円札は、ひょっとしたら三〇年後に使えなくなるかもしれないけれど、でもその頃にだって必ずなんらかの形で価値の媒介があり、別のものでそれが担保されるようになっている。そしてその移行期には、一〇〇〇円札から次の何か——ビットコインでもツナ缶でもいいよ——に価値媒介の手段がハンドオーバーされるはず。それさえわかれば、別にはるか彼方の超越的な信用なんか想定しなくていい。

でも、お金の本質とか哲学とか、精緻な分析とか言っている議論のほとんどは、この無限遠までの話をこちゃこちゃ考える、ということだったりする。だって……精緻ってそういう意味だもんね。そして、一〇〇〇円札とかビットコインとか、具体的な「このお金」を考えない。「お金」という抽象的なものがあって、それが無限彼方にまで使われる、という抽象化を行ってしまう。「このお金」が使われるかどうか、というのと、お金一般が使われなくなるかどうか、というのは話がまったくちがう。でも抽象化したらそれが見えなくなる。「このお金」の崩壊が、あらゆるお金の崩壊だ、という話にすりかわってしまう。まさにそれこそが、お金の本質から話が乖離する原因になっていると思うのだ。特にそこで、数学的にモデル化したりするともうダメ。その瞬間に、「このお金」の具体性はなくなり、無限遠まで話が飛んでいくものを止める要因がまったくなくなる。

でも、P・K・ディックのSFで頭のおかしくなった主人公たちが神学妄想にふける『ヴァリス』（ハヤカワ文庫SF）の翻訳とかでもそうだけど、超越だの神学だの西洋経済社会における神の基盤だの、それに対して東洋的な多神教的社会／市場だのっていう抽象哲学的なヨタ話って、みんな本当に好きだよね。それが深遠で、えらいもので、意味不明であればあるほどみんなありがたがる。

たぶん信用に割引率を適用して（すると無限遠のリスクの価値はゼロだ）、そこに信用のオプション価値を導入したりして（すると無限遠でもある程度のプラスの価値は残るようにできるはず）、先に述べたような話を厳密にモデル化することはできると思う。が、それをするまでもなく、お金についての生真面目な本質論とか、くそ厳密な哲学的思索とかは、ピントはずれだしかえって有害だと思うのだ。特に、こういう論者って必ず、リフレ議論ですぐにハイパーインフレの危機がうだうだ、というとんちんかんな議論をして悦に入っている。やめてほしいんだよね〜。

やっぱいままでも、お金についての考察ではケインズがいちばんえらかったと思うわ。『一般理論』一七章で、小麦をお金として使った場合の、小麦による小麦の利子率とか、住宅による小麦利子率とかを考えてなぜ黄金とかが世界的にお金として使われてきたのか、という議論とか、あんた明らかに半分悪のりの冗談でやってるだろうという感じだけれど、でも考察として実に鋭い。

というか、おそらく半分冗談で考えているからこそ、その鋭さって出ているんだと思う。生真面目な人ほど、厳密だの深い思索だの本質的な議論だの、といったものに惹かれやすいし、その落とし穴にはまりやすい。でも、お金については、深く考えないこと、とりあえずのいい加減さを信頼すること、本質を考えないことこそが、逆説的だけれどその本質をつかみやすいんじゃないかと思う。

そして、同じくケインズ『お金の改革論』での、各国ですさまじいハイパーインフレ下であってもお金は使われる、という指摘はとても重要。ハイパーインフレで即座に資本主義崩壊にはならない、ということね。それを無料で訳して公開しているオレってえらい、ということでみなさま同意していただければ幸甚です。

(付記：超越的と超越論的ってちがうんだって。ご指摘ありがとう!!　なおした)

コメント

その後、ケインズはどんどん訳して、『一般理論』も『平和の経済的帰結』も『説得論集』もその他いろいろ無料公開してしまい、いまや彼の著作集の三分の一くらいは訳してしまったので、オレのえらさもさらに高まった感じではあります。ということで、話は次のケインズなどのネタに……。

第2章　クルーグマンとかケインズの話

ポール・クルーグマンを知った話はあちこちで結構書いたような記憶もあるけれど、簡単におさらいしておくと、一九九三年に当時の勤め先のお金で留学させてもらっていたMITの出版局の直販書店で、叩き売りセールのかごの中にあった『クルーグマン教授の経済入門』(原題:*The Age of Diminished Expectation.* 期待しない時代)をまったくの偶然から手に取ったのが発端だ。当時はクルーグマンが何者かも知らなかったし、経済学についても何も知らないに等しかった。この本も、たまたま何か講義のレポートに参考になりそうだと思っただけだったように思う。

でも読んでみると、やたらにおもしろかった。特にぼくがことさらありがたいと思ったのは、しょっぱなから経済学の根幹なのに何もわかっていないことについて、はっきり書いてくれたことだった。経済全体の生産性というのが、どうすれば上がるのか、実は全然わからないのだ、ということだ。

そしてちょうど当時、クルーグマンはクリントンの経済顧問チームを罵倒しまくり(一説では、自分が顧問チームに入れるはずだと思っていたのに、あてがはずれたせいだとも聞いた)、同じMITの上司にあたるレスター・サローと大げんかを繰り広げ、そのまま不倫相手(いまの奥さん/共著者のロビン・ウェルス）を追いかけてスタンフォード大学にいってしまい、さらには当時のアジアの発展に冷や水をかける論説を発表し、突如としてよくも悪くも、論争的でジャーナリスティックな活躍を繰り広げるようになっていた。それがおもしろくて彼の書いたものを片っ端から読むうちに、かなり理論っぽいものにも深入りするようになった。彼がいなければ、たぶんぼくのこの本もなかっただろう。

そして一九九〇年代の末、日本はもっとお金を刷れという論説数本に続いてあるとき突然、トンデモとしか思えない論文が彼のウェブページに登場した。お金を刷るだけでは足りない。インフレを起こせ。それも現在だけでなく、将来もインフレが続くという予想／期待を作り上げることが必要だ！　それをぼくがおもしろがって、訳して紹介し――そして現在に至る。

ケインズも、クルーグマン経由で知った存在だ。彼の名著『経済政策を売り歩く人々』（ちくま学芸文庫）は、マクロ経済学の基本的な流れについて簡単に紹介し、そしていままでで最も有効で妥当性の高い理論を編みだした人物として、ジョン・メイナード・ケインズを挙げていた。「ケインズは基本的に正しい」！

そしてそれは、クルーグマンの属する新ケインズ派的な見方にとどまるものではなかった。古いもとのケインズの考え方が重要なのだ、という。いまやだれも顧みないどころか、そもそもろくに知らないIS－LMモデルの重要性、それが乱暴であるが故に持つ有効性について、クルーグマンはいろいろな論文で教えてくれた。当時は、レーガノミクスやサッチャリズムの躍進で、ケインズ理論は大変に分が悪かったけれど、それでもケインズには見るべきものがあるのだ、ということをぼくはそこで知った……が、さすがにそれを実際に自分で読むほどの（まして訳すほどの）物好きではなかった。ニュートンはえらかったけれど、だからといって『プリンキピア』を読もうなんてことにはならないのと同じだ（が、読むと現代とのギャップも含めちょっとおもしろいのでお試しあれ）。もはや、そのエッセンスは十分に現代の経済学に吸収されているはずで、いまさら蒸し返してどうなる、という感じだった。一応、『一般理論』の原書は買ったし、第一章と、最後の部分は目を通したけれど、あとは要約を途中まで作ったものの、放置状態だった。

が、そのケインズの評価が、あの二〇〇七～〇八年のリーマンショック／世界金融危機で一気に高まった。精緻な新ケインズ派のモデルの扱いきれない乱暴な経済危機にも、古いケインズ的な対応がそれなりに通用した――というか、それしか通用するものがなかった。そして、『一般理論』要約を完成させ、ついでに全訳まで仕上げてしまい、あとはこわいものなしで彼のその他の本もどんどん訳し――これまたいまに至る。ケインズの文は、確かにちょっと古くて読みにくい部分もある。でも、日本の金釘流の学者翻訳が、それを壮絶なまでの解読不可能な代物にしていた。実際読んで見ると、ちょっと古いハイソでタカピーなイギリス上流階級的文体にさえ慣れれば、かなりわかりやすいし、ギョッとするほどの嫌みとスノッブなおふざけ全開で、結構楽しい。そんなこんなで、あれもこれもとやっているうちに、いまや彼の本を六冊も全訳してしまったという……。

本章に収めたのは、そうした書籍や論文集の解説となる。ぼくがなぜクルーグマンやケインズをおもしろいと思ったか、そしてそれが前章の、基本的な部分での経済の見方とどうつながっているか、多少なりともおわかりいただければ幸いだ。

蛇足ながら、個人的に少しがっかりしているのは、いまでもいろんな人が著書でクルーグマン論文やケインズの本を参照するときに、リフレ派を含めみんな、ぼくの翻訳が存在しないかのような扱いをすることだ。クルーグマンは、多くの人が参考文献一覧に原著だけを挙げて、翻訳は参照していないような書きぶりだけれど、本当ですかぁ？　そしてケインズになると、みんな全集や岩波文庫版しか参考文献に挙げない。いやあれはまちがいも多いし参考にしないほうがいいと思いますよ。でも、それが世間的な評価、おまえなんかしょせんその程度よ、と言われればそれまで、ではあるのだけれど。この章の文章も、そういう人間の手になるものであることは、一応知っておいていただくといいかもしれない。

クルーグマンが教えてくれる経済学の驚き

初出:「ちくま」2009年5月号、筑摩書房

ぼくの訳した『クルーグマン教授の経済入門』(ちくま学芸文庫)は、原著はもう二〇年も前の本だ。昨年(二〇〇八年)ノーベル経済学賞を受賞したポール・クルーグマン若かりし日の名著となる。テーマはアメリカ経済。ぼくの訳が初めて出たのも、一〇年以上前になる。にもかかわらずこの本はいまだに古びていない。もちろん時事ネタは仕方ない。でも本書は時事ネタそのものの話よりも、それをどう見るかという経済学的な考え方にこそ価値がある。そしてぼくを含む多くの経済学素人は、彼の教えてくれる経済学、特にその限界についての記述に心底驚かされたのだった。

特にみんながびっくりしたのは、生産性がなぜ上がるかよくわからない、という話だ。素人の多くは、生産性くらいすぐに上げられると思っている。ITを入れれば、教育をよくすれば等々。でもそうじゃないという。多くの人は、これをはっきり言ってもらったことで救われた。やり方がわかっているのにそれができないなら、単なる無能だ。でもそうでないなら——やり

方がわかっていないなら――見当違いなところで犯人捜しをして時間を無駄にすることもなくなる。

またインフレや保護貿易は国を傾ける天下の愚策というのが、メディアで見かける経済学的な通説だ。でもそれもちがうという。そして本書が出るまで、一般の人は中央銀行がそんなに重要なところだという認識はなかったんじゃないか。

そしてまた、この本は現在の名コラムニストとしてのクルーグマンの原点でもある。ややこしい経済学――そして経済そのもの――の概念をわかりやすく説明するクルーグマンの手腕が発揮されたのは、本書が初めてだったんだから。

その手腕はその後、同じちくま学芸文庫に収録された『経済政策を売り歩く人々』でも遺憾なく発揮されている。この本でケインズの不況理論やアカロフの限定合理性理論に初めて接した人も多い。そして彼の政策論争へのコミットが登場したのは、この『売り歩く人々』だ。とはいえ最近の共和党バッシングまみれのクルーグマンしか知らない人には意外だろうけれど、これはどっちかと言えばアメリカ民主党の政策に怒り狂っている本だ。特に、自分が中心となって開拓した収穫逓増に基づく貿易理論(これは彼のノーベル賞受賞の理由でもある)が保護貿易擁護に使われてしまったことについては、非常に苦々しい思いを吐露し、ついでに当時の通俗経済評論家(MIT上司のレスター・サローまで!)をなで斬り状態で罵倒しまくっている。

実は『売り歩く人々』はぼくがMITにいるときに書かれた本で、いろいろ裏話も聞いた。

彼は自分がクリントン政権の経済政策スタッフに選ばれると確信していて、お声がかからなかったことにえらくお冠だったとか。ついでにこの頃、彼は教科書共著者のロビン・ウェルズと不倫中で(いまはきちんと結婚している)、時間さえあれば彼女のいたスタンフォードに飛んでいく生活で心身ともに疲れ切っており、抑えがきかなくなっているんだ、だからあんなに口が悪いんだとか。

でも最近の共和党の経済政策批判を見ると、必ずしもそうでもないらしい。もともと口が悪い人、もとい歯に衣着せぬ人物ではあるのだ。それが彼のいいところでもあり、悪いところでもある(と言う人もいる)。

『経済入門』の翻訳は、ぼくなりにそのいい/悪いところまで含めてクルーグマンの魅力を表現しようとした結果ではある。訳の文体は、当時もいまも好き嫌いが分かれるところだろう。でも個人的には、いま読んでもまったく違和感はない。そしてそれ以外にもこの本の訳者あとがきは、たぶんクルーグマンの業績の全貌について、いちばん早い時期にいちばん網羅的な解説になっているのも自慢だ。さらにその後の日本――そしていまの世界――が陥る一大経済問題である、デフレ不況に関する彼の先駆的な論文をいちはやく収録できているという点で、この『経済入門』邦訳はいまなお驚くほどの現代性を維持していると思うのだ。

クルーグマンのノーベル賞と調整インフレ

初出：「Voice」２００８年12月号、ＰＨＰ研究所

アフリカの奥地に二週間出張している間に、リーマンショックで世界は一変していた。ダウは一万ドルを割り、日経平均はなんと八〇〇〇円台！　執筆時点で、まだ世界の金融業界は大激震の最中で、何がどうなるやらわからない。従来の資本主義は崩壊だといった極論もきかれ、これを予見・阻止できなかった経済学は役立たず、というような論調すら一部には見られる。

さて、もちろん経済学は完璧じゃない。でもそれを改善し、広げようとする努力は絶えず行われている。その好例が、金融市場暴落とほぼ同時にノーベル記念経済学賞を取ったポール・クルーグマンの業績だ。

彼がノーベル賞をもらったのは、戦略的貿易理論のためだ、という紹介がされているけれど、おそらくそれではなんのことかわからない人がほとんどだろう。それは簡単に言うと、規模の経済というものを経済学に導入したことだ。同じモノを作るなら、小さな工場で手作業で作るよりも、でかい工場で大量生産したほうが安い。彼はこれを経済学で扱えるような方法を考え

出したのだ。そして、それが貿易に影響を与えるのだ、と。

こう書くと、多くの人は失笑するだろう。大量生産で値段が下がるなんて、常識以前のことではないか！　経済学者はそんなことも知らなかったのか、と。でも、まちがえてはいけない。もちろんそんなことはみんな知っていた。でも、それを経済学のモデルにする方法がなかった。クルーグマンは、現象を見つけたからえらいんじゃない。だれでも知っているその現象を理論として扱う手法を見つけたのがえらかったのだ。

これは別に彼の業績を貶めるものじゃない。クルーグマン自身が幾度となく述べていることだ。そしてそれにより、経済学はいまの先進国同士の貿易や都市の存在も説明できるようになった。経済学は広がり、新しいことを説明予測できるようになった。それは現実に対する力を持ったし、実際に彼の理論は一部の産業政策に大きな影響を持った（その使われ方自体は本人にとっては不本意なものだったけれど）。

クルーグマンの業績は、実はそれだけじゃない。彼の理論は常に経済学の幅を広げ、現実をもっとよく説明できるようにしてきた。一九九七年のアジア通貨危機以前に、当時のアジア経済が必ずしも順風満帆でないことをおおっぴらに指摘したのは、クルーグマンをはじめほんの数名だけだった。彼は為替の理論でも有名で、ジョージ・ソロスなどの通貨攻撃の方向性や一九八〇年代のドルの方向性なども見事に当てている。ときに変わった提案をしつつも、彼の（少なくとも経済がらみの）発言や予測はいつも骨太で小技に頼らず、経済学者の中ではかなり高い的中率と説明力を備えている。彼のノーベル賞受賞に対し「クルーグマンの予想はほとんど常にはずれている」なんてことを言う人がいるのは驚くべきことだ。

だから、彼が日本の景気回復策として一〇年前に行っている提言も、これを機にそろそろいい加減に真面目に受け止めるべきだ。景気を上げるためには金利を下げて、お金を流通しやすくしなくてはならない——これは今回の金融危機で、（日銀以外の）ほぼあらゆる中央銀行がやったことで、ほぼ議論の余地のない処方箋だ。でも、日本の金利はゼロに近くて、これ以上下げられないとされていた。そこでクルーグマンは、とても簡単なことを述べたのだった。実質金利がゼロなら、それをもっと下げてマイナスにしなくてはならない——ということは、名目金利をインフレ率よりも低くすることだ。そして、名目金利はゼロよりは下がらない（というのも現金で持っていれば金利はゼロだから）。だったら、インフレのほうを上げなくてはならない！

この議論は、いまや日本以外の経済学者はほぼすべて認めていて、日本でだけなぜか、蛇蝎のごとくに忌み嫌われている。でも最近になって、インフレターゲットを否定する人が同じ本の中で、期限付きのお金というアイデアをほめていたりする。期限付き、ということは時間がたてば価値が下がるということなので、これはインフレと同じだ。そしてインフレターゲット論を口をきわめて罵っている一知半解な論者が、ブログで実質金利をマイナスにすべきだと得意げに主張していたりする姿も見られる。今回の金融危機で、世界的に景気底上げをはからなくてはいけない状況は確実に出てきているし、日本もそれに協力しないわけにはいかないだろう。クルーグマンのこれまでの実績もあるんだし、ノーベル賞を機にこの発想をちゃんと実施することを考えたほうがいい。

『クルーグマン教授の〈ニッポン〉経済入門』訳者解説

初出：ポール・クルーグマン他『クルーグマン教授の〈ニッポン〉経済入門』２００３年、春秋社

〔注：この論説は、クルーグマンによる日本のデフレ不況脱出策として提案された、いわゆるリフレ／調整インフレ政策をめぐる各種の論文集の解説として書いたものだ〕

はじめに

ようこそ。この本は、日本の景気回復策として取りざたされている、調整インフレ論とかインフレターゲットとかインフレ目標論とかリフレ策とか言われるものについて、その火付け役となったポール・クルーグマンの決定版論文を中心に、まとまった形で紹介しようとするものだ。

いまちょっと触れたけれど、この議論にはいろんな呼び名がある。学者の世界は何でも派閥と流行を作るのが好きらしくて、どの呼び名が正しいのまちがっているの、という話を延々と

書いている通俗解説書もある。でも、実際問題としてこれらはすべて言っていることは同じだ。要するに、これからインフレが（ある程度の時期にわたって）起こるぞ、という期待（または予測）をみんなに抱かせなさい、という議論だ。厳密に言えば、インフレ期待によって景気を回復させようというのが調整インフレ論であり、インフレターゲット／インフレ目標というのは、その調整インフレを実現するための手段として、中央銀行が「何がなんでも三パーセントのインフレを実現する！」という目標値を立てて、それをしゃかりきに達成しろ、という話だ。だから一方が目的で、一方がその実現手段で、ついでにリフレというのは、下がったインフレ率を再び上げろという議論だからそのプロセスを指すのだ、というような区別はできる。また細かいことを言いはじめると、インフレ目標は、いまの日本みたいにインフレ率を上げるための目標値だけでなく、トルコみたいな高インフレ国が、それを下げるための目標値として設定する場合だってあるとか、いろいろ言える。でもいまの日本に適用しようとする限り、これらはすべてほとんど同じ議論だと思っていい。つまらない重箱の隅にこだわってもしょうがない〔注1〕。

この議論を、まずは簡単に説明しておこう。人はお金を稼いだら、それを使う／投資するか、あるいは貯めるかのどっちかだ。金利が高ければ、貯金するほうが魅力的になる。金利が低ければ、貯金してもしょうがないから使っちまおうと思う。または貯金するより儲かるから投資しようと思う。みんながお金をどんどん使えば／投資すれば、景気はよくなる（ここで大事なのは、「みんなが」という部分だ。あなた一人が大盤振る舞いしたら、一家が路頭に迷うだけだけれど、「みんながお金をどんどん使う」ということは、あなたのお客さんもどんどん大盤振る舞いして仕事を発注してくれる、ということになる。金は天下のまわりものなので、みんながお金をたくさん使うと、自分の懐に入ってくるお金も自然と増えるわけ)。みんなが貯金ばかりして、だれもお金を使わなければ、景気は悪くなる。だから、政府／中央銀行は、景気が悪ければ金利を下げる。景気が過熱してバブリーだと思えば、金利を上げる。これが基本の仕組みだ。

さて、いまの日本はご存じの通り不景気だ。みんな、お金を使わずに貯金ばかりしている。だから、本当なら金利を下げて景気をよくしたい。ところが困ったことに、いまの日本の金利はほとんどゼロだ。金利はマイナスにはできない。だって金利マイナスなら、預金がどんどん目減りすることになる。金利マイナス二パーセントなら、一万円が来年は九八〇〇円だ。そんな銀行にお金を預けるバカはいない。現金でタンス預金するほうがよっぽどましだ。だから、いまの日本では金利を下げて景気を刺激することはできない。

でも、もしそれができたら――もし金利をマイナスにできたら――みんないまよりお金を使うようになるだろう。そして景気も回復するだろう。そして額面上の（つまり名目の）金利がゼロのままでも、実質的な金利を下げる方法はある。みんなに、貯金するよりもお金を使うほうが魅力的だ、使わないとお金の価値が目減りする、と思わせる方法がある。

インフレ期待を起こすことだ。

たとえば、もし今後一年で物価が一〇パーセント上がると思ったら、人は早めに買い物をしようとするだろう。いま三〇〇〇万のマンションが、来年は三三〇〇万になると思えば、いま買っとくほうが賢明だとみんな考えるだろう。これから一〇パーセントのインフレが起きるなら、金利ゼロの銀行にお金を預けておくのは、実質的にマイナス金利がついているのと同じことだ。そうなったら、みんな貯金するより早めにお金を使おうとする。

だから、それをやろうじゃないか。インフレ期待を起こそうじゃないか。そうすれば、日本は一〇年にわたる長い不況から脱出することができるはずだ！　これがクルーグマンの提案した（そしていまや世界のほぼありとあらゆる経済学者たちが支持する）調整インフレ論だ。

議論としては、とっても単純だ。細かいところで、いろいろ注意が必要ではある。なぜ単なるインフレじゃなくてインフレ「期待」なのか、とか。でも、金利を下げるのが景気刺激策になる、というのがわかるなら——あるいはわからなくても、そういうもんだと思えるなら——この議論だってそんなに違和感はないはずだ。これまでさんざんやられてきたことを、単に延長したにすぎない。変な技巧もなければ、小難しい理論もほとんどない。

にもかかわらず、この議論は特に日本ですさまじい反発を引き起こしてきた。無責任だとか経済学の常識を無視しているとか、経済学を期待という心理学の世界に惑わせる議論だとか、日本の実情を知らない空論だとか、こんな議論を支持するやつは声の出るゴキブリだとか、あげくの果てにはクルーグマンが人種差別主義者で日本なんかどうなってもいいと思ってるから、いい加減なことを言っているんだ、なんてことを言う人物さえ出てきた。いや、ここに挙げたのは誇張じゃない。まさにその通りのことを、ほぼこの通りの言葉で言っている御仁がそれぞれいるのだ。これほどひどくはない批判ですら、そもそもクルーグマンの議論をまともに理解していないものだったり（たとえば「日銀はすでにたくさんお金を刷っているのに、景気は回復を見せていないからクルーグマンの議論はまちがっている」とか）、あるいはそもそも金利を下げることが景気刺激策になるという常識すら否定しかねない議論だったり。実はクルーグマンは、多少なりともまともな反論や批判については、かなり早い時期に反論をきちんとしているのだけれど、それもきちんと読まれた形跡がない。

なぜだろうか？　ぼくはそれが、この説の紹介のされ方に関係してるんじゃないか、という気がする。そして僭越ながら、このぼくにもその責任の一端があるのかもしれない、とも。

この調整インフレ論が初めて提案されたのは、一九九八年。もう五年以上も前だ（注：本稿が書かれたのは二〇〇三年）。それ以降、この議論についてはすでに述べた通り、日本でもいろんな人があれこれ議論している。ところが不思議なことに、その議論のもととなったいくつかのクルーグマン論文そのものが、ほとんど翻訳紹介されてこなかった。

いや……紹介されてこなかったというと言い過ぎだ。実は、一部の人にとって、これらの論文はほぼリアルタイムで日本語化されていた。その一部の人というのは、インターネットがそれなりに使いこなせる人だ。ネット上で、ある物好きが、頼まれもしないのにクルーグマンの関連論文やエッセイを片っ端から日本語化していたからだ。おもしろいことに、クルーグマンがこの日本の調整インフレ策がらみの論文を発表したのは、ほとんどがネット上での彼のウェブサイトでのことだった。この日本をめぐる調整インフレ論に関する議論の多くは、原文も翻訳も、ほとんどがインターネット上で展開されていたのだった。

その物好きが山形浩生とかいうやつだったのは、周知の事実ではある。各種の議論も、批判に対する反論も、ほとんど一ヶ月以内で日本語化されていった。そこまでやってあげれば、自然にそこでの議論は広まり、そこを出発点としてもっときちんとした議論が生じるであろう、とその物好きは期待していたらしい。

が、ぼくは世間の人々のＩＴ音痴ぶりをひょっとしたら甘く見すぎていたのかもしれない。この議論の紹介のされ方を見ると、ときに変な形で歪曲されてしまっているし、とうに反論されているような批判が何度も繰り返し出てくる。どうもネット上に置いただけでは、みんなきちんと読んでくれていないんじゃないか。ネットに不慣れなせいなのか、それとも紙信仰が強くてネット上のものなんか軽視する傾向が強いせいかもしれないんだけれど。翻訳のせいもあるのかもしれないけれど、でもネット上の原文すらまともに読んでいないようなのだ。また、まともに紹介されている例を見ても、ぼくはほとんどの場合、もとの論文よりかえってわかりにくくなっている場合の方が多いと思うのだ。必要以上にはしょっていたり、こむずかしく言い換えていたり。まあこれは訳者としてのひいき目もあるのかもしれない。でもそんな状況が続くのはあまりに不毛じゃないか。そろそろネットの使えない人たちのためにも、紙の形でまとめてあげるのが親切ってもんだろう〔注2〕。

本書はそういう本だ。

この本は、ポール・クルーグマンによる調整インフレ論をめぐる論文をまとめている。また彼が日本の不良債権処理や財政出動について書いたエッセイもあわせて訳出し、調整インフレ論の対抗馬として挙げられることの多い各種施策が眉唾だということを理解していただく。さらに「調整インフレなんて実現する方法がない！」という人々に応えて、それを確実に実現する方法について述べたラルス・スヴェンソンによるエッセイもあわせて収録した。ほとんどの論文は、読めばそのままわかる性質のものだけれど、それでも読者の便宜をはかるべく、訳者のほうでアンチョコを用意してある。もし論文を読んでそのまま理解できるなら、もちろんアンチョコは読み飛ばしてくれてまったくかまわないのだけれど、論文の解説にとどまらない余計な寄り道もたくさんしているので、暇なときに目を通しておいても損にはならない、かもしれない。

実は現在、この本を出すのがちょっと遅きに失したかな、という焦りがないわけでもない。実質GDPが予想外に成長していたり、あるいは株価がちょこっと回復していたり、と気の早い政府やマスコミは急に浮かれて、景気回復だと大騒ぎしている。これがいつまで続くかはわからない。相変わらずデフレは続いているし、実質GDPの伸びも実はデフレが作り出した数字上の見かけにすぎないかもしれない、という説もある。株価がどこまであてになるかは、まあご承知の通り。でも、これが続けば、ひょっとしたら調整インフレは試されることもなく出番がなくなってしまうかもしれない（ちなみにクルーグマン論文は、そういうことがあり得る、ということもきちんと指摘している）。

その一方で、このちょっとした株価回復自体が、調整インフレ的な政策のおかげだ、という説もある。また変な報道も行われている。「論座」二〇〇三年八月号によれば、日銀の福井総裁は、インフレ目標政策の検討を小泉首相と密かに約束しているとか。また自民党総裁選の公約に向けて、小泉首相は名目GDP成長に目標値を定めるという、実質的にはインフレ目標に近い政策を掲げようとしている、ともされる。もしそうであるなら、今後そうした政策が実際に顔を見せる機会だって、あり得ないわけじゃない。もしいまの景気回復が腰砕けになった場合、案外本気で調整インフレ策がとられる可能性もそろそろ出てきた。そのときのためにも、その中身をきちんと押さえておくのは決して意味のないことじゃない。

では、いきなり本丸の論文から入ろう。「復活だぁっ！　日本の不況と流動性の罠の逆襲」。このふざけた題名の論文（信じてもらえないかもしれないけれど、原文でもこれ以上にふざけたタイトルになっているのです。元ネタは映画『ポルターガイスト』で……という話はまたいつの日か）には、すべてがある。理論、歴史的分析、定量的な裏付け、政策的な検討、代替案。これさえ読みこなせれば、もう何もこわいものはない。

〔注：本ではここで、クルーグマン「復活だぁっ！」論文が収録されていた。以下はその解説となる〕

「復活だぁっ！」解題

おつかれさま。いかがだっただろうか。数式の部分はさておき、それ以外の部分は決して極端に難解ではないし、普通に読んでもらえればクルーグマンの主張はそんなに苦労せずにつかめると思う。が、ものぐさな方のために、ここではとりあえず主要論点を簡単に整理しておこう。

日本はいま、不景気だ。これはだれしも認めるところ。さらに、日本の金利はほとんどゼロに近い。これも見れば明らかだ。そして金融拡大も財政出動もほとんど効果が見られない。さて、これは経済学でいう流動性の罠と呼ばれる現象とよく似ている。でもホントにそうなのか？　これがこの論文の基本的な問題意識だ。

そんな理屈はどうでもいい、という人もいるかもしれない。そんな議論は学者がやってればいいのであって、実際の政策にはなんの関係もない、と。でもこれは、単なる学問的な興味じゃない。いま日本が直面しているのがホントに流動性の罠かどうかによって、それに対する対策はまったく変わってくる。そして、「ホントに流動性の罠かどうか」は理論的にそれがあり得るのか、という話と、それが日本に適用できるのか、という二段階に分かれることになる。この論文で検討されているのはそういうことだ。

だからこの論文のポイントは、以下のようなものだ。

1　流動性の罠というものが理論的に存在する、ということ。

2　そこからの示唆：理論上の対応策として何が有効で無効か

3　日本への適用について

流動性の罠の理論的な存在根拠

この論文のモデルは、ほとんどが流動性の罠というものが理論的に存在し得るんだ、ということを証明するのに費やされている。流動性の罠というのは、金利がゼロでも人がお金を使いたがらず、景気刺激のための金利引き下げがそれ以上できなくなってしまう（マネーサプライを増やしても、なんの効果もない）状態だ。こういう状態が存在する可能性があるのを指摘したのは、ケインズの理論をＩＳ－ＬＭモデルというわかりやすい形にして広めたヒックスだった。だから流動性の罠の議論は、通常はＩＳ－ＬＭモデルと密接に結びついている〔注：ＩＳ－ＬＭモデルの詳細は、本書収録の『要約 ケインズ 雇用と利子とお金の一般理論』訳者解説を参照のこと〕。

さていまや日本が流動性の罠にはまっていることはほとんどの人が認めているように思う。少なくとも、それを真っ向から疑問視する議論というのはあまり見かけない。したがって、これをここまでしつこくモデルにしている、というのに違和感を覚える人もいるかもしれない。また「モデルなんかどうでもいいからとにかく結論はどうなのよ」という人もいるだろう。が、あなたはすでに結論なら知っている。それは調整インフレを起こせ、ということだ。あなたが本当に必要としているのは、それを導く理屈のほうなのだ。さらに多くの人が（特に初期に）クルーグマンの理論に反対した。日本の不景気の原因はバブルの後遺症だとか、構造問題だとか。そうした議論の多くの根底には、実は流動性の罠なんてあり得ないだろう、という発想がある。それを主張している本人たちはたぶんはっきりとは気がついていないだろうけれど。だからこそ、それが理論的に文句なしにあり得るのだ、ということを明確に示しておくことは、この議論にあたってはとっても重要なポイントとなる。

確かに、流動性の罠の議論には直感的に変なところが、大きく三つある。

最初はそもそも自然な状態において、金利ゼロなのに金の借り手がないってホントか、ということ。どんな資産であっても、収益はゼロじゃないだろう。金利ゼロでお金を借りて、何か資産（たとえば土地建物）を買って、それでちょっとでも儲かれば収益はプラスだ。利子はゼロだから、借金が雪だるま式にふくれたりはしない。ちょっとの儲けからちょっとずつお金を返していけば、いつか完済して手元には資産が残る。だから、金利がゼロでもだれもお金を借りて投資しようと思わないなんて話はおかしいんじゃないか、ということだ。

さらにもう一つ。そりゃ日本だけを見れば、あまりいいお金の投資先はないかもしれない。でも外国にはいい投資先があるだろう。中国をごらん。アメリカのIT企業（当時）をごらん。だったら、貯蓄の行き場がなくて金利ゼロでたまっているというのは変じゃないか。貯蓄が余ってるなら、それはどんどん外国の投資機会に向かうだろう。つまりいまのグローバル経済のもとでは、流動性の罠なんて現象は起きないんじゃないか。

そして最後は銀行の問題だ。流動性の罠は短期的な特殊な状況で、いずれはそこから抜け出せる。将来は高い収益をもたらす投資先が出てくるだろう。となったら、銀行がそういうミスマッチを吸収する役割を果たしてくれるんじゃないの？　単純に言えば、いまお金を集めまくって、将来の有望事業に投資する、というプロジェクトをやればいいのでは？　そして彼らがそういう機能を果たせるなら、流動性の罠は自然と解消されてしまうんじゃないの？

これはいずれも、なんとなくもっともらしい。そしてここから、流動性の罠なんてのはその根拠になっているケインズ理論のIS－LMモデルが単純化されすぎていていい加減だから出てくるんだ、という話が出てくる。さらにいまの合理的期待風味の新古典派経済学が全盛の時代にあっては、IS－LM理論自体が常識ではあっても軽視されている。通俗エコノミストの中にはIS－LMをほとんど否定するような人物さえいる。そんなケインズ屋さんのモデルから出てきている理論なんて、そもそも考慮に値しないね、というわけ。

それが実際にどういう形であらわれてくるか。もちろん流動性の罠がどうしたとか、IS－LMが云々といった議論は、通俗的な経済政策論争の場には登場しない。でも、その考え方は論争に大きな影を落としている。先の三つの論点を見直してほしい。それぞれ、調整インフレ論への反論として出てくるいくつかの議論の根っこになっていることはわかると思う。

最初の議論からは、よくある構造調整議論が出てくる。要するに、問題はいまの日本企業や経済システムにおいて、プラスの収益を生むようなプロジェクトが存在しないことにあるんだ、というわけ。借り手がいないのは、そもそもちょっとでも儲かる事業が存在しないからだ。だからだれも投資をしないだけ。こうなったら、もう経済の仕組み全体を変えて、新しいプロジェクトができるようにしなきゃいけない。事業者をじゃましているいろんな構造問題を解消しよう。新規産業を育成しよう。すると、いま一見流動性の罠に見えるものはすぐに解消されるだろう、というわけですな。

次の議論は、そのままの形でも出てくるし、キャピタルフライトとかいう意味不明なヨタ話も、たぶんこの議論の中途半端な援用だ（ちなみに、もしキャピタルフライトが本当に起きるのなら、それは実はよいことだ。経済の貯蓄と投資のギャップを埋めてくれるんだから）。そして間接的にはこの議論はユニクロ／中国デフレ輸出説、よいデフレ説につながるものだ（ユニクロもちょっと影が薄くなったけど)。企業はどんどん中国に投資して、安くものを作ってそれを日本に輸出している。だからいまのデフレはよいデフレで、それは単にいまのミスマッチが解消されるプロセスの一環でしかない。生産機能の海外移転を通じて、ちゃんと投資先はできているのだよ、という議論だ。

最後の議論はもちろん、銀行の不良債権処理だ。銀行が具合悪くて、本来果たすべき機能をきちんと果たせていない。だからこそ、流動性の罠がいのものが起きているけれど、でもそれは実は銀行が不良債権のおかげで新規の貸し出しができなくて、貸し渋りせざるを得ないせいだ。不良債権問題が解消されたら、銀行が期間を超えてお金を融通して、それで流動性の罠なんか消えてしまうでしょう、という話。

繰り返すけれど、いまの多くの景気対策と称される議論は、実は流動性の罠というものがあり得ないことを一つの前提にしているとすら言える。逆に言えば、これらの景気対策と称するものだけでは効き目は怪しいということを理解するためには、この流動性の罠が成立するということをきちんと理解する必要がある。

実は、当のクルーグマンもそもそもこのモデルを考えはじめたときには、かなり懐疑的だったという。流動性の罠って変じゃないか、日本はいま、一見それっぽいものの中にいるけれど、でも実際はちがうんじゃないか。そこでクルーグマンは、厳密性の高いモデルを作ることで、流動性の罠をきちんと否定しようとした。ところが……予想に反して、結果的に厳密なモデルでもそれが成立することがわかってしまった、というのがこの理論だ。

この場合の「厳密性の高い」というのは、まずミクロ的な基礎づけのあること。つまり、そのモデルの中での各個人レベルでの行動が、もっともらしくきちんと定義されていること。次に、ケインジアンではないこと。新古典派と合理的な期待形成をベースにしたモデルであるべきだということだ。そしてもう一つ、時間の問題を明示的に処理していること。IS－LMモデルでは、時間は必ずしも明示的じゃない。目先の話と長期の話が同じように出てくる。クルーグマンのモデルは、すごいことにこれをすべて解決している。まず、ケインジアン的な想定からは出発しなかった。合理的な判断を現在についても将来についても行う（合理的期待形成ですな）個人を想定し（ミクロな基礎ですな）、その総計としてマクロの状態をモデル化している。時間の問題も、期間1とその後、という枠組みを明示的にすることで、はっきりした形で導入できた。そして——それでも流動性の罠は可能になってしまうことが示された。まずこれが、この部分の大きなポイントだ。

そしてそのモデルをベースに、クルーグマンはこれまでの流動性の罠はあり得ないという議論をすべてつぶした。

まずプラスの収益を生むプロジェクトは通常なら必ずあるはずだ、という議論。これに対してクルーグマンは、収益がプラスであっても、資産価値が下がると思われたらそのプロジェクトの期待収益率はマイナスになる、ということを指摘する。インカムゲインがあっても、キャピタルロスでそれが相殺される可能性がある、と言おうか。期待収益がマイナスのプロジェクトに、金利ゼロでもお金を借りて投資したがる人はいない。

次に、外国へ投資できるという話。ここは貿易理論で名を馳せたクルーグマンの面目躍如たるところだけれど、ある国の財やサービスは完全には国際移動しないのだ。財やサービスには、貿易できるものと、できないものがある。そして貿易対象にならないものは結構ある。するとそれによって、資本移動にも限界が生じる。貯蓄と投資のバランスを完全に埋めるほどは、資本は移動できない可能性は十分にある。

そして最後の銀行の話。金利がゼロなら、銀行に預けるのとタンス預金とでは、人々にとってなんのちがいもない。利息がつくなら、余ったお金を銀行に預ける理由があるけれど、でもいまはそれがないのだ。さらに銀行は、普通は預金してもらったお金を相互に貸し合う。それによって、ベースマネーが何倍にもなって信用拡大をとげる。ところが、金利がつかないのであれば、銀行としては他の銀行にそれを貸す理由がない。あるいは極端な話、金利ゼロなら銀行としては別にお金を人に貸す理由がない。銀行だって手元に現金で持ってればいいではないの。金利ゼロという条件下では、別に不良債権が多いとかＢＩＳ規制がどうとかいう話とはまったく関係なしに、銀行の金融仲介機能があまり働かない。

いまの議論がご理解いただけただろうか。もしこの流動性の罠が本当にあるのであれば（そしてそれが日本で起きているのであれば）、他の不景気対策はまったく無意味かもしれない。構造改革や新規産業が出てきてプラスの収益を生む投資案件が存在したとしても（それが資産価値目減りを上回るほどでかいものでない限り）、経済は不景気になる。キャピタルフライトが多少起こっても、中国製品が入ってきてアレしようと、経済は不景気のままだ。そして銀行の不良債権をどんなにがんばって処理したところで、経済は不景気のままだ。逆に言えば、流動性の罠を残したままこういう「問題」をいくら解決したところで、実際にはなんの効果もないかもしれないぞ、ということだ。つまり流動性の罠そのものをどうしようか、ということをきちんと考えない限り、不景気からは絶対に抜け出せないことになる。

これがこの論文の持つ、最初の大きなメッセージだ。

ただし……こうやって、あいまいな部分を残さずに理論を構築しようとしたために、クルーグマンのこのモデルは、経済学方面の人には結構見慣れないものとなっている。そしてこれは、ひょっとしたらクルーグマンの結論の受容を妨げる結果となった可能性もある。ウェブ上である人は「クルーグマンの理屈はわかるがそれが正しいかどうか判断できない」と書いている。

さらにもう一つ。ここでクルーグマンがこだわったミクロ的な基礎づけ、というのが実際問題としてどこまで重要なのか。

ちょっと余談だけれど、経済学をミクロとマクロに分裂させたのは、史上最大の経済学者ケインズだ。ミクロはいわば個人の動きをもとに、市場の働きを見るもの、マクロは経済全体の総計を見るもの。ただし、マクロのほうは、いろんな法則は見つけるけれど、それが具体的にどういう仕組みで実現されるのか、というのを説明できないことがある。たとえば、通貨供給が増えると物価水準が比例して上がる、というマクロの法則がある。かなり確立した法則で、このクルーグマンの論文の中にも「だれもが認める法則」と称してポイッと使われている。でも、実際に経済の中でうごめいている各個人がどういう考えでどんな動きをする結果としてこれが生じるか、きちんと説明することはとてもむずかしい。「そうなっている」としか言えない。

これはたとえば物理学の、熱力学と統計力学の関係みたいなものだ。熱力学では、ボイルくんやシャルルくんが「なんだか圧力と体積と温度の間には関係があるゾ」というのをマクロに観察して、PV=nRTというボイル＝シャルルの公式を作った。でも、なぜそこにそういう関係があるのかは説明できなかった。「だってそうなってるんだもん」としか言えなかった。空気は分子とやらでできているはずだが、それがどう効いてきてそんな法則が成り立つかはわからなかった。

でも統計力学が完成してそれが変わった。個々のミクロな分子の振る舞いを想定して、それを総計するとマクロ的な働きがちゃんと導ける——これはすごいことだ。これによって、マクロに記述されていた現象が、ちゃんとミクロにも記述できるようになった。

これは確かに、感動的なまでに美しい。学者として、理論家として、こういうのを目指したい気持ちはよくわかる。そしてそれが実現しない状態をキモチワルイと思って、ミクロな基礎のないマクロ理論を厳しく糾弾したい気持ちもわからなくはない。

だけど重要な点が一つ。ミクロ的な基礎づけができるまで――つまり統計力学が完成するまで――熱力学は使えなかったかというと、そんなこたぁないのだ。ワットくんやニューコメンくんが蒸気機関を作ったとき、「ミクロ的な基礎がないからオレは機関車なんか信用しないもんね」というのはどうだろう。それを学者としての矜持ある態度だとか、学問的良心を貫徹した清らかな態度だと思うだろうか。たぶんバカな偏屈学者だと思われるだろう。学者として自分のけじめとして、自分の論文ではそういう理論を使わないというのはあるだろう。たとえば数学者には、排中律が嫌いだとか、背理法による証明はアヤシイから使いません、という人もいるそうだ。でも、だからといってそれで蒸気機関を否定するのは変だ。ましてあなたがエンジニアや産業家であるなら。

同じように、経済学でもミクロ的な基礎づけを重視するあまり、それがないマクロ理論を否定するような人まで一部にはいるんだけれど、それは愚かだと思う。まして、それをもとに何か具体的に政策提言をしようという場合には、そんなことをされてはかえって有害無益。もちろんマクロ経済学では、一時的には法則チックに成り立っていた関係が、一〇年するうちにぐちゃぐちゃに崩れるケースがあって、物理学ほどは信用ならない、という問題はあるんだけれど、でもミクロ的な基礎づけでそれが完全に避けられるか、というと……そうでもない。が、閑話休題。いずれにしても、変わったモデルとはいえ、クルーグマンは経済学の業界の仁義にもきちんと沿った代物を作って、これまで疑問視されていた話に一つの決着をつけた。そしてその過程ですでに、多くの「反論」をつぶしてしまっている、ということは理解してほしい。

そこからの示唆：理論上の対応策として何が有効で無効か

さて、流動性の罠が起こり得ることは示された。では、そこから抜け出すための対策として何が考えられるだろうか？　検討されているのは、次の三つだ。

・いまの金融拡大
・財政拡大
・インフレ期待を生み出す

まずは金融拡大から。金融拡大とは、とにかく中央銀行（つまり日本では日銀）がいまお金を狂ったように刷りまくれ、というものだ。でも、流動性の罠においては、これはまったく効果がない。金利がゼロなので、刷ったお金の行き場がないのだ。普通なら、手元に余計なお金があれば、それを貸す／預金するだろう。そうすれば利息がつくから。でも、金利ゼロではそれは起きない。人はもらった現金をそのまま貯め込むだけになってしまう。というか、これが流動性の罠の定義みたいなもんだ。

クルーグマンの議論に対するかなり声のでかい反論は、「日銀はいまでも大幅な金融緩和をやっている。でも景気刺激効果はない。よってクルーグマンの主張はまちがっている」というものだった。でも、これはそもそも流動性の罠というものについてまともにわかっていないことを告白しているに等しい。流動性の罠というのはまさに、金融緩和策がなんの効果もあげない、という状況だからだ。だからいまの金融緩和が効果がないのは、クルーグマンの予言通りで、彼の主張の正しさを示しているにすぎない。

というわけで、いま金融緩和をやっても、景気はまったくよくならない。が……いま、最後の一文に注意してほしい。「いまの」金融緩和が効果がないのは、と書いてある。さっきのモデルでは、期間1の、ということだ。これに気がついたのが、クルーグマンのえらいところだった。が、これはまた後ほど。

次に財政拡大。もともとのＩＳ－ＬＭモデルに基づく流動性の罠議論では、そこから抜け出す定番の策は、政府が借金して公共事業をたくさんやることだった。あるいは減税でもかまわない。一時的に公共事業を増やすと、それが呼び水になって景気が回復する、という議論だ。そして、日本はこれまで山ほど借金をして（国債・地方債を発行して）、山ほど公共事業をやってきた。でも、景気回復には至っていない。

さらに、過去に流動性の罠が起きたとされる一九三〇年代のアメリカでは、第二次世界大戦に伴う大量の公共投資のおかげで大恐慌からの脱出が実現したとされるんだけれど、でも実際にはそうじゃなかったんじゃないか、という指摘もされている。

そして、今回クルーグマンの開発したモデルを使うと、実は財政拡大の役割は限られていることが示されてしまう。財政拡大をしたら、そのときはその分だけ景気がよくなる。でも、普通の財政拡大は、一回使われたお金がどんどんまわりまわって、何倍も大きな支出につながり、それが景気を刺激する。ところがこのモデルでは乗数効果が効かずに、つぎ込んだ金額分がそのまま増えて、そして公共事業が終わったら、もとの黙阿弥だ。ちっとも呼び水にならない。だから財政拡大による景気回復はできない〔注3〕。急降下しないように、下支えを続けることしかできない。財政拡大だけに頼るなら、景気が回復するまでそれを続けろ、という話になる。長期的には景気は回復するんだが、その長期的が何年になるかはほとんど見当がつかない。あと一〇年？　二〇年？　いまの日本の財政事情で、それが可能だろうか、ということだ。

そして最後に出てくるのが本命の、インフレ期待を盛り上げろ、という話になる。

これは……ほとんど説明するまでもない。名目金利がゼロでも、インフレ率が上がれば、実質金利は下がる――マイナスになる――ことになる。流動性の罠では、お金をいくら刷っても金利がゼロ以下には下がれないことでみんな困っていた。でも、将来ずっとインフレになると思わせられれば、実質的にはマイナスの金利が実現できる。将来は物価がもっと高くなると思えば、みんないまのうちに投資しよう、ものを買おうと思うだろう、ということ。しかも、これは「将来ずっと」でないとダメだ。一時的に上がっても、またすぐに戻ると思われたら、さっき見た「いまの」金融拡大と同じ結果しか生まない。それがずっと――というのが具体的に何年かはわからないけれど、少なくとも一〇年は――続くとみんなに思わせる必要がある。でも、それさえできれば――流動性の罠からは脱出できる。

これがこの論文の要点だ。

日本への適用可能性について

さて日本が流動性の罠にはまっていることは、ほぼ確実のようだ。それは単に金利やＧＤＰの状態を見ても言えるし、また各種の政策の効き具合を見てもわかる。それらすべて、クルーグマンのモデル通りだ。さらにもう一つ。この論文では、いまの日本がなぜデフレなのか、ということがきちんと説明されている。これ以外の議論では、いま日本に起きていることを一貫性ある形で説明できない。金融拡大が効かないのは銀行のせい、貯蓄と投資がマッチしないのは構造問題、そしてデフレは中国のせい、という具合に、細かい個別の現象に思いつきの説明をくっつけただけのつぎはぎ議論しかなくて、しかもそのそれぞれにかなり難点が指摘されている。クルーグマンのモデルは、日本に起きている現象すべてを、一貫性ある形で一発で説明できている。これはこのモデルが日本においていかに有効かをはっきり物語っている。さらにクルーグマンは日本の各種の経済データにこの理論を適用することでそれを検証している。

そしてちょっとおもしろいのが、日本がなぜ流動性の罠にはまっているか、という話。「日本がはまった罠」〔注：『クルーグマン教授の経済入門』に収録された、最初の調整インフレ論のこと〕で挙げられていたのは、人口構成だった。将来の高齢化社会に備えてみんなが貯蓄するから、だから支出が減るんじゃないか、という話。だが、ここではそれがさらに検討を加えられている。日本人が金を使わなかったのは昔からのことで、その傾向はあまり変わっていない。むしろ、大きく変化したのは投資のほうだ。消費が少ない日本がこれまで流動性の罠に落ち込まなかったのは、投資が多かったからだ。そして一九九〇年代になって投資が大きく減ったからこそ、日本は流動性の罠にはまった。投資が減ったのは、投資に対する収益期待が下がったからだろうけれど、それがなぜ下がったか、ということまではわからない。もともとじわじわ下がっていたのがバブルのせいで見えにくくなっていて、バブルの破裂とともに、はっと気がつくとみんなの足元に奈落が広がっていた、ということなのかもしれない。が、本書ではそこまで論じていない。

さて、この論文ではさらに定量的なデータをもとに、必要な期待インフレ水準と、そして日本が流動性の罠から脱出した場合に期待できる成長について簡単な試算を行っている。結果は驚くほど大きいのだけれど、これについては論文の実物を見てもらう方がいいだろう。いまの日本は、本来あるべきGDP水準の五パーセント超も下で動いている、とクルーグマンは試算している。いまなら、一〇パーセントに迫っているかもしれない。もし流動性の罠から抜け出して、景気が回復をとげたら、日本経済はこのギャップを埋めようとしてすごい勢いで動くはずだ。数年がかりで埋めるにしても、通常の成長率（これも一般に言われるよりかなり高い、という議論が展開されている）にこのギャップを埋めるための成長率が加わって、山形のいい加減な試算でも、年率五パーセント近いGDP成長率だってあり得る計算になる。

世界第二位の経済が年五パーセント成長——いま、日本人の多くは、景気回復といっても多くを期待していないだろう。まあそこそこ二〜三パーセント成長ができれば御の字、という感じだろう。だが、もし調整インフレがうまく行けば、バブル並みの成長もあり得る。世界経済にとって持つ意味も、これはただごとではない。この論文は、単なる理論的な可能性を詰めるにとどまらない、すさまじいインプリケーションを持った本当の意味での問題作、なのだ。

その他

さらに、この論文は非常におもしろいポイントをいくつか指摘している。日本がこれまでやってきたいろんな政策について細かいところで結構指摘がある。特に、原注の4はすごい。

まず、この論文が書かれた一九九八年頃には、景気刺激策としての減税が大きな政策上の議論になっていた。一時減税か恒久減税か、という議論に、なんとなく聞き覚えがある人もいるだろう。一時減税は小手先で、本当に景気を回復させるには恒久減税でなければ、という話が（経団連などから）執拗に出ていた。で、減税は実施されたけれど、何も起きなかった。クルーグマンはこの論文で、減税したって意味はないし、それが一時か恒久か、なんてのもまるっきり無意味な議論だというのをはっきり指摘している。実際、その通りだった。

さらにおもしろいのが、「日本政府が短期で使い切らなくてはならない引換券をばらまくとで消費を誘発する」という議論。覚えているだろうか？　これはまさに一九九九年に実施された地域振興券だ。景気対策として消費を増やすべく考案されたのに、結局いちばん消費をしない層に配られて景気対策として骨抜きにされ、なんの役にも立たなかった。ちなみにこれを押していたのは公明党だが、その後責任はとったのかな？

この論文は一九九八年、地域振興券以前に書かれたものだ。そしてこの時点で、あの地域振興券がまったく無駄に終わるであろうことをきちんと予想している。現金買い物でそうした引換券を使うだけで、消費全体はまったく増えない、と。実際問題として、ほぼその通りだったようだ。六五～七〇パーセントくらいの金額は、そのまま貯蓄にまわって、消費誘発はほとんどなかった**〔注4〕**（多少は誘発されたのは、モデルでの想定とはちがって人間は完全に合理的には期待を形成しないから、らしい）。

さらにもう一つ、クルーグマンのインフレ期待論に対しては「ヘリコプターから金をばらまけというに等しい暴論」といった感情的な批判が加えられることも多い。ところがおもしろいことに、それも無意味であること（したがって調整インフレ論の批判にはまったくなっていないこと）もここであらかじめ論じられてしまっている。

以上がこの論文とその示唆の概要だ。実はこの論文には、他にもいろんな論点がつまっている。アメリカ大恐慌の解釈から、為替レートへの影響から、各種の経済モデルの持つ短所の指摘、そしてインフレ以外の、財政出動だけによる景気回復手段の提案まで。モデルそのものは理解しきらなくても、それ以外のところを折りを見て拾い読みするだけでもかなりの収穫があるはずだ。

さて、世に言う調整インフレ論の議論は、ほぼこれで尽きている。同時に、それに反対する議論は、ほぼ論破され尽くしている。

注1 現実の政策レベルでは、こうした細かい区別も意味を持つかもしれない。たとえば元日銀審議委員中原伸之は、調整インフレは四パーセントくらいの高いインフレを目指すもの、インフレターゲットは二パーセントの低いところを目指すもの、といった区別をしている。でも本書レベルでは特に気にする必要はない。

注2 あと、ぼくがやったこと自体がいけなかったんじゃないか、と思うこともある。これが（いかに生硬でわかりにくい訳だろうと）もっとエライ経済学者が紹介していたら、一般人はさておき、その筋ではもっと重視されたんじゃないか。

が、それは言っても仕方ないか。

注3 乗数効果がある場合でも、それが長期的な自律回復にはつながらない、という議論については同じくクルーグマンの「十字の時」を参照。

注4 経済企画庁『経済の回顧と課題　一九九九年版』

コメント

もとの本では、このあとにクルーグマンによる各種のありがちな批判への反論と、財政出動だけでは不足だ、という論文も収録しておいた。

ここで言及したクルーグマンの論文や資料については、『〈ニッポン〉経済入門』のサポートページ（https://cruel.org/books/krugman/）をご覧あれ。

『さっさと不況を終わらせろ』訳者解説

初出：ポール・クルーグマン『さっさと不況を終わらせろ』二〇一二年、早川書房

はじめに

本書は*Paul Krugman, End This Depression Now!*（W. W. Norton, 2012）の全訳である。翻訳にあたっては、出版社より提供されたpdfファイルを使っている。

本書の概要

本書の主張はきわめて単純明快。いま（二〇一二年）はまだ、リーマンショック以後の不景気が続いていてまともに回復していない。そして失業者の技能や労働市場での価値の低下から、その害が一時的なものではなく、長期的な被害になりつつある。だから景気回復策をきちんとやろうということだ。

そして、その手法も明快。昔ながらのケインズ的な財政出動をやろう。赤字国債を出して、大量の公共事業をやろう。いままで行われている景気刺激策は小さすぎる。これまでの規模の数倍をドーンとやるべきだ。ちゃんとGDPの需要と供給とのギャップを見て、それを埋める規模のものを一気にやるべきだ。そして中央銀行はそれを金融緩和で徹底的に支援すべきだ。それに伴う財政破綻だの金利上昇だのは、悪しき固定為替制度の下にある、ユーロ圏のスペインやイタリアのような可哀想な国以外は、まったく心配する必要はない。

以上のきわめてシンプルな主張をまとめたのが本書となる。

さて、ご存じの通りいまはこうした施策は行われていない……わけではない。財政刺激策も行われている。金融緩和も行われている。

でも、これまで実施されているものは、その規模があまりに小さい。さらに、その不十分なものがうまくいかなかった（というより、規模が小さかったために小さい成果しか出なかっただけなのだが）ことを理由に、「財政刺激も金融緩和も役に立たない」と言って対策をあきらめてしまおうとする動きがますます強くなっている。

対策をあきらめるだけならまだいい。でも実際に行われようとするのは、本来やるべき財政刺激と金融緩和の正反対だ。財政再建が必要だと称して緊縮財政が主張され、一部の国では派手な増税まで実施されてしまう。そんなことをしてはダメだ、というのはもう数十年前に確立されている。一九三〇年代にそれをやったために大恐慌が悪化し長引いたというのはほぼ常識に属する。不景気になったら、金利を引き下げてそれでも足りなければ財政出動、というのは定番の処方箋だ。ところが、それが無視されて、その正反対のことがろくな理屈も説明もなしに実施されようとしている。

そして、それを支持する一知半解の議論が大量に出ている。金融緩和をすればハイパーインフレになってしまうとか、国債の大量発行でクラウディングアウトとか。そういう議論は、いまの不完全雇用と流動性の罠の下ではまったく成立しないのに、一部の評論家は無知か党派的な歪曲かその両方で、ひたすら事態を悪化させるような主張をあちこちで垂れ流す。

そしてそれは変だというべき専門の経済学者たちも、経済学業界内部の小競り合いのためか、そこで声をそろえることもできない。それどころか、こうした財政出動と金融緩和という標準的な政策について、古くさいケインズ経済学だからというだけで一蹴してみせたりする。経済全体で見れば、どこかでお金を使う人がいなければ、失業している人や設備を使おうという人も出ない——それだけの話で、これはいかに古くさかろうが疑問の余地はないけれど、学者は学者で、ほとんど現実的に意味はないような些末な論点を持ち出し、あれこれケチをつけては悦に入ってみる。

またヨーロッパでは、ユーロ温存という政治的な要請のために、ギリシャやスペインは異様な緊縮財政を強いられ、すさまじい失業と不景気に耐えることを（ドイツに）強制されている。ドイツは、こうした諸国の不景気を緩和するような施策は一切しない。おかげでこうした周縁国の経済的な不安定をさらに高め、するとユーロ不安はさらに高まり、そこで緊縮圧力はさらに高まり、それが他国にも飛び火する、という悪循環が果てしなく繰り返されている。でも、それが改善される気配は一向にない。

本書は、こうした状況を克明に描き、とにかくいま、どうすればアメリカやヨーロッパは不景気から脱出できるのかを具体性を持って説明している。短い本だし、各章の論点はかなり明快だ。ささっと流し読みでもすれば、言いたいことはすぐわかるはずだ。

でも、こうした基本的な話について改めて解説が必要だというのが、現在の経済議論の異常なところでもある。そしてまた、この議論をめぐる著者クルーグマン自身の立場も少しずつ変化しており、おかげで混乱が生じている面が多々ある。おまけに彼がしばしば使う、反語的な皮肉がわからない（またはわからないふりをしている）人が大量にいて、そうした皮肉を真に受けてなおさら話がややこしくなったりもしている。そんなわけで、ここで少しクルーグマン自身の紹介もかねて、彼による不況の経済学の歩みを整理しておこう。

ポール・クルーグマンと不況の経済学

ポール・クルーグマンの歩み

著者ポール・クルーグマンについてはいまさら紹介はいらないはずだ。二〇〇八年にノーベル経済学賞を受賞した大経済学者だ。

その活躍の分野も多岐をきわめる。まずは一九七〇年代末からクルーグマンの名声を確立した、収穫逓増下の貿易理論。何かの偶然で秋葉原に電気屋が少し集まったら、それが電気製品を求める客をどんどん秋葉原に集め、その客を狙ってさらに電気屋が立地し、やがて秋葉原は電気街として電気製品取引の拠点となる。そうした貿易のあり方を理論化したのがクルーグマンだ。さらに、そこから経済地理学の分野を大きく発展させたのも功績だ。いまの秋葉原の説明は、なぜ都市が生まれ、いろんなものの生産が一ヶ所に集中しがちか、という理論になる。これは、最近流行の複雑系の理論にもつながる考え方でもある。

一方で、貿易につきものの為替レートについての研究も大きな功績だ。なぜ為替レートはこんなに変動が激しいのか？　クルーグマンはその原因を、人々の様子見に求めた。為替レートが変動しても、企業はすぐには行動を変えない。それはまさに、為替レートが変動しやすいからだ。でもその様子見行動のおかげで当初の変動に対する補正が遅れ、これが不安定さを増幅させる。この為替レートに関する研究は、本書でも扱われているユーロ問題の検討にも広く引用されているものだ。こうした業績で、一九八〇年代末から一九九〇年頃には、クルーグマンの学者としての評価は揺るぎないものとなっていた。

クルーグマンの研究のスタイルは、細かくモデルを精緻化したりデータを丹念に追ったりするよりは、一般常識では当然なのに経済学の中では見落とされている枠組みを見つけ、それをシンプルなモデルとして提示し、大きな分野を開拓するというものだ。だから、軽い冗談めかした論文も多い。またアシモフ『銀河帝国興亡史／ファウンデーション』（ハヤカワ文庫SF）シリーズに登場する心理歴史学者ハリ・セルダンにあこがれて経済学者になったというだけあって、ＳＦマニアっぽい物言いも随所に登場し、「恒星系間貿易の理論」（一九七八年）などというとんでもない論文まである（邦訳もあるのでググってみてほしい）。

そうした冗談好きと、細部よりは全体的な枠組みを即座に捉える能力は、他の面でも生きている。名著『クルーグマン教授の経済入門』を皮切りに、クルーグマンは通俗エコノミストやビジネス雑誌のダメな経済議論を各種コラムで明快に批判しつつ、きわめて正統な経済学の立場での知見を人々にわかりやすく説明する、経済コラムニストとしても頭角をあらわした。そして二〇〇〇年頃に「ニューヨークタイムズ」のコラムを担当するようになってからは、ブッシュ政権の各種経済政策の欺瞞を明快に説明し、ますます批判性を失うマスコミの中で数少ない、独立派の良心を代弁する声となっていった。こうしたコラムは『嘘つき大統領のデタラメ経済』『嘘つき大統領のアブない最終目標』（ともに早川書房）などで読める。

そしてもう一つ、クルーグマンの業績として大きく出てきたのが、不況の経済学、特に流動性の罠の下にある不況の経済学（これはまた、おおむねデフレ経済でもある）の研究だ。

不況と流動性の罠

流動性の罠とは、名目金利がゼロになってしまい、景気刺激策として金利引き下げがもはや不可能になってしまった状態だ。それでもまだ不況が続いていたらどうすればいいだろう。そこから逃れる道はあるんだろうか？

ある、とクルーグマンは指摘した。本書で述べられている通り。そして最初にクルーグマンが注目したのは、金融政策だった。

この発端となったのは一九九八年にウェブで発表された「日本がはまった罠」だ。さらに同年、「復活だぁっ！　日本の不況と流動性の罠の逆襲」がブルッキングス経済研究所で発表。当時（そしていまもまったく同じだが）は、日本はすでにバブル崩壊後の不景気が続いており、金利はどんどん引き下げられてゼロ近くなっていた。それでも不景気は終わらない。これはケインズが指摘した流動性の罠そのものに見える。でも当時は、流動性の罠が現実にあり得るかどうかさえ眉唾と思われていた。クルーグマン自身も、たぶん流動性の罠はあり得ないだろうと考え、モデルを作ってみたところ……それが起こり得ることが証明されてしまった。そして、そこから逃れる道もわかった。

具体的に何がわかったのか？　まず、一回限りの一時的な金融緩和は効かない。みんなお金を貯め込むだけだ。でも、長期的なインフレの期待を高めれば、これは将来の実質金利が下がるのと同じ効果を持つ。だから景気刺激効果がある！

いまの一節の前半、一回限りの一時的な金融緩和は効かない、という部分はしばしば誤解されたり、悪質な歪曲に使われたりする。ほら見ろ、金融緩和は効かないとクルーグマンも言ってるじゃないか、というわけ。でもそうじゃない。一回限り、一時的であるのが問題だというだけだ。継続的で長期的な金融緩和は、将来インフレになるという期待を高める。だから効く。

さて、この論文が出た頃、日本のリチャード・クーは景気対策として財政出動を訴えていた。でもそれに対してクルーグマンは懐疑的だった。財政出動はしてもいいが、財政問題もあるし、それでは話は解決しないんじゃないか、というわけだ。それどころか、財政出動の効果を疑問視するようなペーパーすら書いている。「十字の時：公共投資で日本は救えるか？」（一九九九年）がそれだ。一時的な財政出動をしても、それがなくなったら元の木阿弥だ、というのがこのペーパーの主張だった。

でもその後、財政出動に関する研究が進むにつれて、クルーグマンの主張も変化していった。特に、本書に挙がっている第二次世界大戦の事例は重要だ。大恐慌での大量失業は、軍備増強に伴う需要増によりすぐに吸収された。そしてそれより重要な点として、戦後になって軍需が消えても、景気は大恐慌の状態には戻らず、完全雇用のまま大消費ブームが起こった。財政出動で完全雇用になったら、財政出動をやめても経済は自立回復をとげたわけだ。クルーグマンの主張も、だんだん財政政策重視になっていった。

それと並行してアメリカが二〇〇〇年代半ばにだんだん不景気になってきた。そしてかつての日本と似たようなゼロ金利状況になったとき、アメリカのFRBは——そしてその議長で、かつて日本銀行に対してもっと断固たる対応を求めたバーナンキは——思ったほど断固たる行動はとれなかった。金融緩和はしつつも、そこそこの水準でとどまってしまった。

ちなみにこのとき、クルーグマンが嫌みで、「かつて日銀の弱腰をけなして、アメリカのFRBならもっと毅然と対応するぞと言ったけど、やっぱり同じような弱腰でした。けなしてすみません」と述べたら、「クルーグマンがまちがいを認めた、だから金融緩和を手控えた日銀は正しかった」というひどい歪曲が多発した。でもそうじゃない。確かにクルーグマンは金融政策に対する失望を述べるようになったけれど、かつてのインフレ期待醸成の有効性は一度たりとも否定していない。単に、いまの政治環境の中でそれを実施するのが困難ではないか、という認識を深めただけだ。金融政策はやればいちばん、でも政治的につらそうだ。だから、金融政策は置いといて、まずは財政政策に目を向けよう、という立場になった。

そしてその後、クルーグマンは財政出動——特に流動性の罠での財政出動についての研究を深めていったし、他の人々からの成果も出てきた。流動性の罠の下では、財政出動をして赤字国債を出しても、それが民間の投資機会を奪ってしまうようなクラウディングアウトは発生しない。だからそれにより金利上昇も生じない。したがって財政危機によるハイパーインフレだの財政破綻だのは起きないのだ。そして二〇〇八年にリーマンショックから世界金融危機が生じ、アメリカやヨーロッパが悲惨な状況になった中で、クルーグマンは本書の立場を強力にうちだす。つまり、ドーンと財政出動すべきだし、そのために緩和的な金融政策を大胆に実施すべきだ、というもの。両方がんばってやれ、ということだ。

まずは金融政策（期待インフレ、つまりリフレ政策）をどっちかといえば重視、続いて財政政策をどっちかといえば重視、そして最終的には両方。クルーグマンですらこれほどの紆余曲折を経ていまの立場にいる。しかも、ちょっと細かい議論になるところも多い。今後、「いやクルーグマンだってXX政策は否定した」とかいった主張を見るときには、それが過去のこうした一時的な主張のごく一部だけをとったものでないことをよく確認してほしい。そして、彼のいまの主張に関しては、本書の本文に是非とも進んでいただきたい。

とはいえ、この紆余曲折の結果として結局彼がたどりついたのは、経済学の専門家には悪名高いIS－LMモデルが語るものとほぼ同じだった、というのはちょっと感慨深い。ここでIS－LMモデルの説明をする余裕はないけれど、ご存じの方も多いだろう。大きな財政政策と金融緩和の組み合わせはつまり、LM曲線とIS曲線を同じだけ右にシフトさせればいい。金利は変わらない。また、国民が持つ国債の量も変わらずにすむ。増やしたお金で中央銀行が国債引き受けをすればいいだけだ。これは、ロバート・ゴードンの定番教科書『マクロ経済学』(Robert J. Gordon, *Macroeconomics* 8th ed., Addison Wesley Longman, 2000, pp.137-38.) にすら、デフレ日本への処方箋として書かれていることだ。実はクルーグマンは、流動性の罠と不況について考えはじめるのと同時期の一九九八年に、IS－LM軽視の風潮を嘆き、それがいかに優秀かを述べるエッセイを書いている。

ちなみに、本書に挙がったような議論について、クルーグマンは論文も書かずに無責任な放言をしているとか、他に支持している人がいないといったデマを流す人が出ないように書いておくと、本書の議論のほとんどは、経済モデル的には Gauti B. Eggertsson and Paul Krugman, "Debt, Deleveraging, and the Liquidity Trap: A Fisher-Minsky-Koo Approach" (New York: Federal Reserve Bank of New York, 2010) に基づくものとなっている。また、他の学者が流動性の罠の状況における財政出動の効果を分析したものとしては、Bradford DeLong and Lawrence Summers, "Fiscal Policy in a Depressed Economy" (Brookings Paper on Economic Activity, 2012) を挙げよう。やっぱり古典ケインズ流の財政出動はちゃんと効くし、流動性の罠の下では、財政赤字出動したほうがかえって長期的な負担は減る、という結果になっている。

クルーグマンの悪いクセ

クルーグマンの議論がしばしば誤解されたり歪曲されたりする、という点をさっき指摘した。これはもちろん、誤解、歪曲する側の責任は大きいのだが、一方でクルーグマン自身のせいもかなりある。

たとえば、この流動性の罠と不況の議論で当初、クルーグマンは金融政策に注目していた。そのときに財政政策の重要性についてだれかが指摘すると、それに対して妙に反発して、財政なんかどうでもいいような書き方をしてしまう。また本書では、二〇一二年の共和党大統領候補になりそうなロムニーの経済ブレーンであるマンキューが、自分と同じ調整インフレ論を唱えた、という話が出てくる。が、そのときクルーグマンは、そんなの自分がとっくの昔に考えたがうまくいかないよ（政治的に受け入れられないよ）という、なんだかトホホな言いがかりをブログに書いた。変なケチをつけずにマンキューを素直に支持していたら、この議論だってもう少し世間的にウケがよかったのでは？　そしてこれを見て「ほら、昔のあの論文で言ってたことはもうダメだってさ」という変な誤解をする人も出てくる。

また最近では、バーナンキがインフレ目標二パーセントをうちだした。そのときもクルーグマンは即座に、こんなセコイ目標なんか全然ダメだと罵倒している。確かに理屈から言えばもっとほしい。クルーグマンが一九九八年に主張して、本書にも出てくるブランシャールも指摘した通り、四パーセントくらいあったほうがいいとも言える。でもそこで、弱腰だ役立たずだと罵っても意味があるのか？　少なくとも目標を明示的にうちだしたことは評価しつつ、どうやってもっと高い目標の有効性を訴えていくのか考えた方がいいんじゃないか？

こうしたクルーグマンの直情的なところは、長所でもあるし、短所でもある。何か裏の意図があるんじゃないかという心配はしなくていい。が、怒らせなくていい相手まで怒らせるし、段階的な対応も考えられず、その時点での白黒でばっさり切りすぎてしまう。また本書はあまり党派的にならないようにしたとクルーグマンは語るものの、やっぱりその中身はかなり反共和党的な色合いが強くなっていることは指摘せざるを得ない。もちろん、共和党が実施してきた各種の政策がきわめて不満の残るものだったことについては異論はない。でも、ときに見られる、だれそれは業界から便宜供与されてるので自説を曲げたとでも言わんばかりの書きぶりは、クルーグマンの大ファンであるこの訳者ですらときに顔をしかめざるを得ない。

また、ロムニーが大統領になってしまった場合に本書に書かれた政策のようなものを推進してくれる可能性について、実はロムニーがまったくのウソつきで選挙演説で言っていることをすべてひっくり返してくれれば実現可能性がある、とかいう言い方はどうよ。経済ブレーンにマンキューみたいなわかっている学者もいるから、そうした人が活躍して説得してくれるのを祈る、とでも書いておけば角が立たずにすむのに。まったく、そうした部分さえなければ……。

不況議論の注意点

が、閑話休題。さて、本書のような話をだれか——それも、こうした議論に敵対的な人々——とする場合に、いくつかありがちな議論にしばしばぶちあたる。その多くは、まったくのピントはずれではあるのだけれど、しばしばマスコミなどでは幅をきかせている。そうしたものを少し挙げて、注意を促しておこう。

まず気をつけるべき議論。それは「金融緩和か財政出動か」という二者択一の議論だ。財政出動はこれ以上無理だから金融緩和しかないとか、金融緩和を支持するなら財政出動は不要だというのか、といった議論だ。

当然ながら、だれもこのどっちかしかやってはいけないなんて言ったことはない。どっちのほうが効くか、という議論はしてもいいだろう。そして片方がある状況で通常より効きがいいか悪いか、という話もできる。でも、両方やるのがいちばんいい、というのは本書でも明言されているし、ほとんど疑う余地はないだろう。こうしたありもしない二者択一には追い込まれないようにする必要がある。

それと似たような議論として、財政出動とかインフレ目標をやるべきだ、と主張すると、それだけではダメだ、というのがしばしば返ってくる。そして、だからそれをやれという主張はまちがっている、という話になる。これは金融緩和とか、金融政策とか、財政出動とか、ほとんどなんでもいい。似たような論法として、日銀による金融緩和が重要だと唱えると、日銀は万能ではない、だからそうした主張はまちがっているといった話がされる。あるいはインフレ目標については、目標をアナウンスするだけで景気が回復するなら苦労しない、とか。

もちろん、そうしたもの「だけ」ではダメかもしれない。でも、それだけですませる必要はまったくない。財政出動はたくさんやるべき。それにあわせた金融拡大も必要。それを日銀がちゃんと実施するのも重要だし、その一環としてインフレ目標のアナウンスも効く。もちろん、目標をアナウンスしたら、それを実現するための各種施策は当然必要だ。なるべく多くの施策をいっしょにやるのが重要だ。それ単独では、効き目は限定的かもしれない。金融緩和だけではダメ、日銀だけではダメ、インフレ目標アナウンスだけではダメ。でも、だからといってそれらをまったくやらない理由にはならない。

たとえばインフレ目標については、日本銀行が目標でないと言いつつ、物価上昇一パーセントを目安にと言ったら、それだけで株価は上がった。目標をアナウンスするだけでも、少しは効果がある。それに伴って、日銀が各種の資産買い入れをやればもっといい。それとあわせて政府が大きな公共投資をやればさらにいい。それだけではダメ、よってそれはダメ、という論法はたいがいインチキだ。すべてが一かゼロかではないのだ。

財政支出は、将来に禍根を残す、という物言いもよく聞かれる。赤字国債を出せば、それを返済するのは将来世代となる。いまの世代のために、将来にツケをまわしていいのか、という議論だ。

これへの答えはもちろんおわかりだろう。財政出動しなかったらどうなるのか？　増税したらどうなるのか？　財政赤字は減るかもしれない。でも、失業者はその分増えるし、公共インフラの保守整備も遅れる。失業者がいかに将来世代のツケとなるかは、本書に書かれた通りだ。所得も低いまま、すでに身につけた技能すら活かす機会のないままに腐って、低い所得に甘んじるしかなくなる。将来の技能が下がるだけではない。そうした人々は、将来所帯を持って子供を作るのもむずかしくなり、その分だけ将来の若者たちの一人あたり福祉負担は増えてしまう。これが将来へのツケでなくてなんだろうか？

いま財政出動をケチるというのはそういうことだ。そして本書にある通り、その財政出動で経済成長が戻れば返済の負担は大いに下がる。ひょっとしたら、返すまでもなく利子だけ払い続ければすむかもしれない。それを考えずに、財政再建のために増税が必要だなんて言い出すのは、将来への財政以外のツケを増やすだけだ。いや、財政面でも結局は景気悪化による税収減で、十分にツケは残ってしまいかねない。

また金融緩和については、すでに述べたように、一回限りの一時的な金融緩和は効かない、という議論を勝手にねじまげて、だから金融緩和は効かない、量的緩和をやっても無駄だ、よって今後金融政策にできることは何もない、それを要求するリフレ派はお門違いだ、といった主張がしばしば聞かれる。

これはすでに述べた通り。確かに、一回限りの一時的な金融緩和は効かない。将来までインフレが当分続くというインフレ期待を作らなくてはならない。

でも、どうすればそんな期待はできる？　まず、いま金融緩和し、明日も金融緩和し、それをしばらく続けるうちに「あ、これは当分続くかも？」と人々は思うようになる。

確かにいまの緩和だけでは効かない。とはいえ、やった時点では、それが一回限りかどうかはわからない。それが続くか続かないかも、はっきりとはわからない。でも効果がゼロではない。いま緩和することで緩和が続く可能性は出るので、将来のインフレ期待も少し上がり、少しは景気に効く。だからこそ、量的緩和策はあちこちで、少しは効いている。その緩和を続けると、さらにその期待は高まる。ついでに「この調子でインフレXパーセントまで持っていきますから」と中央銀行が宣言すれば、その期待はなおさら確固たるものになる。

つまり、将来のインフレ期待をつくるには、まずいまの金融緩和は必須だ。いまの金融緩和だけでは(あまり)効かない。でも、だからといってやめずに金融緩和を続けることが、期待インフレを押し上げて景気回復につながる。ここらへんの議論をきちんと仕分けして理解することが重要なのだ。

最後に:日本への示唆など

本書には、日本についての分析は直接的には登場しない。でも、含意は明らかだろう。日本は過去二〇年にわたり、デフレ基調の不景気が続き、ゼロ金利近い流動性の罠そのものの状況だ。本書で言われている通り、思い切った財政出動と大規模な金融緩和によって一気にこの状態から脱出しなければならない。

ところが新政権〔注:二〇〇九~一二年の民主党政権のこと〕になって公共投資を減らし、無駄をなくし、財政支出をなくすというお題目が幅をきかせるようになった。また日本銀行は、これ以上は何もできない、不景気もデフレも日銀の責任じゃないと逃げるばかり。リーマンショックに伴う世界金融危機で、世界の主な中央銀行はすさまじい金融緩和を行った。日銀はほとんど何もしていない。そして本稿執筆時点では、消費税の引き上げまでが決まりそうだ。本書に書かれた、ダメなことをすべてやらかしている。

二〇一一年の東日本大震災は、大きな不幸だったが、日本経済にとってはまたとないチャンスだった。震災からの迅速な復興を望まなかった日本人(いや世界の人)がいるだろうか。このときにこそ、一気に巨大な公共投資を行い、同時にさらなる大規模な金融緩和をやって、震災復興と日本経済の回復とを同時に実現する大きな機会があった。

ところが、復興のための各種対応は遅々たるものだった。細かいことを詮索するより、まずドーンとばらまくことが必要だったのに、あれこれくだらない会議だの委員会だのをたくさん設けているうちに、どんどん好機は失われ、そうした委員会のほとんども、文明論ポエムを乱発したあげくになんと復興に便乗した増税の正当化に使われるという有様。そしてせっかく確保された復興予算は、きちんと使われることはなかった。二〇一二年には、復興予算の相当部分が余っていることが判明し、来年に繰り越し。

そして世間の識者と称する人々は——いや、ホントもっと見識も知識もあると思われる学者たちですら——増税して財政再建しないとハイパーインフレになるとか、金利が急上昇するとか、果ては増税すれば景気回復するとか、トンデモな発言を繰り返している。そして生活保護を引き締めろとか学生は起業しろとか就職できない連中は甘えているとか、どうしようもない目先の印象だけのシバキ議論が横行している。どうしたものやら。

本書を読んで、一人でも多くの人が現状の各種政策の愚かさに気がついてくれればとは思う。財政出動しようよ。かなり手遅れとはいえ、復興まともにやって、教育やインフラ補修にどんどん予算出そうよ。そして予算つけるだけでなく、それをちゃんと消化しようよ。必要なら予算執行の細かい基準とかゆるめようよ。日銀は、すでにやっている国債引き受けをもっと認められた枠いっぱいにやろうよ。それ以外にも、自分たちの保身だけでなく、日本の人々のこともっと考えてよ。そして増税なんていまやることじゃないでしょうに！　そういうことを理解してくれる人が、少しでも増えてくれれば——。

こう書きながらも、それがどれほどはかない望みかは、知らないわけじゃない。それでも、一人でもそうしたごく基本的な部分を理解できる人が増えることで、日本経済の未来は少しはよくなるはずだ、とぼくは信じている。報われない信仰かもしれないけれど……。

そのために、本書がごくわずかでも役立つことがあれば、大いなる幸せだ。

謝辞その他

本書はかなり平易だし、特に大きな問題点はなかったので、大幅な誤解や誤訳はないはずだが、それでも何かしらの見落としはあるだろう。お気づきの点があれば、訳者まで是非ご一報いただきたい。明らかとなったまちがいや訂正については随時、以下のサポートページで公開する：http://cruel.org/books/krugman/enddepression/

私事ながら、本書は『クルーグマン教授の経済入門』以来のクルーグマン単行本翻訳となる（日本独自編纂の論集はあったが）。訳文に関しては、『経済入門』と同じくらいの軽快さを目指そうかとも思ったが、あの本の刊行以来すでに二〇年近くたって、クルーグマンもずいぶんえらくなってしまったこともあるので、多少普通の訳文にしてみた。とはいえ、それでもかなり軽く、直截だろうと思う。クルーグマンはいまだに冗談まみれの（そして直情的な私情まみれの）文を書く。特に最近ではリベラル派として、不景気に苦しむ一般のアメリカ国民に対する同情と、その事態改善を阻む一部の富裕層に対する怒りをこめた文章を書く。それを反映した原著の、重厚な学者文とはほど遠いユーモアと怒りの共存した文を、この訳書が再現できていることを祈りたい。

本書を任せてくれた上、熾烈なチェックを入れてくれた早川書房編集部の富川直泰氏と校閲部の谷内麻恵氏に感謝する。ありがとう。そして読者のみなさんにも、手に取ってくれてありがとう。これが少しでも日本のデフレ不況脱出に貢献しますように。

二〇一二年六月三〇日　チェンナイ／東京にて

コメント

この時点でぼくは、このリフレ政策が採用される可能性についてはほぼあきらめていた。ところが、この二〇一二年一二月に第二次安倍政権が発足し、黒田東彦が日銀総裁に就任。経済政策の大きな柱がまさにこのリフレ政策となり、状況は一変した。それについては、本書第三章で述べよう。

いま読むべきケインズ

初出：「本」2012年5月号、講談社

このたび（二〇一二年）、講談社学術文庫からジョン・メイナード・ケインズの主著『雇用、利子、お金の一般理論』の新訳を上梓した。

ご存じの通り、本書はそれまでの古典派経済学、つまりちょっと極端に言えば、経済のあらゆる問題は市場に任せれば見えざる手がすべて解決してくれる、という発想に対する批判として生まれたものだ。本稿では、それが登場した背景を説明するとともに、なぜそれがいまだに、いやいまこそ読まれるべきなのかについて、簡単に解説を試みたい。

ケインズがこの本を執筆した一九三〇年代半ば、世界は大恐慌のまっただ中だった。世界各地には失業者があふれ、企業は次々に倒産して、景気はいつ回復するともしれなかった。でもその状況に対して、古典派経済学者の多くは有効な対策を出せなかった。時間がたてば価格、すなわち賃金が下がり、失業はなくなるはずだ、という議論を述べるが、それではなぜ数年たっても事態がほとんど改善しないのか、という問題については、まともな議論を出せなかった。

まともな議論が出せなくても、もちろん経済学者たちが何も言わなかったわけではない。たとえば、失業者たちの努力が足りない、という人もいた。また、労働者たちがぜいたくを言って、自分の技能に見合った低い賃金を受け入れないのがいけない、という人もいた。

またいろんな企業が倒産しているのは、生産性の低いゾンビ企業が多かったせいであり、したがって不況によってそうした企業が倒産するのは結構なことである、というような議論をする人もいた。それによって、もっと生産性の高いところに使われるべきリソースが解放されるので、経済は力強く復活するであろう、と。

こうした各種の議論は、現在、日本そして世界を覆う不景気についても日々見かけるものだ。テレビや新聞雑誌などで、多くの「識者」と称する人々がこれと同じ議論を展開している。そしてこれらは「とにかく待て」というのをむずかしく言っているだけだ、というのも少し考えればわかる。賃金が下がるのを待て、労働者が分をわきまえるのを待て、構造改革が進むのを待て、ゾンビ企業がつぶれるのを待て――でも、待っている間にも企業は倒産し、人々は失業に苦しみ、景気は回復しない。どうすればいいんだろうか？

ケインズの『一般理論』はそうした時期に登場した。そしてそれは、大恐慌時――そして現在――のような不況や失業がなぜ長期的に継続するのか、という問題について、整合性のある理論をほぼ初めてうちだし、しかもそれに対する答えをきちんと出した画期的な本だ。

ということはまた、それは現在の日本や世界の不景気に対しても、まったく同じ理論的・実践的な答えを出してくれる、ということでもある。

さて、ケインズ政策やケインズ理論というと、多くの人は即座に公共事業のことだと思っている。本書にも確かに、その議論は登場する。ピラミッド建設がいかにすばらしい無駄金使いで、それがいかに古代エジプト経済を安定させた(はず)かという議論や、空き瓶にお金を詰めて埋めておき、それを民間に掘り返させろ、という本書一〇章最後の記述は、書きぶりもケインズのイギリス的な嫌みに満ちたユーモア全開で、とても楽しい。そして、多くの人はケインズ政策というのがそれだけだと思っている。

だが、本書の題名を見てほしい。『雇用、利子、お金の一般理論』となっている。公共事業で雇用を確保しろ、というだけであれば、利子やお金の話は出てくる必要はない。でも、ケインズの理論で重要なのは、失業や不況がいつまでも続く理由として、お金の役割をきちんと指摘したことだった。そして、お金の市場が雇用を左右するメカニズムとして、金利の役割を明確にしたことが、ケインズ理論の大きなポイントだった。

これをいちばん簡単に説明するには、こんな例を考えてほしい。ある経済では、一万人の労働者がいて、毎日正午に一〇〇円ずつ給料を現金でもらう(そして即日全額使ってしまう)。するとこの経済には一〇〇万円の現金が必要になる。さてある日、みんなが給料を一〇〇円もらっても、一〇円をタンス預金して九〇円しか使わなくなってしまった。でも、現金の量も給料も変わらなかったとする。すると、現金のうち一〇万円は死蔵され、経済をまわらなくなる。一〇〇円の給料をもらえる人は九〇〇〇人に減り、一〇〇〇人は失業するしかない。

でもここでお金を追加で一〇万円刷ったら？　そうしたら残り一〇〇〇人も雇えることになる。つまり、条件次第では人々が抱え込むお金と、経済で流通する現金の総量、つまりお金の市場が雇用を左右してしまう。

タンス預金をはき出してもらおうとして、金利を上げることも考えられる。でもそうなると、今度は投資が減ってしまい、投資からくる雇用がなくなってしまう。

すると、解決策はお金をたくさん刷り、それにより金利を引き下げることだ。経済の中をまわるお金は増え、雇用が確保されるし、投資も増え、これまた雇用を作る。雇用を左右するモノの需給だけ見ていても、不況は解決しない。むしろお金の市場に注目し、お金の量と金利を左右することで不況から脱出できるのだ。

これがケインズの理論だった。

ケインズ理論のこうした部分があまりきちんと理解されてこなかったのにはいくつか理由がある。その一つは、この『一般理論』がかなり面倒でむずかしい本と言われてきたせいもある。が、ぼくは必ずしもそうは思わない。

確かに本書が出た当時は、えらくむずかしい本だったろう。当時はそもそもケインズ経済学の枠組み自体が存在しなかった。それをいきなり理解しろというのは無茶だ。ミクロ経済学がわかっても、マクロ経済学がすぐにわかるわけではないのだ。

だがいまの人々は、少なくともケインズ政策という名前くらいは知っているし、枠組みもわかっている。何を言っているかまったくわからないようなことはないはずだ。そして、むずかしいという評判に安住して、多くの論者や専門の学者も、本書を普通に理解しようという努力をしてこなかったのではないか、とぼくは思う。既存の翻訳や解読書も、変にむずかしさにこだわってしまい、むずかしくない部分までむずかしく提示しようとして意味のない努力をしているのではないか。

すでに述べた通り、いまの世界と日本の経済状況は、大恐慌と(規模こそちがえ)かなり似ている。そしてそれに対する処方箋も、実は大恐慌を念頭に書かれた本書にほぼ尽きているとすら言える。今回の訳書に収録した、ポール・クルーグマンによるイントロダクションにもそれが指摘されている。そして彼は随所で語っている。いまの経済学者や政策担当者の多くが、なまじその後の経済学の流行など追わず、ケインズの叡智をそのまま適用していれば、リーマンショックからの回復はもっと早かっただろう、そして日本もとっくに景気回復していただろう、と。

ぼくはこれを読者のみなさん自身に確認していただきたいと思って、この『一般理論』を改めて翻訳した。そしてそのためにも、なるべくむずかしさに安住しない翻訳を心がけたつもりだ。そしてまた、クルーグマンのイントロダクションや、二〇世紀のケインズ理解をよくも悪くも決定づけたヒックスのＩＳ－ＬＭ論文も収録することで、ケインズ理論がいったい過去、そして現在どういう意義を持つのかも、なるべくわかりやすくしたつもりではある。

一人でも多くの読者が、この新しい訳を通じてケインズの叡智を会得せんことを祈ってやまない。

『要約 ケインズ 雇用と利子とお金の一般理論』訳者解説

初出：J・M・ケインズ『要約 ケインズ 雇用と利子とお金の一般理論』2011年、ポット出版

〔注：この論説は、ケインズの『一般理論』の要旨をまとめた要約版への解説として書いたものだ〕

はじめに

というわけで、『一般理論』を一通りまとめたから、あとはみんな読んで勉強してね……と言いたいところだが、みなさんの横着ぶりはよく知ってる。それに、『一般理論』は当時の経済学者を主な読者として、当時の世界経済の状況の中で書かれたものだ。その中で、いろんなことをやろうとしているので、結構とっちらかっていて、パッと通読してわかるものじゃない。

そのうえ、ケインズ経済学は、その後いろいろ歴史的に揉まれている。本書が出たあとの話も書いておく必要があるだろう。そして、それをなるべくバイアスのない形でやっておく必要がある。実はケインズの専門家に解説をお願いすると、その人の指向に引きずられてかなりバ

イアスが生じかねないし、狭い業界的な配慮も入り込みかねない。というわけで、ぼくが少しやってみよう。

ケインズってだれ？

そもそものケインズについては、伝記や解説書は山ほど出ているので、詳しくはそちらを見てほしい。どれでもいい。でも彼について本当に知っておくべきことはごくわずか。

ジョン・メイナード・ケインズ（一八八三－一九四六）は、イギリスの大経済学者だ（知的業績のみならず、身長一九〇センチ超のホントに大経済学者だったとか）。マーシャルの弟子として当時の主流経済学を身につけ、第一次世界大戦後には官僚としてパリ講和会議に参加、ドイツに過大な戦後賠償を課すことが誤りだと指摘した。投機家として大損したり大儲けしたり、享楽的な遊び人の面も持ち、政治的な立ちまわりもうまく、弁が立ってあれこれ論戦も繰り広げて、エピソードには事欠かない。

でも、彼について本当に知るべき唯一のことは、ここに紹介した『雇用と利子とお金の一般理論』を執筆して、経済学にまったく新しい考え方を持ち込み、理論面ばかりかその後の世界経済運営まで一変させてしまった、ということだ。

で、この『一般理論』には何が書いてあるのか？

ケインズは『一般理論』で何をしようとしたのか?

それまでの経済学とは:基本は放置プレイの古典派経済学

「はじめに」を読んでもわかるように、この『一般理論』はそれまでの古典派経済学に対する反論、またはその拡張として書かれている(古典派と新古典派の区別はここでは重要でないので無視)。ケインズはその古典派の伝統の中で教育を受け、それを熟知していたが故に、その欠点もよくわかっていた。では、それまでの(そしていまもある)古典派経済学ってなんだろうか?

古典派は、経済学の開祖とされるアダム・スミスが考案し、その後リカードが定式化したものだ。こんな本を読もうという人ならご存じかもしれない。アダム・スミスは「見えざる手」という話をした。市場の取引があれば、人々が自分のいちばん得意なことに集中して、自分の利潤を利己的に追求することで、万人にとっていちばんよい結果が出る。価格メカニズムを通じて需要と供給が均衡し、あらゆるものが無駄なく使われる、という話だ。

そして、ここから出てくる経済学の処方箋は基本的に一つ。すべてを強欲な人々の利潤追求にゆだね、それらが相互作用する自由な市場の働きに任せなさい。政府は基本は何もするな。余計な規制はかえって社会をダメにする。市場に任せるのがいちばんいい!

さて、これを弱肉強食だとか嘆かわしい強欲肯定で倫理がないとか、いささかピントはずれな文句を言う人もいる。だが、市場に任せたほうがいいという議論は、ほとんどの場合には正しい。その意味で、経済学という学問は、実は出発時点で答えが九割は出てしまっている。その後の経済学は、残り一割の、市場がうまく機能しない例外的なケースをあれこれつつきまわしているだけだとさえ言える。

他の学問でもそういうことはある。世の中のほとんどはニュートン力学で用が足りる。アインシュタイン理論を持ち出す必要のある場面なんかこの地上にいる限りほとんど生じない。だが経済学だと、物理学とはちがう面がある。人々が経済学にすがりたいのは、まさにその自由放任ではすまない場合だ、ということだ。人々が求めているのは、何もしないことの正当化では（必ずしも）ない。中古車がなぜかまったく売れない。それはなぜだろう？　ある地域で、不動産がやたらに売れ残っている。なぜだろう？　失業者が大量にいて、一向に減らない、なぜだろう？　放任で事態が改善されないからこそ、経済学の知見が求められる。

そしてその最大のケースが、不景気とか不況とか呼ばれる状況だ。

不景気って何？

不景気の正式な定義というのはある。経済が数期続けてマイナス成長したら不景気だ。でも、そうした形式的な定義よりも重要な不景気の特徴がある。

不景気を特徴づけるのは、大量の失業だ。失業というのは、人だけじゃない。不景気では、モノが売れない。大量の商品が消費されずに倉庫にたまる。工場の機械はストップしたまま。家やオフィスは借り手や買い手がつかず、空き家のまま。そしてもちろん、多くの人が雇用されずに失業する。

なぜ市場が機能しないんだろう。古典派はこれが説明できない。売れなければ値段が下がって需給はすぐにマッチし、不景気が長い間続くなんてことはあり得ないはずだ。でも、実際に不景気は長いこと続く。その不景気について古典派経済学が主張できた処方箋は、極論すればおおむね次の三つになる。

1　待て。あれこれ調整に時間がかかってるだけ。長期的には市場メカニズムが機能して、いずれ完全雇用に戻る。

2　規制をなくせ。政府が市場の自由な働きを妨害してるんだろう。規制を緩和しろ。

3　組合やカルテルが悪い。市場の価格調整メカニズムを妨害してる連中がいる。賃下げを阻止する労働組合とか、商品価格をつり上げようとするカルテルとか。そういうのをつぶせ。

なんだか、全部最近の日本の処方箋として声高に言われてるものに思えるだろう。でも、これはどう見ても十分な答えではなかった。

いま失業して苦しんでいる人々は、待てと言われて、はいそうですかとは言えなかった。こういう話が大きく問題になるまでに、その人たちはすでに数年も苦労を強いられている。「いずれ」っていつよ？　またそれに突き上げられる政府だって、待てなくはないがいつまで、というのがある。古典派はそれに答えられなかった。

また規制にもいろいろある。どの規制が重要なのか？　それに不景気の常として、昨日まであまり問題でなかった規制が、なぜ今日は突然影響するのか？　これもわからない。組合やカルテルだって話は同じだ。それに、価格調整はいろんな形で起こる。たとえば経済がインフレになれば、賃金は同じでも価格調整は起こる。でも組合はそんなのには反応しない。なんか変では？

特に一九三〇年頃の、ウォール街大暴落を発端とする世界大恐慌ではこれが顕著だった。失業はどこを見ても続き、職をくれるなら半値でも働く、なんて人はどこにでもいた。どっかの悪い組合やカルテルが価格をつり上げてるなんて話ではない。待っている間に企業は倒産し、人々はどんどん自殺する。

これに対して、「陳腐化した企業がどんどん破産して退出するのはいいこと、ゾンビ企業はつぶれて優秀な企業だけ残ればいいのだ」なんてことを言う人もいた（いまもいる）。でも、企業はさておき、人は？　ダメなやつは首をくくって当然、ゾンビ労働者はあの世に退出願って優秀な人だけ残れ、なんてことは言えない。

ケインズは、そうした古典派経済学の無力を理解していた。実際に新古典派理論でまったく説明のできない大量失業が長いこと起きていて、それが一向に解消しないのも見ていた。一方で彼は、新古典派理論を十分に身につけており、それがときに正しいことも知っていた。古典理論に不足しているものはなんだろう。現実をきちんと説明でき、しかもそれに対する有益な処方箋も下せるような理論はなんだろうか？　人々がすでにかなり長いこと苦しんでいるのに「長期的にはよくなる」しか言えないのでは意味がない。そういう主張をする古典派経済学者に対し、ケインズは「長期的には、われわれみんな死んでいる」とやりかえした。みんなが死ぬ前に何かしないと。ケインズはそれを考案しようとした。

その結果がこの『一般理論』だった。

一般理論の主張とその活用

一般理論のキモ：財や労働の需要が、お金の需給に左右される！

で、この『一般理論』の中身だが、せっかく要約したんだからここは是非とも本文をお読みいただきたいところ。が、横着な方のために、クルーグマンによる本書結論の要約を以下に挙げよう。

1　経済は、全体としての需要不足に苦しむことがあり得るし、また実際に苦しんでいる。それは非自発的な失業につながる。

2　経済が需要不足を自動的になおす傾向なんてものがあるかどうかも怪しい。あるにしても それは実にのろくて痛みを伴う形でしか機能しない。

3　これに対して、需要を増やすための政府の政策は、失業をすばやく減らせる。

4　ときにはお金の供給（マネーサプライ）を増やすだけでは民間部門に支出を増やすよう納得してもらえない。だから政府支出がその穴を埋めるために登場しなきゃいけない。

いま、これはそこそこ常識的な話だ。でも当時の古典派経済学では、どれもほとんど考えられない話だった。

おさらいをしておくと古典派理論では、需要不足なんてのは起きないはずだった。供給が余ったら、価格メカニズムを通じてすぐに市場がそれを調整し、需要が発生する。稼いだお金はいずれ消費されるか、預金されて銀行を通じて投資にまわるはずだ。

これはセイの法則と呼ばれ「供給は需要を作る」と表現される。でもケインズは、これを踏みつぶした。何かを作ってもそれが必ずなんらかの形で売れる／使われるとは限らない。極端な話、何かを作ってそれを死蔵したら？

それが特に重要なのはお金の場合だ、人は稼いでも、その所得の一部を現金のまま手元に置いておきたがる。つまり消費もされず、投資もされない所得が必ずあるのだ。だったら、セイの法則はあてはまらない。

そしてケインズが（特に一般に理解されているケインズ経済学が）指摘したことは、そのお金の市場が財の市場（需要）を制約する、ということだ。投資案件があっても、それがお金の需給で決まる金利水準より儲からないものなら、投資は行われない。そして、人々が手元に持ちたいと思っている現金の量よりも世の中に出回っている現金の量が少なければ、その現金で取引できるだけのモノしか買えない。したがって、それだけのモノの生産や投資に対応するだけの人数しか雇えない。それは世の中に実際どれだけ労働者がいるかという話とは関係ない。だから水準次第では、総需要の不足が起き、つまりは失業が起きる。

これはモノの需給や労働の需給で価格や賃金が変わり、それによって需給が一致する、という古典派の理論とは、まったくちがう議論だった。だがまさに当時、長引く大量の失業者の存在はケインズの見解を裏付けるものとなっていた。

また古典派が政府に対して出せる失業対策の提言は、我慢しろ、規制をなくせ、というものだった。政府が市場の働きを歪めてはいけない、長期的には市場がすべてを解決する、と。でもケインズの理論は、政府がお金の供給を増やしたり、公共事業を行ったりすることでもっと積極的に失業をなくせると説明する。

異論もあるが、一般には第二次世界大戦がまさにそうした巨大な公共事業として機能し、ケインズ理論が裏付けられた、とされる。確かに経済は、ケインズの言う通りに動いたように見えた。

IS－LM理論

だが、そのままではケインズ理論はさほど広まらなかったかもしれない。『一般理論』はいささかとっちらかっている。消費や需要の話があり、雇用の理論があり、投資の理論があり、金利の理論があり、お金とは何かという理論があり、でもその相互関係はわかりにくい。結局この理屈でどうしろと？　アレはダメ、コレはダメというのはわかったけれど、全体としてはどういう組み立てなの？　お金を増やせとか公共投資をしろという以外に何をしろと？『一般理論』を読んだだけではなかなかわからない。

それを使える形にしたのが、ヒックスがこの『一般理論』について古典派との比較で概説論文「ケインズ氏と古典派たち」（一九三六年、邦訳は https://genpaku.org/generaltheory/hicksislm.pdf）を書くときに、お手軽に作り上げたIS－LM分析だった。

IS－LM分析を簡単に説明すると、さっき述べた通り、経済というものを個別の需要供給の寄せ集めと考えるのをやめよう、という話だ。モノ（財）の市場とお金の市場があって、それが金利を通じて相互作用しているのだと考えよう。そうすれば、他の市場（たとえば金融市場）の状況次第で、モノの市場が完全雇用以外のところで均衡することがあり得る。

まず、実際のモノのほうを見よう。ちなみに、モノの市場は、それを作るための労働の市場とほぼ同じだと考えていい。社会の総所得＝総生産は、社会が消費する分と、投資する分と、公共投資で決まる。消費は、総生産一定比率（消費性向）だ。これは第一〇章に出てきた。投資は、投資収益の高いものから実施されて、金利に等しい案件まで実施される。貯蓄して利息をもらうよりも投資した方が儲かるからだ。だから金利が低くなれば投資は増えるし、高くなれば投資は減る。これは第一一章に出てきた。公共投資は勝手に政府が決める。

　これで金利とＧＤＰの関係が決まってくる。これがＩＳ曲線だ。でもそこで決まるＧＤＰは、その経済のリソース（たとえば労働者）をすべて使った完全雇用の水準ではないかもしれない。金利がものすごく高ければ、ＧＤＰは低くなり、労働者全員が働けないかもしれないのだ。

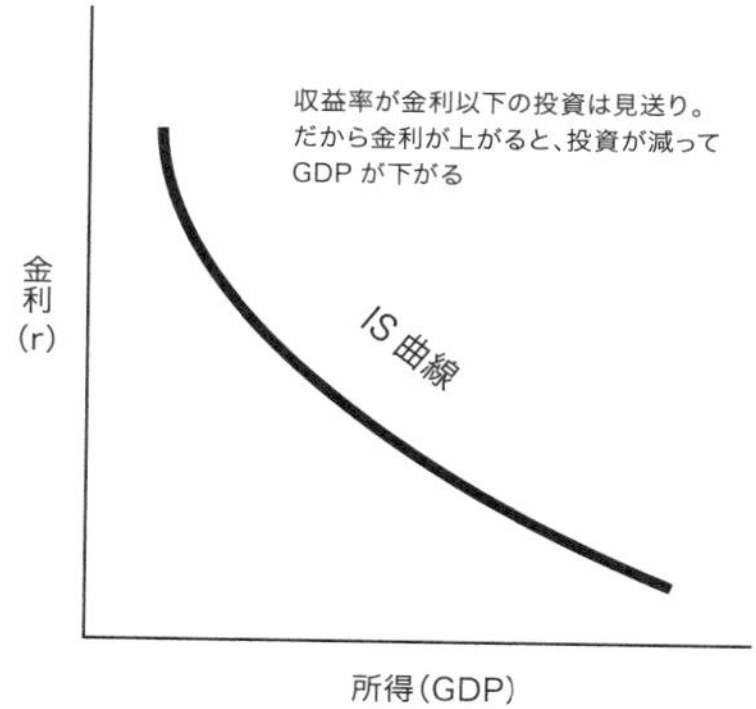
収益率が金利以下の投資は見送り。
だから金利が上がると、投資が減って
GDP が下がる
金利
(r)
IS 曲線
所得(GDP)
図：IS 曲線

　じゃあその金利はどう決まるんだろうか？　そこで出てくるのが、金利の理論、第一三章の話だ。金利は、人が手元に置きたい現金と、実際に世の中にある現金の量で決まる（第一三章 section II）。お金を人が必要とするのは、取引に使うためと、各種変動に備えた予備のため、投機のためだ。取引にいるお金は、実際の取引による所得（ＧＤＰ）にだいたい比例する。予備のお金も同じ。金利が高いと人は利息のつく形で財産を保管して、現金を減らすようにする。

でも、世の中の現金の量は、中央銀行が決めるので、先のお金の需要は、その枠内でやりくりするしかない。取引に使う現金（GDPに比例）を増やそうとしたら、予備の現金（金利に反比例）を減らすしかないし、その逆も真だ。すると、それが釣り合うGDPと金利の組み合わせが生じる。これをグラフにしたのがLM曲線だ。

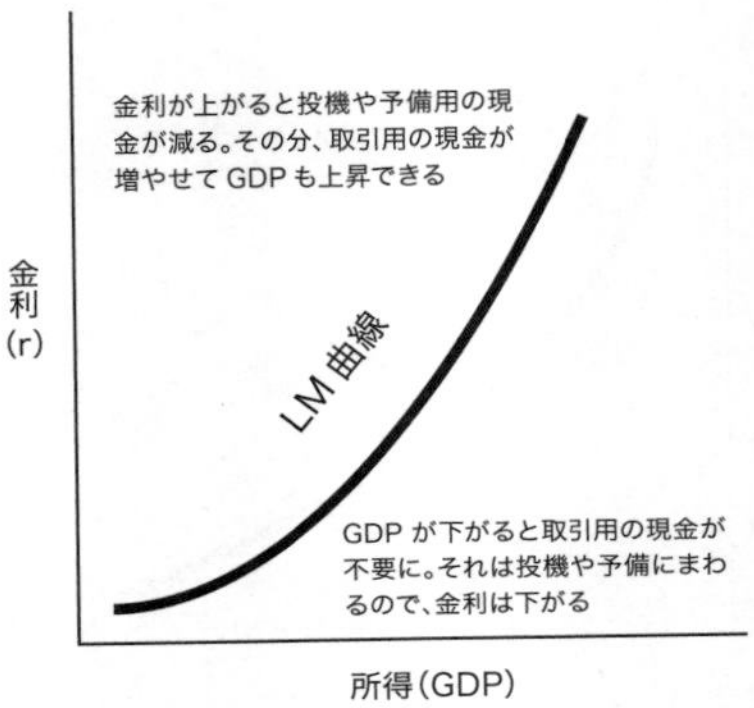

金利(r)
金利が上がると投機や予備用の現金が減る。その分、取引用の現金が増やせてGDPも上昇できる
LM曲線
GDPが下がると取引用の現金が不要に。それは投機や予備にまわるので、金利は下がる
所得(GDP)

図：LM曲線

そしてこのISとLMを重ねて描くと、その交点がその経済の金利とGDPだ。そのGDPの水準次第で、雇用の水準も決まる。それは、完全雇用ではないかもしれない。そのずれた分が失業だ。その失業は、労働市場がどんなにがんばっても、改善されない。

これは、ここに書いた程度の話を漫然と読むだけでは、たぶん絶対にわからない。ケインズ経済学に興味があるなら、ホント、これだけはどんな教科書でもいいから読んで理解してほしい。本書解説を書いてくれた飯田泰之『コンパクトマクロ経済学』（中里透との共著、新世社）はこれを実に簡潔に説明している。クルーグマンやロバート・ゴードンの教科書でもいい。ちゃんと図と式の両方で理解してほしい。ここでは単に、それが一般理論のどこと対応しているかを説明したかっただけだ。

　さらにこのモデル、すばらしい利点がある。これは実際の政策分析に使える、ということだ。国が公共投資したらどうなる？　中央銀行がお金の供給を変えたらどうなるだろう。技術革新で投資機会が増えたら？　完全雇用を実現するためにはどんな政策オプションがあり得るだろう？　金利の影響は？　人々の嗜好が変わったら？

　すべてこれで分析できる。分析、といっても、各種の変数がどの方向に動くか、という程度の話だったりする。でも、どうせマクロ経済なんておおざっぱなんだから、方向が見えるだけでも政策立案にはきわめて有益だ。IS－LMが編みだされたことで、ケインズ経済学は、経済政策立案の現場でバリバリ使える理論となった。自由放任、市場に任せろという古典派の煮え切らない政策提案から、まったくちがう能動的な政策を立てられるようになった。

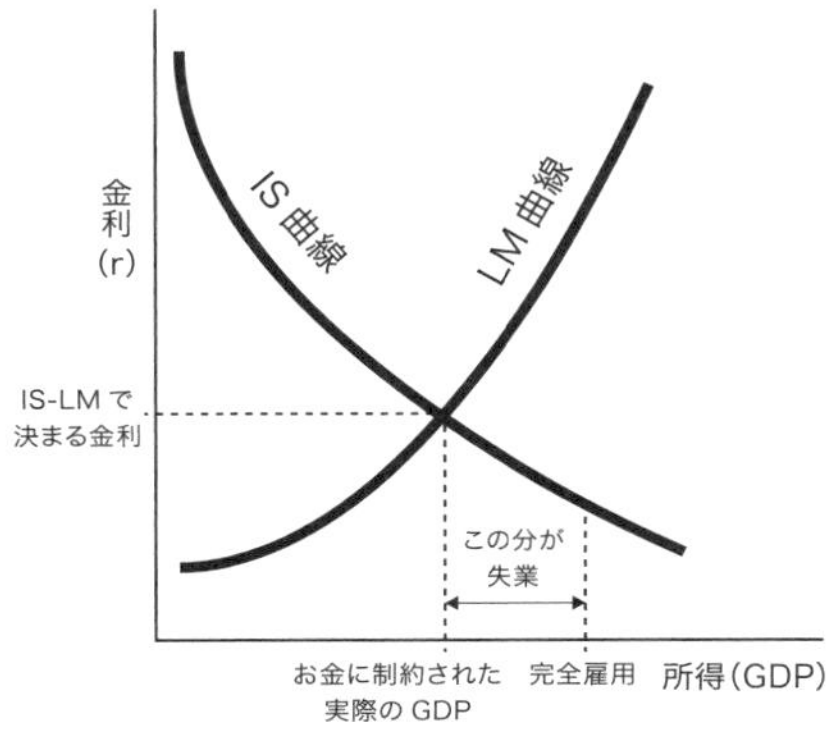

図：IS-LM曲線

　現実をまがりなりにも説明できる理論、そしてそれに基づく政策ツール、さらにはその効果を統合的に分析するためのツールが加わり、ケインズ経済学は理論的にも経済政策的にも文句なしの布陣となった。そして、その成果は第二次大戦後の世界で見事に華開いたのだが……。

ケインズ経済学の興亡

ケインズ経済学黄金時代とその崩壊

ケインズ経済学はもともと、一九三〇年代の大恐慌を背景に生まれ、アメリカのＴＶＡなど大規模インフラ投資の裏付けに使われたものの、大恐慌をひっくり返すほどの規模にはならなかった。が、議論のあるところだけれど、第二次大戦という大規模公共支出が大恐慌からの脱出につながったとされる。そしてその復興のための大規模な公共投資に伴い、世界はケインズ経済学のものとなった。

そしてそれは見事な成功を収めた。二〇世紀初頭の自動車や飛行機、電気製品の普及に伴う電力網など、新技術に対応する投資、医療や公共サービスなどが、当時の民間では対処できないものだったせいもある。世界は大規模な公共投資を必要としていたし、それを正当化する理論は実に好都合で、しかもそれは実際に生活水準の向上と安定に文句なしに寄与した。経済はかなり完全雇用に近い水準でまわり続けた。

でも、六〇年代頃からそれがだんだんおかしくなっていった。

最大の問題はインフレだった。世界各国が、激しいインフレに悩まされるようになった。各国とも、完全雇用実現のためにお金をたくさん刷っていたので、これは当然ではある。それにインフレなんて、数パーセントなら大した問題じゃない。でも一〇パーセントを超えるようになると、いろんな歪みが出てくる。

またケインズ経済学によれば、インフレと失業の間にはトレードオフがある。でもそのトレードオフがだんだん効かなくなり、やがて失業があるのにインフレ率も高いという、いわゆるスタグフレーションがあちこちで見られるようになった。

また、大きな政府の非効率性もあらわになってきた。横柄でグズで画一的で官僚的な政府サービスに対する不満は高まった。一方で、民間も力をつけてきた。かつては公共でなければできなかった各種大規模事業も、民間でかなり実施できるようになってきた。

こうして、ケインズ経済学の主な処方箋にあちこちで破綻が生じてきた。一九七〇年代のオイルショックを契機に、それが総崩れとなった。そうなると、その理論的な基礎となっているケインズ経済学が変ではないか、と思われるようになるのも当然だった。

そして古典派の逆襲がはじまった。

古典派経済学の逆襲

どうしてインフレになっても失業率が下がらないのか？　そこには人々の期待や予想の役割があるのだ、と鋭く指摘したのがミルトン・フリードマンだった。インフレが続くと人々はそれを期待に織り込み、失業率引き下げの効果がなくなる、というわけ。期待のせいでトレードオフが効かないんだ！

さて、ケインズ自身は期待の役割を十分に承知していた。それは本書の第一九章を見ればわかる。景気が回復するのに、賃金や価格が下がればいい、という議論に対し、物価や賃金が下がったら、みんなもっと下がるかも、と期待してさらに様子見が続いてしまう、と指摘している。その他の部分でも期待はしょっちゅう出てくる。

が、これはＩＳ－ＬＭにはうまく反映されていない。そしてこの「期待」が当時の世間的なケインズ経済学の大きな盲点となった。政府が何かしても国民はそれを合理的に将来の予測に組み込んで行動するはずだ。これが「合理的期待形成」という発想だ。もし人々がそういう合理的な期待に基づいて行動したら、政府の政策介入はまったく効かなくなる！

ロバート・ルーカスがこの発想をマクロ経済学に適用し、ケインズ経済学をぼろくそに批判した。合理的な個人というミクロモデルを基礎に、マクロ経済学を再構築しなくてはならない！

さらに経済学の分野では、多くの市場の同時均衡を扱った、数理体系としては見事な一般均衡理論が完成していた。その一般均衡モデルを基礎に、ミクロ的な基礎のあるマクロ経済学を構築しよう――これを実際に進めたのが、ニュークラシカル派だ。ケインズ経済学は、市場が必ずしも均衡しない、という理論だ。でも、ものすごい（あり得ないほど）厳しい条件を置けば、あらゆる市場は均衡することが示された。だったら、あとはそこからずれる条件を考えるだけでいいはずじゃないか、というわけだ。

人々が政策の結果を完璧に予想できて、それを完全に打ち消すように動くというのは、かなり極端な話だ。だが、理論的にはおもしろい可能性をもたらす。一般均衡も市場について非現実的な仮定を必要とする。でも理論的には美しい。それにおりしも金融の世界では、人々が市場の情報をすべて活用して予測を行うという効率的市場仮説が、かなりの成果を上げていた。マクロ経済でもそれが可能では？

そしてこうした理論的な進展に伴い、大きな政府批判が進んだ。政府肥大の犯人がケインズ経済学だとされ、国営企業の民営化、インフラ事業の民間導入があちこちで進んで一定の成果を上げているようにも見えた。

経済政策そのものの有効性が否定され、さらに公共事業も否定され、理論的にも時代遅れ。ケインズ経済学はもはや完全に失墜したかのようだった。

ニューケインジアン

実はケインズ派の経済学者たちもＩＳ－ＬＭが十分に厳密でない、と思って嫌っていた。静的だし、期待が明示的に含まれていないし、仮定も乱暴だし。ニュークラシカル派が、数学的に高度なモデルを駆使しはじめると、自分たちももっと洗練されたミクロ的基礎を持つケインズ経済学を構築しようという動きが出てきた。たとえばケインズ理論が成り立つためには、価格や賃金がなかなか変わらないことが理論的に重要だが、なぜそうなるかわからない。それをミクロ的に基礎づけられないものか？　これがニューケインジアンだ。それで言えることは、もとのケインズ経済学と大差ない。でもそれをかっこよく言えることが、学問の世界では重要だったのだ。そしてケインズ理論のキモは、市場がときに均衡しないということなのに、かっこいい一般均衡理論を取り入れようとする中で、それはうやむやになっていった。

結局あれこれニュークラシカルに張り合おうとするうちに、両者はだんだん似てきた。やがて、一般均衡モデルをベースにして、合理的期待の要素も入れ、ニューケインジアン的な要素も取り入れ、ミクロ的な基礎を持つ精緻な動学モデルを作ろうとする試みが進み、動学的確率的一般均衡モデル、通称DSGEモデルなるものが登場するに至って、両者は同じモデルの風味の差程度になってしまったという（山形レベルの実務エコノミストは、これを直接いじることはないので、ここらの話は伝聞となる）。

だが人によっては、それはいいことだった。ミクロ的に基礎づけられ、一般均衡に基づく、理論的に精緻なモデルが完成した。もはや、ケインズの変な理論やどんくさいIS－LMなんか使わなくてもいいのだ、すべての政策はDSGEモデルで分析すればいいのだ――そんな議論さえあちこちで見られるようになった。

だが、そのすべてが崩壊した。そして世界は、古くさいケインズ経済学の復活を目の当たりにすることになる。それが二〇〇八年からいまなお（二〇一一年）続く、リーマンショックとその後遺症だ。

リーマンショックとケインズの復活

アメリカのサブプライム住宅ローン破綻にはじまり、それをもとにした派生商品が一斉に大コケして、リーマンブラザースを倒産に追いやり、その後世界を大混乱に陥れた世界金融恐慌は、前節で説明した一九七〇年代以後の経済学の「進歩」がほとんど無意味だったことを実証してしまったとされる。

厳密なはずのそうした理論やモデルはこんな世界的金融恐慌を予想することはおろか、その可能性があることすら指摘できなかった。そして、それがいったん起きたあとも、それに対する政策対応を何一つ提示することができなかった。厳密にする（＝数式で扱えるようにする）ために、えらく非現実的な仮定をたくさん置かざるを得ず、その結果としてものすごく狭い範囲のものしか扱えなくなっていたからだ。

たとえばそうした理論はほとんどが、一般均衡理論をもとにしていた。一般均衡理論は、あらゆる市場が完璧な形で機能していることを前提としている。市場が破綻するなどというのはそもそも想定外だ。大マクロ経済学者（ニューケインジアン）ブランシャールの揶揄によれば、一般均衡をもとにした理論や研究のほとんどは、一般均衡からいろんな変数がちょっとずれたらどんな影響が出るかを検討するだけで、定形化された「俳句」のようなものになっている。モデルの前提が壊れるような話は、そもそも考慮されないのだ。

一般均衡以外にも問題はある。ベースとなる多くの理論は、かの大恐慌をまともに説明できない。効率的市場仮説は、大恐慌のデータをはずすことが多い。またニュークラシカルは、大恐慌を説明できない。

そして、それですんでしまったのは、ある意味で皮肉にもケインズ的な経済政策の成功のおかげだった。七〇年代までそれが完全雇用に近い経済を実現し、そしてそれは古典派の理論があてはまる経済になっていたのだ。そしてもはや中央銀行が経済を上手にコントロールできるから、あんな世界的な恐慌は二度と起きないと言われて、みんなそれを信じ、恐慌を考えない理論を構築してしまった。

だがいざ、そうした危機が起き、完全雇用や一般均衡の枠組みが崩れてしまうと……新しい理論は何もできない。ニューケインジアンの重鎮たるローレンス・サマーズも、こうした理論が政策的にまったく無力だったと語っているという。

でも、それができる理論的枠組みがあった。古くさく、どんくさいケインズ経済学、そしてその粗雑なIS－LMモデルだった。

そして実際、リーマンショック以後の銀行救済や景気停滞に対する各種対策は、すべて初歩のケインズ経済学の枠組みに収まるものばかりだった。景気停滞に対しては、大量の公共投資と金融緩和。その後も、その投資の乗数効果が検討され、民間投資のクラウディングアウトが云々され、低金利に伴う流動性の罠が論じられ――すべて、この『一般理論』に登場する。IS-LMモデルで説明できる。グレゴリー・クラークは「大学の入門マクロ経済の講義でAをとったヤツなら、この危機への対応ではサマーズやガイトナーとまったく同等に張り合える」と皮肉った。ブラッドフォード・デロングも、現在の事態を考えるには、最新の経済学教科書を読むよりも、一九三六年の教科書（つまりこの『一般理論』）を読んだほうがましだ、と本気で主張している。

なぜケインズ経済学が力を持てたのか？　それはケインズ経済学が、まさに大恐慌に対応するるために考案された理論体系だったからだ。そのときも古典派経済学は無力だった。そして新しい経済学は、大恐慌を例外扱いすることで成立していた。だから新旧問わず古典派系の理論が小さな恐慌に対処できなかったのは当然のことではあった。だが前にも述べた通り、経済学が必要とされるのは、まさにそうした危機への対応のためでもある。その任に堪えたのはケインズ経済学だけだった。

こうして経済学は、ぐるっとまわってもとのところに戻ってきた。古典派が理論的には充実したところで大恐慌が起き、その無力が明らかになった。それに対してケインズが『一般理論』を提唱し、それに基づく経済政策が、第二次大戦後の完全雇用と安定をもたらし、そしてそれが古典派理論の復活に手を貸した。だがそれが小さな世界恐慌により再び無力さを露呈し、そして再びケインズ経済学の有効性がまがりなりにも示され――これがぼくたちの状況だ。

『一般理論』と経済学の未来

ケインズのご利益とは

たぶん本書を手に取る人は、上に書いたような事情を多少は知っているんだと思う。そしていま蒸し返されているケインズ『一般理論』にはホントは何が書いてあるのか、一度読んでみよう（でも実物や全訳を読むのは面倒すぎ）と思っているんだろう、と思う。

さてぼくは、教祖様や教典におすがりするようなものは、学問のあるべき姿じゃないと思っている。フロイトに戻れとかマルクスに還れとか、宗教がかった疑似学問は、そうした教祖教典にすがろうとする。でもニュートン『プリンキピア』に物理学の未知の知恵がこもっているとは、だれも思わないだろう。ニュートン力学だけでは説明のつかない水星の近日点移動が見つかったとき、「コペルニクスに還れ」なんてことを言い出すバカはいなかった（たぶん）。

いま、ケインズのもともとの理論と処方箋が脚光を浴び、彼が何を書いたのかに多少は注目がある。それ自体はよいことだ。でも、それが変な教祖様主義に陥るのは避ける必要がある。たとえばジョージ・アカロフとロバート・シラーは、『一般理論』の「アニマルスピリット」に注目した本を書いている。でも中身は、実はケインズの言うアニマルスピリットとはかなりちがう話だ。特に必然性もなく無意識のうちにケインズのご威光にすがろうとしたようにすら思える。できればそういうことはしないほうがいいように思う。

とはいえ『一般理論』の議論は、すべての古典と同じく、未踏の地を切り開いた古典が持つ自由闊達さがあり、きちんとまとまってはいないけれどヒントになりそうな話がたくさん詰まっているのは事実だ。

そして確かに意外なものが突然復活してくる。地域通貨が一時流行った頃には、シルビオ・ゲゼルがしばしばもてはやされたが、彼が多少なりとも知られているのは、ケインズが『一般理論』でほめたことが大きい。

また日本の現在の二〇年近く続く不景気（そして近年のアメリカなどの不景気）について、いまやそれが流動性の罠にはまった状態だというのは有力な説で、それをもとに、インフレ期待を醸成しろというリフレ派がじわじわと勢力を増しつつある。この流動性の罠も、本書第一五章でケインズが指摘したものだ。

この理論は長いこと、ほぼ忘れられていた。多くの論者は、現在はそんなものは起こらないだろうと思っていた。いまやリフレ派の旗手たるポール・クルーグマンですら、当初は流動性の罠が起こらないことを証明しようとして論文を書きはじめ……そして、結局はケインズの言う通り、どんな理論的枠組みでも流動性の罠が起こり得ること、そしてその対処法としてインフレ期待が有効だという正反対の結論にたどりついてしまった。ＩＳ－ＬＭモデルから得られる流動性の罠脱出法（金融拡大と財政拡大の合わせ技）はいまも有効だ。それはいまのアメリカの不景気脱出でも重要となるし、もちろんいまの日本にも大いに意味がある。

ケインズはこの『一般理論』で、本当にそこまで考えていた。大したもんだ。いつか、ケインズに人々が戻らずにすむようになればと思う。『プリンキピア』に物理学の将来方向を求めようとする物理学者がいないように、ケインズ『一般理論』にも人々が考古学的な興味以外のものを抱かない日がくればよいとは思う。でも、これまでの実績から見て、まだまだ隠し球はありそうだし、だからこそ本書の主張をざっと読み直す価値もあろうというもの。

でも今後の経済学はどうなるんだろう。ケインズのえらさはわかったが、今後の経済学がこの『一般理論』をひたすらつつきまわしていれば用が足りるというものではないのも当然。今後、どんな発展があり得るんだろうか。

経済学の未来？

ケインズ以後の経済学、特にここ数十年のマクロ経済学が、リーマンショックといまの世界金融危機にあまり現実的な力を持ち得なかった、というのは多くの人が指摘している。その反省がどういう形を取るかは、興味深いところではある。

ニューケインズ派マクロのえらい人である前出のオリヴィエ・ブランシャールは、一般均衡にこだわる最近の研究をくさし、もっと部分均衡（つまり一部は均衡しないというケインズ的な発想）

を重視し、理論の中で閉じずに実証的な検証にも目を向けようと述べている。

一方、今のままでいいのだ、何も問題はないと言い張る人も（当然ながら）いる。多くの研究者はすぐに宗旨がえするわけにもいかないし、今後もこれまで通りの話が当分続く、とは言われる。かの大恐慌でさえ数十年したら「あれは例外」で片付けられるようになった。今回の教訓もすぐ風化するよ、というシニカルな声もある。一方で、どんくさくても役にたったケインズ経済学をもとにした、新しいアプローチ（流動性選好を重視したものでもなんでもいいが）が出てくるかもしれない。経済学に個人の不合理性を導入することで、新しい基盤が出てくるという人もいる。

また全然別の方向から展開があるかもしれない。ハーバート・ギンタスは、ゲーム理論を使って社会科学をすべて統合しようという大胆な提案をしている。意外とそれがモノになるかもしれない。その中で、ミクロで多様な個人がゲーム理論的に相互作用するのを完全にシミュレーションするような手法が実現し、ケインズ経済学を含めあらゆる経済学がそこに還元されてしまうかもしれない。

でも、理論的な方向性はあずかり知らぬことながら、外野としては過去数十年の経済学とその無力を見るに、理論的な整合性と美しさよりは、泥臭くても現実の出来事を説明し、きちんと政策提案ができるようなものになってほしいとは思う。これは多くの人が述べていることでもある。

ケインズもまさにそうした。そして、それこそが本書のアプローチから、経済学者もそうでない人もいちばん学ぶべきポイントでもある。

ケインズは現実に起こっていることを真摯に観察し、そしてそこで見た人々の不遇に対して手をこまねいていることを良しとしなかった。現実世界の実情よりも自分たちの狭い理論的枠組みを優先する古典派を、ケインズは本書で批判した。「長期的には、われわれみんな死んでいる」。いまできることがあるんだから、死ぬ前にそれをやろう。

そしてそのために、ケインズは自分の古巣をほぼ全否定することさえためらわなかった。実際に合わない理論は捨てるという、学者としての誠意があった。そしてものごとにまったくちがった取り組みを行い、それを提示するだけの勇気を持っていた。

すごいことだと思う。

いまこれを書いている時点(二〇一一年夏)では、東日本大震災の復興がいまだにあまり進んでいない。また急激な円高で、多くの輸出系企業が苦しんでいる。ついでに二〇年近く前からのデフレと不景気も一向に改善する気配がない。その状況で、メディアに登場する日本の多くの経済学者は、なんだか知らないがやたらに増税を推進してみたり、円高阻止やデフレ阻止における中央銀行の役割を矮小化してみたり、現実をどうにかするよりも自分の理論的立場を守ることにしか奉仕しない発言や、それどころか本当に学問的に肯定できるのか怪しい議論ばかり述べているように見える。ぼくには、それが現実の人々の苦労をまともに見て、それをなんとかしようと真摯に考えた結果には見えない。

経済学がどっちに進むにしても、そしてそれがケインズの成果をどこまで取り入れたものになるにしても、ぼくはこの『一般理論』の中身もさることながら、それを書いたケインズの志と誠意には是非とも学んでほしいとは思う。そして、自分の古巣をひっくり返すような革命的な本を書きながら、そこに茶目っ気たっぷりな第VI巻みたいなものを入れてしまえるしゃれっ気も、生真面目一辺倒な人々には大いに学んでほしいな、とも思うのだ。真面目に、真摯に、でも楽しく——こんな要約がその一助となれば……まあ無理か。

謝辞

本書はもちろん、素人向けの概説書だ。専門家は横着せず、原典を読むべきだとは思うけれど、でも概要を把握するためには十分参考にはなると思う。また、どう見ても『一般理論』を読んだとは思えない通俗経済評論家がよく引き合いに出す、美人コンテストやアニマルスピリット、穴掘ってお金を埋める公共事業といった有名な小話も、チェックしやすいようになっている。すでにあちこちの輪講や勉強会のアンチョコになっているそうで、編訳者としては嬉しい限りだ。

翻訳・要約にあたって『一般理論』の邦訳は一切参照していない……と書いたあとで目を通

したが、塩野谷親子による訳は、およそ人間に読める水準ではなく、間宮陽介による新訳は多少ましながら、やはり読みづらい上、明らかな誤訳や無理解に基づく原文の改ざんなどが多く、参照する意味はないと思う（その既存の邦訳を見て、あまりのできの悪さに激怒して、その後全訳も完成させた。興味のある向きは https://genpaku.org/generaltheory/ を参照）〔注：全訳はその後、講談社学術文庫から刊行された〕。

このため訳語は、題名さえ慣例にはしたがっていない。ぼくは money を貨幣と訳すのが嫌いだからだ。題名ですらそんな具合だから、内部でも業界の専門用語には特にしたがっていない。この点はご留意いただきたい。

さて本書のもととなるウェブページ（https://cruel.org/econ/generaltheory/）の成立にあたっては、主に三方面の人々からまったく意図せざる後押しをいただいた。

そもそも本書誕生のきっかけを作ってくれたのは、経済学者の松原隆一郎氏だった。詳しい事情は、ぼくのウェブページを見てほしい（https://cruel.org/econ/matsubara.html）。決して嬉しいものではなかったとはいえ、この専門外の素人に、『一般理論』要約にとりかかるきっかけを与えてくれたことだけは感謝している。ありがとう。

また、途中で特に本論部分の第II巻の変な単位談義に嫌気が差していたときに、そうした部分も含めて本書の意義を改めて解説してくれた、ポール・クルーグマンの『一般理論』序文にも感謝。本当は、この序文そのものを本書に使いたかったところだ。全訳はhttps://cruel.org/krugman/generaltheoryintro.htmlにある。そのエッセンスはこれまでの解説にかなり活用させていただいた。

そして最後に、あと二歩くらいのところで放置してあったこの作業の最後の尻を叩いてくれた、2ちゃんねるの能登麻美子（というアニメ声優）スレッドに巣くうキモヲタファンたちに感謝。何が起きたかはググっていただければ幸甚。社会性も教養もないと思っていた声優ヲタどもから「ケインズを仕上げろ」というハイレベルな恫喝が出たのに驚愕のあまり、見事完成の運びとは相成った。能登ファン諸氏の知的水準をめぐる不当な偏見をここにお詫びするとともに、その叱咤激励に深く感謝するものである。そして、ご当人は何のことやら知るよしもなかろうが、その旗印たる能登麻美子氏にも。

誤字や解釈の誤りも含め、もしお気づきの点が何かあれば、是非ともご教示いただければ幸甚。即座にウェブと、本書のサポートページ(https://cruel.org/books/generalsummary/)で公開する。

ウェブ上のこの試みを本にしようと提案してくださったのは、ポット出版の沢辺均氏だった。延々待たせてごめんなさい。また、変な素人くさい本の解説を引き受けてくれた飯田泰之氏にも感謝する。

二〇一一年八月　ビエンチャンにて

『お金の改革論』訳者解説

初出：J・M・ケインズ『お金の改革論』2014年、講談社学術文庫

本書はJohn Maynard Keyens, *A Tract on Monetary Reform*（1923）の全訳となる。翻訳にあたっては初版の英マクミラン版（PDF版と復刻版）を使い、その後、著作集に収録される際に加えられた修正を反映させた。なお、著作集版では本書のもとになった雑誌論文との詳細な比較を行っており、その異同や改訂内容について詳細な注がついている。これらは研究者には興味深いものだろうが、かえって煩雑になり一般読者にとっての意義は限定的だと考え、そうしたものは本書には含めていない。また著作集版にはフランス語版の序文もあるが、これも当時のフランスに本書の内容を適用する話がほとんどなので割愛した。

著者ケインズについて

著者ジョン・メイナード・ケインズ（一八八三－一九四六）については、いまさら紹介の必要

もないだろう。名著（または立場によっては迷著）『雇用、利子、お金の一般理論』（一九三六年、拙訳講談社学術文庫）により、経済学とそして世界の政府の役割をも一変させた、偉大な（または立場によっては邪悪な）経済学者だ。それまでの主流近代経済学は、個人の合理的な活動に基づく完全雇用の世界だけを扱っていた（そしてそのために現実離れしたものとなっていた）。だが『一般理論』は経済全体のマクロな状態を考え、金融市場と実物市場の相互作用により不完全雇用と大量の失業が起こり得るという理論を確立した。そして、その失業をなくすために、金融政策と政府による財政出動が使えることを理論的にまとめた。さらに単なる象牙の塔の学者にとどまらず、その理論を実際の政策に導入すべく力をつくし、戦後の世界経済レジーム構築に大きな役割を果たした実践者でもある。

そして、その理論の重要性は、二一世紀に入って改めて認識が高まっている。一九三〇年代の大恐慌を背景に成立したケインズ理論は、二〇〇〇年代のリーマンショックに続く世界大不況の際に、まともな処方箋を出せた唯一の理論だった。それもその後数学的な洗練を経た現代的なケインズ理論よりは、二〇世紀初頭のオリジナルな古くさいケインズ理論こそ最も役に立った。その洗練の過程で切り捨てられたものにこそ、何か重要なものがあったのではないか？　これがケインズ復権の背景でもある。

本書は、そのケインズ理論の重要な一部となる。特に『一般理論』で少し手薄だった金融理論の部分については、本書が核心の一つとなる。

本書の構成と時代背景

本書は、お金をめぐる制度が現在とはかなりちがう世界を相手に描かれている。具体的には、世界的に金本位制がおおむね基本でありながら、それが維持できるか怪しくなっていたのが当時の状況だ。

かつて、世界の多くの国は金本位制だった。それぞれの通貨は黄金に対して固定されたレートとなっていた。当初は黄金そのものがお金だったし、その後は黄金の借用証や質札のような形で紙幣が発行されるようになった。古い米ドルには、「この紙幣を銀行に持っていけば一定量の黄金と引きかえます」と書かれていた。

でも、特に本書の執筆時点である一九二〇年代、第一次大戦のすさまじい戦費支出に伴う大量の政府支出で紙幣が乱発され、一部の国ではお金の価値がすさまじく下がった（つまりインフレになった）。そして、その価値をもとに戻そうとするため、一部の国ではひどいデフレが発生した。

そして……お金は本来中立的であり、インフレやデフレは何も影響を持たないはずなのに、実際にはそれが実体経済にまで影響を与えている。その影響とはどんなもので、なぜそんな影響が発生するんだろうか？　これが本書の出発点だ。

では、その問題意識をもとに、本書の概略をまとめよう。

第一章「お金の価値変動が社会に与える影響」

第一章は、当時のケインズの問題意識をもとに、きわめて簡単なことを言っている。お金の価値変動というのはつまり、インフレ（お金の価値が下がる場合）かデフレ（お金の価値が上がる場合）だ。この影響は、社会の万人にとって同じというわけではない。お金の価値が上がれば嬉しい（つまりデフレを望む）のは、もちろんお金を持って、その収益で暮らす人（つまり金利生活者）だ。逆にインフレで、お金ではなくモノの価値が上がると嬉しいのはモノを持っていたり作ったりする人々（つまり実業者）だ。そして世の中には、お金もモノもそんなにない雇われ人がいるけれど、その人々はモノを作ったりする人に雇われていることが多い。

つまりインフレもデフレも、人々に不均等に作用する。そしてそれは、その人々が実体経済で行う活動に影響するのだ。インフレは生産活動を促進するし、デフレはそれを止めてしまう。社会としてどちらかといえば、実際に生産する実業者が元気なほうがいいので、どっちかといえばデフレよりはインフレのほうがいい。でもなるべくそうした変動なしに、お金の価値――ひいてはその裏返しとしての物価――が安定したほうがいい。

第二章「公共財政とお金の価値変化」

続く章では、政府が大量にお金を刷ることで財政の帳尻を合わせるという現象をとりあげる。これは一見すると、お金を刷るだけだからだれも損をしないように思える。でも実際には、それはお金の価値低下によりいまお金を持っている人たちにとっての損失を招く。その後、資本課税の議論もあるが、これはケインズもあまり現実的に可能とは思っていないようなので割愛する。

第三章「お金の理論と為替レートの理論」

この章では、まずこれまでの章でも暗黙のうちに想定されていた、貨幣数量説を説明する。お金を刷れば、それに比例して名目の物価は上がる、というのが貨幣数量説だ。ケインズは、これを基本的に正しいとしつつも、それが機械的にあてはまるものではないことを指摘する。途中でやたらにタンス預金が増えたり、取引での支払い方式が変わったりすれば、増えたお金がすぐ物価高につながらないこともある。だからこれは常時厳密にあてはまるものではない。

さらに、二つのお金同士の相対的な値段である為替レートは、購買力平価で理論的には決まる。この理論もまた単純明快。同じものは、世界どこでも同じ価値を持つはずだ。だから同じものの値段を各国同士で比べると、為替レートが出るはずだ。これはたとえば、英「エコノミスト」誌の冗談半分企画である「ビッグマック指数」の考え方だ。もちろん、これも厳密ではない。貿易されないものもあるからだ。こちらもやはり、原則的には正しいけれど杓子定規にあてはめてはいけない。

そしてさらに季節変動への対応と、為替の先物取引が扱われる。為替レートはどうしても季節に応じて変動する。その好例が、実体経済の季節変動からくるお金の需要変化で生じる為替レートの上下動だ。これは銀行が手数料を取ってヘッジしてもいいが、インフレなどで為替レートが変動すると、リスクがあまりに大きくなる。また先物取引でそうした変動をヘッジできるが、これも過度に期待してはいけない。

第四章「通貨政策の目標比較」

ここからは提言編となる。以上の議論をふまえて各国が通貨政策として持っている選択肢を比較している。まとめると以下の通り。

・インフレで下がったお金のいまの価値を認めて、お金の価値を切り下げる（平価切り下げ）か、それを潔しとせず、以前の水準にまでお金の価値を引き上げ、デフレを引き起こすか？　ケインズの答えは当然、平価切り下げだ。デフレの害はきわめて深刻で経済全体が停滞する。それを無理に引き起こしても喜ぶのは金持ち階級だけだ。

・他国との為替レート（たとえば対ドルレート）を安定させるべきだという考え方がある。これは購買力平価から考えて、自国と他国の購買力の関係を一定に保てということになるので、相手の国次第では自国の物価水準が不安定になる。一方で、為替レートなんか無視して自国国内での物価安定をはかるべき、という考え方もある。世界的に物価が安定していれば、これは両立する。でも当時は一部の国がすさまじいインフレにさらされていたので、為替レート安定を求めるのは、自国でも大インフレを引き起こす、という変な政策になりかねない。だから基本は自国の物価水準安定を目指すべきでは？

・金本位制への復帰は……論外。金本位制の下で物価が安定していたように見えるのはまったくの歴史的偶然。黄金にはなんら本質的な価値などないので、それを盲信するのはやめるべき。

第五章「将来的なお金の管理についての建設的提言」

最後の章では、イギリスとアメリカの二ヵ国に対して通貨政策の提言をしている。基本はどちらに対しても、物価安定をはかるためにお金の発行量は銀行の信用創造に合わせて決めるべきで、信用創造は中央銀行と政府がコントロールしろ、ということだ。そのためには、先物ドルの売買価格公表を行えと提言している。これは実質的には金利のコントロールに等しい。また明示的な金本位制をとっていたアメリカに対しては、その黄金の扱いについても多少の提言がある。そしてそれ以外の国に対しては、基本的にはドルかポンドにペグすべきだと述べる。

つまり本書は基本的には、政府や中央銀行が物価の安定を目指すべきだと主張するものとなる。お金は、貯蓄をする金利生活者と事業者の生産活動を結ぶものだからこそ重要だけれど、生産活動や取引には必ずタイムラグがあるから、その間の物価変動——つまりお金の価値の変動——は生産活動を左右するのだ。お金はその点でのみ重要なんだし、黄金との交換率や為替レートの安定、あるいはある特定水準への回復にばかり気をとられてはならない。そして物価はできれば安定が望ましいが、どちらかといえばデフレのほうが社会の生産活動にとって有害だということも繰り返し述べられている。

本書の価値とぼくたちにとっての意義

このまとめでわかる通り、本書が書かれた時代背景、特に金融や通貨制度についての状況は現在とは大幅にちがっている。だから、本書の内容もいまや時代遅れで、現代的な意義はないとも思えるかもしれない。ではそれを現在ぼくたちが読む意義は何なのだろうか？　本書についてカリフォルニア大学バークレー校のブラッドフォード・デロングは、「ケインズの最高の著作かもしれず、マネタリスト経済学についての本としてはまちがいなく史上最高」と述べている（二〇〇七年ブログ記事）。何がそんなにいいのか？

まず本書で重要なのは、インフレとデフレの相対的な被害についての明示だろう。一九九〇年代からの二〇年以上にわたり、日本経済はデフレに苦しんできた。二〇一三年に日本銀行が黒田東彦総裁の指揮下で二パーセントのインフレ目標政策をはっきり採用し、そのために大規模緩和（黒田総裁は「量的・質的金融緩和（ＱＱＥ）」と呼んでいるが、あまり名称としては普及しない）を行ったことで、執筆時点ではようやくデフレの時代が終わりつつあるようだ。だが、デフレが有害だという認識が浸透するにはあまりに時間がかかりすぎた。デフレは物価が安くなるんだからいいものなんだ、という「よいデフレ」論を、高名な経済学者を含む多くの「有識者」なる人々が言いつのっていた。本書に書かれた認識――デフレは生産者に負担を与え、生産活動を控えさせ、人々を失業に追いやり、喜ぶのは既得権益を持った金持ちばかり――がもっと浸透していれば。

ここは重要なポイントだ。インフレやデフレは、実体経済に影響を与える。そして本書は、その仕組みについても簡潔に指摘している。お金の市場の状況が実体経済に影響を与え、持続的な失業を引き起こすこともある――これはケインズ『一般理論』のキモだ。本書は『一般理論』ほどきちんと定式化してはいないものの、それにつながる明確な認識がすでにある。またその経路についても、すでに明言されている。事業者は価格上昇そのものに反応して生産を増やすのではない。しばらく物価上昇が続くと、それが続くという期待が生まれる。その期待により事業者は生産を高めるのだ（1.2節などを参照）。

インフレ目標政策（またはリフレ政策）に対する批判として、小手先のお金や物価をいじったところでなんの役にも立たない、実体経済の生産活動が活発にならなければ景気は回復しない、というものがある。だが本書は――そして後の『一般理論』は――まさに、お金をいじることで実体経済がなぜ影響されるのかを述べたものだ。こうした批判は、ケインズの主張の基本を理解できていない。驚いたことに、中公クラシックスに収録された本書の解説でもこの主張が平然と展開されている。

そしてここから出てくる、政府や中央銀行にとっての政策目標も重要だろう。インフレもデフレも悪いから、物価の安定を目指そう。そして、どっちかといえばデフレのほうが害が大きいし、またお金や実体経済の状況には突発的な変動もあるということは、多少安全側に余裕を持って、小さめのインフレの状態を保つのが最も政策としては健全性が高く頑強だということになる。むろん、本書は管理通貨制度の夜明けに書かれたものだし、現在の中央銀行や金融当局ははるかに高度な理論もあり、考えるべき内容もきわめて多い。だがこの基本的な知見は、いまだに変わらないものであるはずだ。

もちろん、もっと歴史的な文書として本書を読むこともできる。金本位制や、いわば「強い通貨」を主張する人々の変な議論は、現在でもいろんなところで見かけるものだ。それを見て、人間の進歩のなさを嘆く／おもしろがることもできる。さらに本書は、ケインズの一、二を争う名言が出てくる本でもある。「長期的には、われわれみんな死んでいる」というもの。経済学者は目先の問題——たとえば失業——に対して、長期的にはそれが解決される、と言いたがる。できることは何もないとか、「自然に」任せるべきだとも言う。でも手をこまねいてそんなものを待つだけでは、経済学者も金融当局も存在価値がない。いまできることを考え、実行しよう！

マネタリストとしてのケインズ？　本書以後の展開

さて、先ほどデロングの「マネタリスト経済学についての本としてはまちがいなく史上最高」という評価を紹介した。これを読んで不思議に思う人や、本当に怒る人さえいるはずだ。というか、実際にいた。ぼくが本書の翻訳をはじめたとき、上のデロングの主張を拝借して、本書をマネタリスト的な本と紹介した。すると、ケインズがマネタリストだなんて、リフレ派がまたもや許しがたいデタラメを吹聴してると、本気で怒りのツイートをしている人がいたほどだ。

なぜかと言えば……一九六〇年代からはじまった反ケインズの急先鋒が、ミルトン・フリードマン率いるマネタリズムだったからだ。だから当然、マネタリズムとケインズ理論とが相容れるわけはないと思うのは人情だ。またそれに続いて一時はケインズ経済学を葬り去ったと豪語した合理的期待形成派は、ケインズ理論が期待の役割を軽視していると主張する。なぜだろうか。

マネタリズムとは何か、というのもまた議論を呼ぶポイントではある。が、デロングのまとめを使うと「インフレやデフレといったお金の不安定性が、他の経済的な問題の大きな要因であり、お金についてのしっかりした原則を明らかにすることで、実体経済の不安やリスクも減らせるのだ」という立場と思えばいい。これはまさに本書が主張していることだ。

でも本書が出てしばらくすると、大恐慌がやってきた。ケインズはそれを見て、「お金についてのしっかりした原則」以上の積極的な役割を中央銀行や政府に期待するようになる。そしてそれを理論化した『一般理論』では、金融政策についての話が少し薄くなっている。ここから、ケインズ理論は金融政策が薄いという認識が生まれたようだ。だがこれは当時の世界、特にアメリカが、二一世紀初頭の日本と同じくゼロ金利状態で、金融政策の出番が相対的に少なかったから、とも言われている（たとえばクルーグマンは『一般理論』の解説でそう主張している）。そして実際に読んで見ると、『一般理論』でも金融政策は決して無視されているわけではない。

もう一つ、ケインズがマネタリズムと相容れないと思われた理由と推定されるものがある。貨幣数量説の扱いだ。本書は貨幣数量説を基本的に支持し、それをもとに理論を組み立てている。ところが『一般理論』では、貨幣数量説がいかに使えないかが強く主張されており、むしろ貨幣数量説否定の立場のように見える。するとケインズは本書以降に、貨幣数量説について完全に考えを変えたと思うのも無理はない。だから本書に何が書かれていようとそれはケインズ的には否定されたものだと解釈されたのかもしれない。ケインズがお金をめぐる各種政策をあまり支持していないと思われたのは、そんなせいもあるかもしれない。

が、実は本書と『一般理論』の貨幣数量説をめぐる立場は、そんなに遠くないのだ。本書は、貨幣数量説が基本的に正しいとしつつも、それが必ずしも機械的に厳密に成立するわけではなく、タンス預金や取引の支払い方式などでかなりずれるのだ、と指摘している。だから盲信すべきではないという。その厳密に成立しない条件をもっと精緻にすると、それはまさに『一般理論』での貨幣数量説否定の根拠と大差ないものになる。

そして、ケインズ自身は本書でも『一般理論』でも、期待の役割をとても重視しているが、ケインズ理論に対する批判の最大のものは、それが期待を無視している、というものだった。これはケインズ理論普及に大きく貢献したIS－LMモデルが、簡略化のために期待を明示的に含めなかったから、というのが通説だ。この点については、拙訳『一般理論』の解説を参照してほしい。

もちろんこれは、ケインズ様は実はすべてをお見通しであり、経済についてのあらゆる知見はすべてケインズ著作集に含まれているから、それを金科玉条のごとくにあがめろ、ということではない。だがこれをふまえたとき、いまにして思えば一九六〇年代からの反ケインズ運動は起こる必要がなかったのかもしれない。これが経済学内部だけの勢力争いにとどまっていればどうでもいい話だ。が、そうではなかったのだ。

ケインズ経済学は、特に財政出動という形で大きな政府による完全雇用の実現を正当化した。だから経済学における反ケインズの動きは、その後の世界の経済政策にも影響し、各種の規制や政府のチェック機能を弱める根拠として使われた。そして二〇〇八年以降のリーマンショックに続く世界金融危機の大きな原因は、ある意味で反ケインズ的な合理的期待形成派やニュークラシカル派の行きすぎでもあった。ケインズ批判がもう少し穏健な形で進行していれば、あるいは今回の世界金融危機は起こらなくてすんだかもしれない。「長期的には〜」と並んで有名なケインズの言葉は、『一般理論』最後にある、アイデアの力がいかに重要か、というものだ。

既訳について

本書にはもちろん、既訳がある。それも一つではなく、二と三分の二種類ある。

一つは、原書刊行の翌年に出た、岡部菅司・内山直訳『貨幣改革問題』（岩波書店）だが、これはもちろんすでに絶版となっている。続いて数十年たっても一向に全訳が終わりそうにない、ケインズ全集（東洋経済新報社）第四巻に収録された、『貨幣改革論』（中内恒夫訳、一九七八年）がある。これは訳文としてはちょっと古風だが、いまもそれなりに読める訳だ。これは中公クラシックスのケインズ『貨幣改革論・若き日の信条』(宮崎義一・中内恒夫訳、中央公論社、二〇〇五年)にも収録されている。ただし、不思議なことにそのいずれも初版がもとになっており、著作集での訂正は反映されていない。

で……実は本書の三分の一くらいについては別の訳がある。本書の三分の一程度が『説得論集』に収録されており、これは宮崎義一訳(ケインズ全集第九巻、一九八一年)と山岡洋一訳(日本経済新聞出版社、二〇一〇年)が存在する。このうち、後者はかなり手に入れやすいし、また訳も定評ある山岡洋一訳なのであぶなげない。

これらはいずれも優れた訳で、今回の拙訳がそれに比較して大きな改善となっているわけではない。全訳で、訳文はいくぶん現代化されているし、少しはましになっているとは思う。この訳の利点はむしろ、ネット上でだれもが読める形で公開されている点だ。ネット上のhttps://genpaku.org/keynes/monetaryreform/からのリンクでこの邦訳の全文が読める。また、訳のまちがいなどについても、同じURLで随時公開するので、ご参照いただきたい。お気づきの点などは訳者までご一報いただければ、こちらに反映する。

本書の翻訳は決してむずかしいものではない。もちろん現在では馴染みのない金本位制の話が頻出するので苦労した部分はあった。しかし、文章はきわめて平明だ。ケインズ経済学が大きな派閥となっている原因の一つは『一般理論』があまりにつめこみすぎて晦渋なため、「ケインズ『一般理論』の真意は何か」というのがいつまでも議論できてしまうことだ。だが『お金の改革論』は何が言いたかったのか、などという議論はまったくない。先のデロングも、文としてこっちのほうがずっとわかりやすいと述べている。だがそれでも、ネット公開中に227thday氏からいろいろまちがいの指摘を受けた。ありがとう。また、本書を担当された所澤淳氏にも感謝する。ありがとう。

二〇一四年五月　プノンペンにて

なお、蛇足を一つ。本書でケインズは、一般物価水準という概念を普通に使い、実質と名目の議論をきわめて一般的な形で行っている。ところが『一般理論』では突然、一般物価水準というのが信用できないと言い出す(同書の第四章)。そして実質化に「賃金単位」なる変なものを使いはじめ、これが『一般理論』のわかりにくさに拍車をかけている。なぜケインズは一般物価水準不信に陥ってしまったのか？　興味のあるところだ。

第3章

リフレをめぐる個人史、ときどきピケティの話

前章でも述べたように、リフレの話はクルーグマンに入れ込んでいた結果としてたまたま出てきたものだった。いまさらながらではあるけれど、ぼくは一九九八年に初めてクルーグマンが自分のサイトに載せた、最初のリフレ論説を一読して、これぞ日本の問題を一掃できる革命的な衝撃の論文だと見抜いた……わけではまったくない。当時は経済理論の理解もそこそこでしかなかったこともあって、なんだこりゃ、と思っただけだった。つーか、インフレ起こせとか言ってるよ、それもインフレをずっと将来まで起こすようにしろとか言ってるよ、ワッハッハ、何これ、と思ったのが最初の感想だった。『クルーグマン教授の経済入門』で、インフレはそんなに悪くないと言いつつ、そんなにいいものでもない、という話になっていた。それを改めて起こせ、長期的に起こせというのはずいぶん変な主張だと思った。そして、最初にそれを訳そうと思ったのは、半分はなんかトンデモ論文っぽくてウケそうだという気がしたからだ。

が、訳しながらそのモデルをたどっていくと、なるほど筋は通っている。確かにこの想定だと、将来のインフレ期待が高くなれば、日本は不景気から脱出できる！

そして、それに対して出てきた各種反論のしょぼさと、それに対するクルーグマンの反応を読んで（訳して）いるうちに、これは一見したほどおかしな話ではないのがわかってきた。だからそれを、機会あるごとに広めるようにした。何もわかってない素人のくせに、というのは何度も言われたけれど、一方で本文中にも登場する、東北大学の黒木玄がこの議論に興味を示し、モデルについてもきちんと説明してくれて、さらに彼の掲示板の影響力を通じてシンパがたくさん登場したのは本当にありがたいことだった。そして、実は似たようなことを考えてた人が日本にもいたことがだんだんわかりつつも、実際の経済政策にそれが反映される可能性はなさそうだと思っていたら……。

その後の展開、そして一〇年近くたった段階でのぼくの評価についてまとめた各種文章をここには収録してある。そして日本だけでなく、特にリーマンショック／世界金融危機以降は世界が同じ状況に陥り、同じ話が世界に広がったのは、おもしろい一方で非常に苛立たしい、無念なことでもあった。もう少し日本がよいお手本になれたのではないか、とはいまでも思う。

ピケティ『21世紀の資本』は、まったく別の話だ。二〇一四年に邦訳がベストセラーになったとき、あれは英語版がアメリカでベストセラーになったのを見て、山形が欲の皮をつっぱらせてすかさず訳者としてしゃしゃり出たのだ、とツイッターで書いている人がいたが、全然ちがう。英語版なんかが出る以前からみすず書房はあの本の版権をおさえており、絶対売れるわけがないから、といって山形に声がかかったのだ。長いし専門的だし、ゆっくりやればいいよ、と言われていたのが、各国でベストセラーになったのを見て、急に二ヶ月で仕上げろと言われて、本当に死ぬかと思いましたよ。さらにそれも含めた翻訳の面倒について愚痴ったら、それを「ウォールストリート・ジャーナル」日本版が「訳者もこの本の悪口を言っている」というとんでもない偏向記事を書いて、それがピケティ側に伝わって、いろいろ面倒なことになったのだ。いまにして思えば、よくまあ間に合ったものだ。

あの本を訳したことで、「山形は経済成長万歳の格差容認論者だったのが、急に日和って格差否定に追随するようになった」みたいな悪口もいろいろ言われたのだけれど、まず別に訳したからその中身を支持しなくてはならないわけではない。それに、この本に関しては、格差を減らすべきだという基本的な問題意識について、特に異論はない。もともとぼくは開発援助屋で、最初からなるべく途上国を底上げして、先進国との格差をなくす方策を考えるのが仕事なのだ。『21世紀の資本』で、そうした国際的な格差にも目が向くようになったのは、大変にありがたいことではあった。

そしてこれを書いている現在、その続編とも言うべき『資本とイデオロギー』（『21世紀の資本』より長い！）の翻訳は、鋭意進行中ではある。前回のトラブルがあるので、翻訳についての苦労は、ここには書かない。ただし、その評価はかなり分かれている。少なくとも前著には及ばない。そこらへんの事情も含め、映画版『21世紀の資本』（コロナで公開が限定されてしまったのは本当に惜しかった）のＤＶＤブックレットによせた文章もあわせて収録しておく。

リフレーション政策の個人史と展望

初出：「atプラス」16号、2013年5月、太田出版

はじめに

二〇一三年春は、二〇年にわたり不景気が続いた日本の経済にとって大きな画期となった。その不景気最大の原因たるデフレに対し、ようやく実効性のある政策対応がうちだされつつあるのだ。もちろんこれは、通称アベノミクスに伴うリフレーション政策のことだ。しかもこれまでのかけ声だけのデフレ脱却ではない。いままでデフレを放置してきた主犯である日本銀行の首脳陣を刷新することで世界にその本気度を知らしめ、その首脳陣が明確なインフレ目標と実現手段をアナウンスすることで、人々の予想するインフレ率を確実に引き上げる――まさにセオリー通り、ごまかしではない正統ストロングスタイルのデフレ脱却だ。日銀総裁に元アジア開発銀行総裁だった黒田東彦、副総裁の一人にわが国のリフレ論第一人者である岩田規久男が就任。現実的に望める最高の布陣で、これでデフレ脱却への取り組みを疑う者はいないだろ

う。そして二年後に二パーセントのインフレを目指すという目標が明言された。

さらに、本稿執筆時点で状況はさらに進展した。先に日銀人事を「現実的に望める」最高の布陣と書いた。この時点では、岩田規久男は筋金入りのリフレ派だが、黒田総裁がどこまでこれまでの日銀体制に対して突っ張れるかについては多少の悲観論もあった。特に、これまで何度も日銀のごまかしを目にしてきた昔からのリフレ派は、この一〇年でかなり心が歪んでしまったこともあり、岩田規久男総裁が実現しなかったことに失望する声も大きかった。また、目標のアナウンスはさておき、それを実現する手段が腰砕けになるのでは、という見方もあった。しかし四月頭、最初の政策会合でそうした懸念は一掃された。世界的にも類のないほどの大規模金融緩和がいきなり発表され、しかもこれまでデフレ維持を支持してきた審議委員たちが突然旗色を変え、一斉にリフレ策支持にまわった。この動きは世界的にも絶賛されている。

一五年前からリフレの必要性の宣伝に努めてきた身としては、夢のようだとしか言いようがない。昨年夏に拙訳で出たクルーグマン『さっさと不況を終わらせろ』(早川書房)の訳者解説を読み返すと、日本でのまともな脱デフレ、脱不況策の実現については「はかない望み」と書いている。わずか半年前には、こんな事態になるとはまったく予想もしていなかった。

そして、これはぼく一人や、いわゆるリフレ派にとってだけの朗報ではないはずだ。リフレ派の主張が正しく、これが成功すれば、それは景気を回復させて日本全体にとっての朗報となる。そして世界第二位……ではないのか、いまは中国に抜かれて三位だっけ、それでも世界有数の経済が復活すれば、それは世界経済にとってもビッグニュースだ。いまアメリカ経済はやっとリーマンショックから立ち直ったばかりでヨロヨロだし、ヨーロッパ経済はユーロの惨状で足を引っ張る存在でしかない。一時がんばっていた中国も息切れ状態。だが日本の景気が回復すれば、世界各地の製品をもっと買うようになり、さらに資金も供給できる。うまく行けば停滞気味の世界経済を、泥沼から引っ張り出すことだってできるだろう。

さらにもしこれがうまくいけば、本誌の読者のみなさんにとってもまちがいなく朗報となる〔注：初出媒体の論壇誌「ａｔプラス」のこと。社会運動系の論説が多数掲載されていた〕。非正規労働の惨状に心を痛めたあなた。景気が回復すれば、その状況はある程度よくなるし、労働者側の交渉力も高まる。若年失業を心配するあなたも同じ。企業の倒産も減り、就職口は増えます。福祉の低下をお嘆きのあなた。景気が回復すれば税収も上がる。そうすればいまよりも福祉にお金はまわりやすくなる。生活保護バッシングや、在日韓国人の特権バッシングの異様さを懸念するみなさん。あれは限られたパイを取り合っているから起こる争いだ。名作『龍の子太郎』にもある通り、ヤマメが何百匹もいれば、ヤマメ三匹喰ったくらいで龍にされる必要はない。他人の特権に目くじらを立てることもなくなる。そして途上国の貧困を心配するあなた。インチキなフェアトレードに頼らなくても、途上国の産業の市場が広がれば生活水準向上の余地も大きく拡大する。

念のため言っておくと、こうした問題が金融政策だけでだまっていても解決する、と言っているんじゃない。ただ、解決のための余裕は増える。こちらの取り分を増やすのに、あちらの取り分を削る必要もなくなる。現実的な解決策が登場して施行される余地はずっと高まる。いままであれこれ提案してもなかなか採択されなかったアイデアを実際にやれる場面も増えてくるのだ。本誌のバックナンバーで議論されてきた各種の課題や提言は、これからその実効性が試される場面がたくさん出てくるはずだ。

本稿では、まずこのリフレをめぐる個人的な経緯を少し話そう。そしてこの説がこれまで受けてきた批判に少し触れる。その多くは、本誌に執筆するような人々からきたものだ。そうした批判は、このリフレ政策とともに通称アベノミクスを構成する他の要素とも関係しているので、それを少し考えよう。すでに述べた通り、リフレ的な金融緩和だけで万事解決とはいかないのだから。でも、ぼくは楽観的だ。問題がすべては解決しなくても、かなりの部分は改善されるはずだ。でも、そうなるとぼくはもう一つ影響があると思う。それは社会経済的にはまったくどうでもいいことだが、本誌的には問題となるはずだ。これまで多くの知識人は、反文明的、反経済的な物言いを弄することで糊口をしのいできた。そしていままでの不景気は彼らにとって、文明や資本主義の限界の露呈の証拠となっていた。本誌にもそうした論者が数多く執筆している。でもそれが変わり、多少なりとも成長が復活すれば、そうした物言いは支柱を失う。これをもう少し広い文脈で考えて見よう。

リフレ個人史

ぼくは自慢ではあるが、日本で最も早い時期にリフレ説を紹介した人間だと思う。とはいえ、しょせんは翻訳屋だ。岩田規久男や岡田靖のように、自力でこの理論にたどりついたわけではない。この理屈を初めて知ったのは、一九九八年にポール・クルーグマンがネット上でいきなり発表した論文「日本がはまった罠」〔注1〕を読んだときだった。

理屈としては実に単純明快。不景気になるというのは、みんながお金を使わなくなるということだ。その対策として、普通は中央銀行が金利を引き下げる。するとみんな、貯金をしても利子がつかないからさっさと使おうと思う。あるいは、借金をして設備投資をするのもやりやすくなる。あるいはお金をもっと刷って、みんなに配ってもいい。ところが、当時の日本のように実質的にゼロ金利だと、これ以上は金利を引き下げられない。お金を刷っても、みんな利子がつかないから銀行に預けることもせず、したがってそれが投資にもまわらない。通常の金融政策は効かない。いまだけの一時的な金融緩和（日銀がこれまでやってきたのはこれだ）は効果がないのだ。

でも、そこでできることがある。将来インフレになる、とみんなが思えばいい。手元にある現金や、無利子で銀行に預けてあるお金の価値が将来下がると思わせればいい。それは金利をゼロよりもっと引き下げるに等しい。すると、みんなお金を使うようになる。いままでタンス預金になって淀んでいたお金が、実際の取引に使われ、みんなの商売を活性化させ、景気はよくなる。

つまり、インフレ期待を生み出せばいい。そのためには、中央銀行が断固としてインフレにするぞと宣言し、これからお金を刷りまくるといって、それを実際にやってみせればいい。まさに今回、黒田日銀がやったことだ。

さて当時、ぼくはまだマクロ経済学などほとんど理解していなかったし、する気もなかった。当時の本業は不動産開発で、不動産はインフレと金利に大きく左右される。その意味でそうした指標には注目していた。でも、それがどんな形で決まるかは、仕事では理解する必要はない。外生変数、つまり勝手に外から降ってくるものとして受け取っておけばよかった。少なくとも実務面ではそうだ。

むろん知識としては、金利は中央銀行に左右されるものだ、ということは（『クルーグマン教授の経済入門』を読んで）知っていたし、ＩＳ－ＬＭ分析くらいは当時でも多少はわかった。だが一九七〇年代の高インフレ期を経験した身としては、やはり物価高はあんまりよくないものだというのが基本的な認識だ。『クルーグマン教授の経済入門』でも、インフレはそんなに実害はないのだ、と書かれていてたいへん意外ではあった。だがその本でも、実害はないとはいえ決してよいものではないというのが基本スタンスだ。アメリカのＦＲＢがインフレ三パーセントくらい（一九八〇年代当時）を容認しているのは、単にやる気がないからなのだ、というのが同書の主張だ。

それがこの論文では、インフレ——いやインフレ期待——は望ましいものになっている。変なの、と思ったし、また当時の英「エコノミスト」誌ですらトンデモ扱いしていたのを見ると世間的にもそう思われたようだった（たまりかねてクルーグマン自身が同誌投書欄に抗議文を載せていた）。が、最初は単なる興味本位で訳しはじめたものの、理屈としてはまったくおかしなところはない。その後クルーグマンが批判に答えた各種の文も訳すうちに、ぼくはこれが正しいと確信するようになった。それを確認すべく、マクロ経済学についても付け焼き刃で勉強を進めていったが、その考えをひっくり返すようなものはついぞ見つからなかった。また欧米からは、クルーグマン以外にもバーナンキやサミュエルソンなど、この見方を支持する経済学者の声は聞こえてきた。一方、国内ではリフレ政策に対する批判、嘲笑、罵倒は山ほどあって、四面楚歌状態。凋落著しい木村剛の各種著書などはその最悪のものだが、多少ましな小野善康&吉川洋編『経済政策の正しい考え方』（東洋経済新報社、一九九九年）でも、いまやリフレ派の大守護者の一人たる浜田宏一すらリフレ説を鼻でせせら笑っているのを見ると、本当に遠いところまできたと感慨深いものがある。

もちろん当時、ぼくの知らないところでは先に挙げた岩田規久男や岡田靖は一九九〇年代初頭からずっと金融緩和の必要性を強く訴え続けていた。また中原伸之も日銀審議委員として、いわば敵陣で孤軍奮闘していたのだった。また当時、主に貿易問題をめぐって展開されていた通俗エコノミスト&学者たちのインチキ経済学議論を糾弾する本を次々に出していた野口旭も、だんだんリフレ説に言及するようになっていった。確かリフレ派の大論客たる安達誠司が本業で書いた各種レポートなどがこっそりネットで出回りはじめたのもこの時期だったように記憶している。そしてクルーグマンによる主張の集大成的な「復活だぁっ！　日本の不況と流動性の罠の逆襲」〔注2〕をぼくが訳したのが二〇〇一年。同年、伊藤隆敏『インフレ・ターゲティング』（日本経済新聞社）も登場した。そしてこの翌年あたりから、怒濤のようにリフレ派の本が刊行されるようになった。先の野口旭や田中秀臣、若田部昌澄の『エコノミスト・ミシュラン』（太田出版）など各種の本、原田泰の各種著書、竹森俊平『経済論戦は甦る』（東洋経済新報社）、さらに大御所岩田規久男編『まずデフレをとめよ』（日本経済新聞社）、『昭和恐慌の研究』（東洋経済新報社）の各種論者など。当時、朝日新聞をはじめいくつかの雑誌で書評をやっていたので、こうした本の普及に多少は貢献したつもりではある。

一方でこの説は次第にネット掲示板で話題になりはじめた。東北大学の数学者黒木玄による掲示板〔注3〕は、別に経済学専門ではなかったが各種の議論の中でこれもしばしば話題にのぼり、まったくの経済学素人だった主の黒木玄が、あれよあれよという間に並の専門家などはるかに上回る実力を身につけ、その数学能力を縦横に発揮してリフレ議論の正しさを主張するようになったのは驚異だった。当時のネット掲示板はレベルが高く、えらい経済学者が上から目線でやってきてボコボコに叩かれ、逃げ出す光景もよく見られた。財務官僚だというbewaadのブログ（なぜか途中から急にリフレ政策を疑問視するようになってしまったのは本当に不思議だった）やリフレ派罵倒の常道だった「最新モデル使ってない！」に対し、そうしたモデルでもリフレ的含意は導けることを示してくれた矢野浩一。さらにそれが飛び火して、特にかの「2ちゃんねる」が一時不調だったときに経済関連の避難場所になっていた、「いちごびびえす」**〔注4〕**などでも話題になりはじめた。そこでは銅鑼衣紋（ドラえもん）なる人物が、しばしばこの議論に言及して擁護してくれるようになった。当時はそれが岡田靖だということも、それ以前に岡田靖の何たるかも知るよしもなかったが、日本でも支持者（それもかなり理論的にしっかりした人物なのは一見してわかった）がいるというのは心強かった。

その後、二〇〇〇年代後半に入って、小泉政権での竹中平蔵のブレーンとして暗躍した（ゆえに暗黒卿と呼ばれる）高橋洋一が、以前よりはるかにストレートなリフレ支持をうちだし、さらに理論的な裏付けや言論活動に加えて具体的な政治的働きかけまで含めた各種活動をはじめたのは大きかった。田中秀臣のネットその他での戦闘力も急激に上がったし、その一方でリフレ論争以外の経済学分野で啓蒙活動を広げてきた飯田泰之がほうぼうでリフレ策についても大きくとりあげるようになった。さらに、バーナンキがアメリカFRB議長となった上、リーマンショック後に英米の中央銀行が次々に大規模な金融緩和を展開したことで、それまで暴論扱いされていたこの政策が急に市民権を得ると同時に、それと比べたときの日本銀行の無策ぶりがますます多くの人の目に明らかになってきた。またネット上でクルーグマンをはじめ、リフレ関連を中心に多くの文献を勝手に翻訳する人々が続々登場し（「道草」なるサイト【注5】がその梁山泊だ）、内外論調のちがいが鮮明になって、マスコミ報道の異様な偏りや歪曲もだんだん明白となった。片岡剛士は『日本の「失われた20年」』（藤原書店）とそのベースとなった論文を皮切りに、リフレ理論と政策の集大成を展開、さらにジャーナリスティックな著作では上念司が日銀批判を前面にうちだした強い論調の著作を次々に刊行した。が……。

二〇一二年初頭の時点でも、それが実際の政策に影響を与えそうな様子はなかった。それどころか、東日本大震災復興を口実に消費税率引き上げまで決まってしまい、しかも主流メディアや学界の主要学者たちは一斉にそれに賛成するという惨状。景気が悪いときに増税し、緊縮財政を組むのがいかに愚行かは常識以前のはずなのに……もはや経済学のイロハすら期待できないのかとぼくはほとんど絶望しかけていた。

だが突然、どこからともなく（いや裏ではいろいろ工作があったのだろうが）安倍晋三が、アベノミクスを掲げて自民党総裁に復帰。そしてその後の動きは、冒頭に書いた通りだ。こういう書き方をすると、リフレ議論が着実に勢力を増して本丸（＝日本銀行）を陥落させたかのようだけれど、そんな印象はまったくない。むしろ『指輪物語／ロード・オブ・ザ・リング』ではないが、こっちでは一貫して多勢に無勢、討ち死に覚悟でオークどもにどかどか殴られているとき、いつの間にかホビットどもが向こうの山で魔の指輪を始末して、突如サウロンが消え失せて敵も味方も啞然、という感じだ。

そのホビット役がだれだったのか——アベノミクスのブレーンとされる浜田宏一だったのか、あるいはリフレ派支持の自民党議員である山本幸三だったのか、はたまた高橋洋一がそのお膳立てを行ったのか、それとも第一次安倍政権で生じた安倍自身の日銀不信が原因だったのか——それは外野のぼくには知るよしもない。ただ、ホビットたちがモルドールに潜入するにあたって他の連中の戦いが目くらまし程度でも意味は持っていたように、この一五年以上にわたるぼくを含む下々の多くの人々の活動も、今回の結果に何かしら貢献したと思いたい。

リフレ反対論

さて、これまでリフレ派は四面楚歌だったと述べたが、その反対論は大きく二種類に分けられる。

1　リフレ自体が不可能(つまりどうやってもインフレ期待は上がらない)、または可能でも景気回復につながらない、という実効性をめぐる議論。

2　リフレ政策より他の政策を重視すべきだという議論。

前者の検討をまともにやろうとすれば、細かい理論的な説明が必要となり、本稿では収まりきらないし、こうした本や論文はすでにたくさん出ている。

だがそれ以上に、こうした議論自体がもはやまったく無意味となった。アナウンスだけで市場の期待が変えられるかという疑問については、四月四日に新体制日銀の初会合でリフレ派の理論通りの政策がうちだされた瞬間に株価と為替相場が大きく動いたことで、ほぼ証明されたと言っていい。中央銀行が本気を見せ、本気を裏付ける目標とその実現方法を述べたら、市場参加者の期待は明らかに動いた。そしてそれに伴い、民主党時代に円高でつぶれた製造業も、年末以来続いてきた為替状況の恩恵で急激に受注が復活している。企業も政府の賃金引き上げ要請に対し、前向きに対応したところが多い。まだ具体的に何も政策が動いていない段階でこれだ。

もちろん今後、話が予想通りに進まない部分は出てくるかもしれない。それでも全体として景気は改善しそうだ。人口の高齢化や人口減の影響はあっさり蹴倒されたようだし、またインフレが制御不可能になってハイパーインフレとかいうことも起こりそうにない（つーか、そんな兆候が出てきたらそこでやめればいいだけの話だろうに）。これは今後、時間がたつにつれて裏付けも増え、それがさらに期待を確実にするというよいスパイラルができるだろう。

おもしろいのは、この二番目の、他の政策重視議論だ。これは通常、単独では出てこなかった。リフレはそもそもうまくいかない、という議論がひとしきりあったあとで、「だがうまくいったとしても……」という形で出てくるのが普通だった。

こうした議論とそれに対する反論についても、もうすでに世のリフレ関連文献に嫌というほど出ている。でもその中の代表格二つについては、ちょっと触れておきたい。たぶん立場としては正反対のものでありながら、そこには共通するものがあるからだ。

構造改革

この議論の筆頭は、構造改革議論だ。二〇〇二年から二〇〇三年頃、リフレ論者は、構造改革論者との熾烈な戦いを強いられた。当時、小泉純一郎首相の下で、不景気脱出策としては構造改革議論が我が世の春を謳歌しており、リフレなど論外というのが世間的な論調だったのだ。

この論争は全般に不毛ではあった。というのも構造改革論者のほとんどは、その改革すべきだという構造が何なのかをまるで明示しなかったからだ。自分の気にくわないものについて、あれはダメ、これはよくないと個別にだめ出しをする。その筆頭が郵政改革だった。でも、郵政改革をするだけで景気がよくなるとはだれも思わないだろう。景気回復の話をするなら、経済全体でどの程度の改革をすればどのくらいの回復が見込めるかを示してくれないと、政策としては意味を持たない。ところが構造改革には、そうした議論は皆無だった。

さらに、別に構造改革とリフレ的な金融政策は、相容れないわけではない。実行する主体は重ならないし、金融政策は日銀にやっていただき、構造改革も並行して進めればなんら問題はない。いやそれどころか、問題のある構造がわかっているなら、リフレで景気回復すれば改革のためのリソースも出しやすくなる。リストラされた人も、次の職を見つけやすい。だからリフレ主張の中で、構造改革するなと言った人はたぶんいない。ところが構造改革主張者は、リフレをしてはならない、という。その筆頭は、当時の小泉純一郎首相だ。彼は、二〇〇一年ジェノヴァ・サミットで以下のように発言している。

「改革なくして成長なし」と決めたのであるから、改革を後回しにして景気刺激策を取ることはできない。改革せず景気が先だと言って、景気が回復したら、改革する意欲がなくなってしまう。「改革なくして成長なし」ということは、過去の一〇年の日本のやり方で分かっているはずである。だから、ある程度の低成長は覚悟して、「改革なくして成長なし」という方針通り選挙後もやっていこうと思っている〔注6〕。

構造改革はよいことだと思っていた人ですら、これを読んでギョッとするのではないか。普通の考えは、構造改革をすれば経済の効率が改善する、というものだ。だから改革すれば成長が起きる、改革しないと成長は実現しないことになる。ところがこれを読むと、「改革なくして成長なし」というのは、そういう意味ではなかったことがわかる。改革を強制するために、あえて景気回復させない、と小泉は言っている。

これは他の構造改革論者でもそうだった。景気がよくなると、ダメなゾンビ企業が延命する、景気は悪いままにしておけば、優良な企業だけが残り、経済のぜい肉がそぎ落とされて筋肉質になる——これもよく聞かれた議論だった。それはリフレのような小手先の対策でなく、日本経済の根本を改善するものなのだ、と。

でも、実際に倒産しているのは、必ずしもダメな悪い企業ではなかった。銀行が融資を引き上げたために黒字倒産といった例はたくさんあった。またダメな企業がつぶれて、その穴を優秀な企業が力強く埋める、というものではない。穴自体がシュルシュルと縮小して消え、経済全体がどんどん縮小し、するとそれまで普通に経営できてきた企業が次々に経営難に陥る。そもそもよい企業とか悪い企業とかいうのが、デジタルにあるわけではない。一ドル九〇円でやっていける企業と、九一円までしか耐えられない企業に決定的な差があるわけではないのだから。九一円までの企業はゾンビで、九〇円の企業はそうでないというなら、その理由は説明する必要がある。が、そんな説明はついぞない。

さらにそぎ落とされているはずの「ぜい肉」というのは、実際には各種の企業であり、そこに雇われている人々だ。そぎ落としたら消えてなくなるような存在ではない。構造改革を口実に景気を回復させないことで、実はこの政策は目の前の人々の苦しみを無視するどころかそれをさらに悪化させ、人々を見殺しにするものだったと言える。

失業、雇用対策

さて小泉式の構造改革を含む二〇年にわたる景気回復の軽視により失業がたくさん生じ、また新卒ですら就職難の状況はご承知の通り。これに対してはもちろん失業者対策が必要だ。失業手当の充実も重要、再雇用のための職業訓練もあるだろう。またそれ以外にも失業者の生活を支えるための生活保護、教育面での措置などもいる。そうした負担が財政を圧迫する状況も現実化してきた。

これについて雇用や福祉の関係者や研究者からは、そうした状況を作り出している安易な構造改革議論に対する批判は出た。またその対策となる各種制度の拡充を求める声や各種の提言が行われた。もちろん、最も効果のある失業対策は、よい職をつくることだ。また各種福祉や失業対策のためにも税収が増える必要がある。だからこうした論者は一様に景気回復のためのリフレ策も支持するだろうと思うのが人情だろう。

でも、そうはならなかったのがきわめて不思議なところだ。むしろ古参の福祉や雇用研究者の多くは、リフレなどの景気対策は意味がない、というのだ。景気がよくなっても、どうせいずれまた不景気になったら元の木阿弥だ。だから、不景気なときにも失業者が困らないような仕組みを用意することこそが重要なのだ、という〔注7〕。景気回復だのリフレだのというのは、その本来やるべきことから目をそらしてしまう。だからこうした論者は、リフレ策支持を嫌がった。いやそれどころか、リフレ策に対する批判の大きな一派がこの人々だった。要するに失業はこれまでの社会に内在する本質的な矛盾や課題のあらわれであり、景気回復はむしろそれをうやむやにしてしまう、ということらしい。あるいは、リフレ派は景気回復で問題は解決すると主張することで、自分たちのやっている理想の失業対策や福祉政策の追求を否定しているのだ、と思ったらしい。

これはリフレ論者の多くにとって、目が点になるような議論だった。まず不景気がいつまでも続いて新規雇用がちっとも発生しなくても失業者がまったく困らずにやっていける制度なんていうものは、原理的にあり得ない。またここでもリフレ派がしつこく言い続けたのは、福祉や失業対策が必要ないということではない。失業対策、雇用対策するにもパイを広げて税収を増やす必要がある。また失業対策でも福祉でも、人々の自立は重視する。リフレを通じた景気回復は、そうした面をお手伝いできるんですよ、ということだったんだが……。

失業や福祉を重視する人々の多くは、小泉政権の規制緩和や構造改革をかなり強く批判していた。失業を増やして格差を増大させる、弱者切り捨てだと言って。だがおもしろいことに、そういう人々が実は、批判している小泉的な構造改革論者とまったく同じ状態になっていた。目の前にいる弱者や失業者の苦しみには目を向けていない。景気回復すればそもそも失業者にならずにすんだ人々、あるいは職につけるかもしれない人々を無視して、自分自身の考える（原理的に無理な）理想の福祉だののほうがなぜか重要だと考えている。これは、非常に不可解であるとともに悲しいことだった。

アベノミクス：その他の部分

さて現在、リフレ政策が採用されたからといってはしゃぐな、という声もある。これだけで問題がすべて解決されたわけではない、というわけだ。はい、その通りではある。景気がきちんと回復するまでにはまだかかる。ハードルもいくつかある。構造問題は残っているし、福祉も課題であれやこれや。ついでに言えば、ぼくはいまでもクルーグマンの当初の分析がいちばん理屈の上でもすっきりしていると思うので、インフレは二パーセントより上を目指したほうがいいと思う。四パーセントとか。

でも……リフレだけで世の中のあらゆる問題が解決するなどとは、最も楽天的なリフレ論者ですら口にしたことはないだろう。ただし、景気が回復して、経済全体のパイがある程度広がらないと、その他のどんな政策もまともに動きようがない。福祉の向上もインフラの整備や補修も、失業の改善も女性の地位向上も出生率改善も、何も実現できない。そして景気が回復するための最大のハードルは、インフレ期待を引き上げることができるかどうかだった。いままで数十年つまずき続けてきた第一のハードルが、とりあえずきれいにクリアされたということは、十分にはしゃぐに値することだとぼくは考える。

景気が回復すると決まったわけではないという人もいる。ぼくはこの点楽観的だ。理論の中でも不確実要素だった期待は明らかに変わった。その結果として、景気の先触れとなりがちな株価は上がっているし、また早速実体経済にも波及している。

それでもうまくいかなければ？　景気が回復しなければ？　むろんそうなれば、リフレは嘲笑され批判されることだろう。だがダメでもせいぜいが、デフレのままで不景気が続くにすぎない。いまと同じだ。そして、これでダメなら日本経済も世界経済も、はるかに大きな問題を抱えることになる。もはや不景気から脱出するための手がなくなったということだもの。リフレ派がいいとか悪いとかいうどころではなくなっているはずなのだ。

ではアベノミクスの他の面は？　三本の矢と称される代物のうち、第二の矢である国土強靭化というのが具体的にどんなものかはまだよくわからない。ただ積極的な財政支出をするのは、それ自体として悪いことではない。日本は現在まだ不景気で、需要が足りない。それを財政支出で補うのはまったくのセオリー通りだ。ゼロ金利の流動性の罠のときでも、初歩的なＩＳ－ＬＭモデルが教えてくれるのは、大規模な金融緩和と大規模な財政出動の合わせ技こそが特効薬だということだ。

リフレ派の一部、たとえば田中秀臣や飯田泰之は、この財政出動が公共事業、特に建設事業の形をとることについては懐疑的だ。あまり波及効果がないのだそうだ。だがその彼らでも、それ以外の財政出動については反対していない。補助金、各種手当の増額、減税など、できることはたくさんある。また、日本のインフラの改修点検が必要なのはだれの目にも明らかだろう。そうしたものに公共事業が向くなら、それは大変結構。東日本大震災の被害を見て、何やら地域密着の自給自足生活がいいと思ってしまった人も多いのは不思議だが、ぼくはむしろ、しっかりしたインフラの重要性が明らかになったと考えている。ライフラインが確保され、物資補給がしやすいようなインフラがないと、救援活動もできないし、またその後の産業復興や生活復帰も困難だ。むろん、こちらは時間がかかるから、何を優先するかは考えるべきだろう。が、ぼく自身は最悪単なるばらまきでも、ないよりずっとましだと考えている。

そして第三の矢である成長戦略。構造改革論者の残党は、この成長戦略こそが最も重要だ、というようなことを言いたがる。が、ぼくはこれ、アベノミクスの中で最もどうでもいい部分だと思っている。というのも……成長戦略なんて、わかりはしないからだ。お役所の産業政策育成がことごとく失敗しているのは常識だ。もっと規制緩和でイノベーションを、といった議論も聞かれる。でも、その主張の妥当性は結局、どこのどんな規制を問題にしているのかにもよるだろう。できることがあるならやってほしいが、実際問題として、これまでの延長以上のことができるとも思わない。むろん、知的財産に関わる各種規制を撤廃してコピー天国にします、といったすごい規制緩和があれば話は別だ。でも大したことないのに妙に取りざたされるＴＰＰにしても、そんな大胆なことにはならないのは見えている。

するると、ぼくからすればアベノミクスの他の部分は、そんなに大きな懸念ではない。財政支出をある程度やってくれれば、リフレ政策の効果がひっくり返るとは思えない。唯一不安要因があるとすれば、消費税率の引き上げで景気が悪影響を受けることくらいだ。こっちも今後検討が進んで先送りにでもなればと願ってはいる。が、それでリフレ政策の効果が決定的につぶれることは、たぶんないんじゃないか〔注8〕。

リフレ派の戦い＝反成長論との戦い

ではこれからどうなるだろうか？

基本的に今後、景気は回復に向かうだろう。当然ながら、あらゆる部分が理想的な展開をとげることなどあり得ない。それでも、全体としては成長する。それだけでも過去二〇年の惨状からすれば大成果だ。それをどう分配するかは、また別の政策的な課題だ。

そしてその中で社会や生活の各側面も改善が見られるだろう。冒頭に述べた通り、それは就職の問題、福祉の問題、近隣諸国との関係の問題など、すべてに及ぶ。その細かい改善の方向性は、個別の政策できちんと対応すべきこととなる。でも、その個別政策が活動する余地は確実に広がる。いま・将来にあまり期待が持てず、公務員志望に縮こまっている若者たちにも、もっと希望を抱く余地が出てくるはずだ。

そしてその過程で、ぼくは経済成長というのが実はとてもありがたいものなのだ、という認識が改めて出てきてくれればと思う。構造改革論者も、福祉雇用論者も、リフレ派を批判する過程で、そもそも成長は望ましくない、それは人々や企業を堕落させたり、社会の矛盾を覆い隠したりする小手先のものだという立場をとりがちだった。そしてそうした論調が強いからこそ、これまできちんとした景気対策がとられないという自己成就的な悪循環が続いていた。そうした物言いがインチキだったというのが、少し見えてくるんじゃないか。

リフレ派は、特にここ数年は日本銀行を日本経済の最大の問題点として論を張ってきたと思う。だがそれに加えて、もう一つ大きな敵があったとぼくは思っている。それは反経済成長論というやつだ。この二〇年にわたる日本の不景気のおかげで、もはや経済成長の時代は終わった、日本は今後成長余地がない、資本主義は終焉を迎える、といった物言いがもっともらしさを持っていた。そしてそうした議論が、さらには構造改革論や雇用福祉論からのリフレ批判と相乗効果を持ち、もっともらしさをさらに強めていた。

たぶん、かつて高度成長時代には、そうした反成長、反資本主義、反文明的な物言いにもそれなりの意義はあったんだろう。それは経済成長の中で多少その矛盾や歪みを指摘する効果があった。そしてそれは、高度成長期の中で人々の幸福や福祉に貢献したことだろう。

だが、低成長、いや不景気の時代においてはそうした物言いの役割は変わる。それは人々の幸福や福祉には貢献せず、むしろ現状の人々の不幸を正当化し悪化させる方に貢献してきた。多くの知識人は、環境が変わった中で自分の発言が果たす機能を考えることなく、一九六〇年代と同じことを繰り返していれば知識人ヅラができると考えている。それは、本誌に書いている論者の多くにも言えることだ。だが、これまでの低成長の中で、だんだんその浅はかさは見透かされてきたのではないか。そして成長がある程度軌道にのって、その影響が多くの人に実感されるようになると、その浅はかさはますますあらわになる。己のイデオロギーや文明的な偏見のために人々の短期的な繁栄と生活を犠牲にする議論を平気で行っていた人々として。本質に拘泥し、小手先の——だが実効性のある——主張を軽視した人々として。

むろん、いずれ経済成長がもっと続いてくれれば、またそれがもたらす歪みを指摘するような反成長の言説はそれなりに意味を持つ場面も出てくるだろう。そしてそれが実現する頃にはもはやリフレ議論は当然のものとなり、改めて「リフレ派」などというグループを想定することもなくなっているはずだ。だがそのときにも、ぼくはときに思い出してほしいとは思う。まったくの逆風の中、つまらない本質議論やイデオロギーにとらわれることなく、本当に人々を豊かにして生活を楽にするような小手先の対策を必死で訴えた連中がいたことを。あなたはそいつらが気にくわないかもしれない。でも、たぶんそんな人でも、多少はその恩恵をこうむることになるのだから——目論見通りいけば、ね。

注1　https://cruel.org/krugman/japtrapj.html　またクルーグマン『クルーグマン教授の経済入門』にも収録。
注2　https://cruel.org/krugman/krugback.pdf　またクルーグマン他『クルーグマン教授の〈ニッポン〉経済入門』に

も収録。

注3 黒木のなんでも掲示板（http://www.math.tohoku.ac.jp/~kuroki/index-j.html#bbs）。経済関連の議論だけを抽出したものがhttp://www.math.tohoku.ac.jp/~kuroki/Readings/leapinthedark.htmlにある（注：現在では掲示板の内容は共にリンク切れ）。また当時、稲葉振一郎による掲示板や山形浩生ファンによる掲示板も、この議論に大きな役割を果たした。

注4 いちごびびえす（http://www.ichigobbs.org/）（注：現在はリンク切れ）

注5 道草（http://econdays.net/）

注6 首相官邸サイト「小泉総理の演説・記者会見等」より「ジェノヴァ・サミット：内外記者会見（平成一三年七月二二日）」（http://www.kantei.go.jp/jp/koizumispeech/2001/genova/press.html）

注7 たとえば稲葉振一郎ブログでの議論をまとめた以下のページにおける、本田由紀の発言（2005/11/18 22:51）を参照（http://d.hatena.ne.jp/shinichiroinaba/comment/20051111/p1）。

注8 なお、アベノミクスの見通しなどについて、執筆時点の最高のまとめは片岡剛士『アベノミクスのゆくえ　現在・過去・未来の視点から考える』（光文社新書、二〇一三年）である。真面目に興味がある向きはこちらを参照のこと。

経済ジャーナリズム：二〇一四年への展望

初出：未掲載（「Journalism」2014年1月号、朝日新聞出版、ボツ原稿）

経済ジャーナリズムと言っても、幅は広い。そして世の中で経済ジャーナリズムだと思われているものの大半について、日本はそんなに問題がある状態ではないだろう。もちろん仕事柄、比較の対象となっているメディアが発展途上国ばかりで、利権と党派まみれの新聞だったり大本営発表だけのテレビだったりという偏りはあって、それと比べればネコでも立派に見える。ついでに、ドコモがiPhoneを扱うというネタが今年やっと実現するまでに、何回飛ばし記事を読まされたかを考えてみると、日本もそんなに威張れるわけではない面もある。

しかしおそらく、事実を伝えるだけの報道は今後、重要性を失う。特にネットの進展でそうした部分は他の手段で伝達される比率が増える。そして、速報性についてネットの情報流通と張り合おうとすることで、歪んだ誤報や憶測も増える。さらにそちらに注力することで、その他の部分——特に政策などのきちんとした分析や評価——があまりきちんと発達していかないのではないか。二〇一三年の重要な経済政策の大きな変化に対する報道を見て、個人的にはその点が痛感された。

二〇一三年経済ジャーナリズムへの不満

アベノミクス／インフレ目標報道

二〇一三年の日本における――そして同時に世界における――重要な経済面での展開は大きく二つあった。一つはアベノミクスが本格始動し、黒田日銀によるインフレ目標政策が明示的に示されたこと。そして第二には、日本の消費税の税率引き上げが決まったことだ。そしてこのいずれについての報道も、日本の経済ジャーナリズム（必ずしも日本に限った話ではないかもしれない）の欠点を露骨に示していた、とぼくは考えている。

まずアベノミクスと黒田日銀のインフレ目標政策だ。これは二〇年にわたり不景気が続いた日本の経済にとって大きな画期となった。その不景気最大の原因たるデフレに対し、ようやく実効性のある政策対応がうちだされたからだ。しかもこれまでのかけ声だけのデフレ脱却ではない。いままでデフレを放置してきた主犯である日本銀行の首脳陣を刷新することで世界にその本気度を知らしめ、その首脳陣が明確なインフレ目標と実現手段をアナウンスすることで、人々の予想するインフレ率を確実に引き上げる――まさにセオリー通り、ごまかしではない正統ストロングスタイルのデフレ脱却／リフレ策だ。

二〇一二年末にもとアジア開発銀行総裁だった黒田東彦、副総裁の一人にわが国のリフレ論第一人者である岩田規久男の就任が決定。現実的に望める最高の布陣で、これでデフレ脱却への強い取り組みが行われることはほぼ確実となった。この時点で、将来への期待に敏感に反応する株価や円も確実に変動を見せた。

その後、その日銀人事が実際に発表されて確定。とは言ってもこの時点では、岩田規久男は筋金入りのリフレ論者だが、黒田総裁がどこまでこれまでの日銀体制に対して突っ張れるかについては多少の悲観論もあった。特に、これまで何度も日銀のごまかしを目にしてきた昔からリフレ支持派の一部は、この一〇年でかなり心が歪んでしまったこともあり、不安の声もあった。岩田規久男総裁が実現しなかったことに失望する声も大きかったし、また目標のアナウンスはさておき、それを実現する手段が腰砕けになるのでは、という見方もあった。

しかし四月頭、最初の政策会合でそうした懸念は一層された。二年で二パーセントのインフレ実現。そのためにはなんでもする！　この大規模金融緩和がいきなり発表され、しかもこれまでデフレ維持を支持してきた審議委員たちが突然態度を変え、一斉にリフレ策支持にまわった。この動きは世界的にも絶賛されている。

が……これについてのジャーナリズムは、きわめて情けないものだった。

基本的に、インフレ目標政策そのものは世界各地で実施されているものだ。そしてデフレを阻止するためにそうした目標を設定するのも、アメリカＦＲＢのバーナンキをはじめ特に目新しいことではない。デフレ下での実行例が少ないのは、デフレが最近になるまでめずらしかったからというだけにすぎないし、さらに理論的な裏付けは十分にある。

しかしながら、報道のほとんどは「異次元緩和」を連呼して、この黒田日銀の新政策が異常なものであるというイメージ操作をはかるものだった。そしてそれは、意図的にやられていたものであることもわかる。それを示すのが本誌〔注：雑誌「Journalism」のこと〕二〇一三年五月号の「アベノミクスと経済報道」特集での、経済誌編集長の座談会だった。以下にそれを抜粋しよう。

・横田恵美（「週刊エコノミスト」）：金融緩和だけではデフレ脱却はとても無理だし、劇薬ではないかと考えて企画しています。

・長谷川隆（「週刊東洋経済」）：「アベノミクス」という政策がやや異端で冒険的だというのは、経済学者はもちろん政策当局も自覚していますから、雑誌で取り上げるならやはり批判的なトーンになります。

・小栗正嗣（「週刊ダイヤモンド」）：そもそも白川日銀時代の「インフレ目標政策は是か非か」「デフレは貨幣的現象か」といった議論は10年以上前にも交わされていました。その蒸し返しです。日銀はかつては（インフレ率についての政策目標を）物価安定の「理解」と表現し、その後「目途」と変え、今年一月に「目標」という言葉を採用するように追い込まれたわけですが、その間の経緯はあまりに不毛でした。実質的にはかねてフレキシブル・インフレターゲット政策を採っていたわけですから。なんでこうなっちゃったのかと。

かつての日本銀行の政策下におけるインフレ率の推移を見れば、フレキシブルどころかそれがいかにがっちり強固な柔軟性のないものだったかは明らかだと思うのだが……〔注：ここはぁとで認識不足を指摘された。一応、ある程度はインフレを許容するような方針もあったとのこと〕。

もちろん、人はそれなりに思い込みもあれば立場もある。だがすでに述べた通り、世界的に見ればリフレ政策はそんなに異端でもなければ冒険的でもない。それまでの日本銀行や財務省の政策に比べれば大きな緩和だというだけだ。これらの発言を見ると、こうした経済誌の編集担当者はそれをきちんと勉強していない。この時点で、リフレ政策の理論的な裏付けや他国の情勢等に関する解説書は山ほど出ていた。だがそれについて、こうした経済誌の関係者はまったく見ていない。

リフレ政策の成否について慎重な立場を取るだけならわかる。だがその後も多くの経済誌は、一方ではここにあるように金融緩和ではデフレ脱却は無理、期待は動かせないと言いつつ、一方ではハイパーインフレがやってくる、国債暴落等々、現実的な裏付けのまったくないほとんどトンデモと言っていい主張を報道し続けていた。この両者はもちろんまったく正反対で矛盾

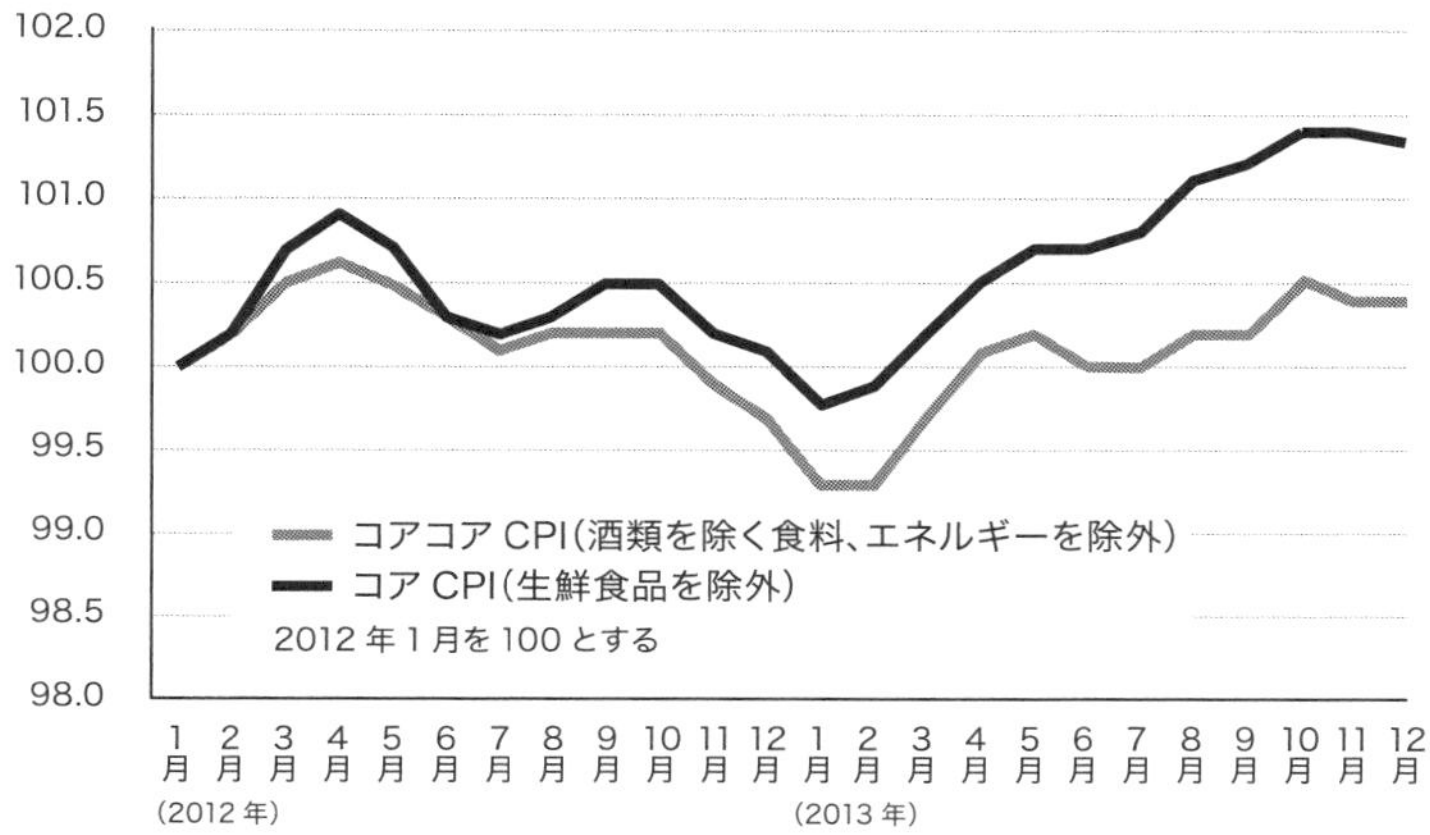

図：日銀緩和とインフレ率　出典：総務省統計局

するものだが、その整合性すら考えられていない。

さらにその後、アベノミクスはそこそこ成功しているようだ。株価や為替レートはもちろん副作用にすぎない。だが二〇一三年一〇月の実績では、年頭に比べてコアCPIは一・五パーセントほどの上昇。これを見て、これは単にエネルギー価格の上昇にすぎないとか騒ぐアルファブロガーもいたが、エネルギーの影響を抜いたコアコアCPIでも〇・八パーセントほどの上昇と、大幅なプラス。デフレ脱却は着実に進んでいる。黒田日銀のリフレ政策はだんだん効いていることはまちがいない。

また事前に騒がれていたことも何も起きていない。ハイパーインフレにもなっておらず、日本の信認がどうしたとか、当時言われていたあらゆることが起きていない。なぜそれが起きていないのか？　邪説でリスキーで危険いっぱいだったはずの政策がなぜまるでそうしたリスクの兆候を見せていないのか？　そうした検討は、こうした媒体ではまったく見られていない。それどころか、一時的にちょっと株価が下がったら、アベノミクス終焉だとか失敗だとかはやしたてる一方。

さてメディアに一貫性だの過去の反省だのを求めるほうがまちがっていることくらいは知っている。かつて「週刊朝日」は露骨な民主党よいしょを展開し、たとえば手元にある二〇〇九年九月一八日号では、民主党政権が実現したら、株価アップだの減税だの生活改善だのと、バラ色の妄想じみたプロパガンダを並べ立てている。もちろんどれ一つとしてまったく実現していないし、それに対して「週刊朝日」は一切の弁明をしていないはず。

この号はいまだにネットでは物笑いの種になっている。そしてぼくは、こうした無責任さのほうがジャーナリズムの信用を下げているし、橋下の一件〔注：二〇一二年、「週刊朝日」誌上に掲載された佐野眞一・「週刊朝日」取材班による橋下徹に関する連載記事をめぐって起こった騒動のこと〕よりはるかに「週刊朝日」——そしてジャーナリズム一般——の信用を落としていると思う。雑誌として大した検証もなしに、だれかに聞いた一方的な話を垂れ流しているだけで、しかもそれがものすごい党派性を持つことについてもまったく無頓着——ジャーナリズムが完全に中立とは思っていないにしても、多少はそれに配慮した様子があってしかるべきではないの？　それがないなら、単なる提灯担ぎとどこがちがうの？

消費税率引き上げ報道の異常

そしてそれが露骨に出たのは、二〇一三年の経済ニュースとしてもう一つ大きな話題だった、消費税の税率引き上げだった。

もちろんご記憶だと思うが、二〇一四年四月からの税率引き上げを実施するかは、これは景気の状況に応じて安倍首相が判断することになっていた。さて、これは結構頭の痛い問題ではあった。増税はもちろん、一時的には駆け込み需要を作りつつも長期的には景気にマイナスに作用する。これは教科書通りだ。だからこれが、せっかく黒田日銀のリフレ政策で回復しかけた景気の腰折れを招く恐れは十分にある。

が……反対論も、消費税が引き上げられたら絶対に景気が悪くなるとまでは断言できなかった。予想外にリフレ策の効果が見られたこともあるし、強気でいけるかもしれない。ただ、まだインフレ目標の効果がはっきり出ていない段階で、きわめてリスクが高いというだけだ。

また一部の論者は、これまでのリフレ策がうまくいっているんだから、消費税で悪影響が出てもさらに緩和策をやればいい、とも言っていた。これまた理屈としてはあり得る。

そしてまったくトンデモな意見だとは思うが、税率引き上げで財政立て直ししないと日本の信認が云々という、インフレ目標政策でもお目にかかった議論がまたも蒸し返された。個人的にはあまり説得力はないと思うし、実際に債券市場はそんな兆候を一切見せていないし、また財政赤字は経済成長引き下げにつながるという議論の根拠だったラインハート&ロゴフ論文のまちがいが示されたことでその議論はほとんど根拠レスになってはいる。が、まあそういう見解もあるにはある。

ということで、様々な立場があり、様々な考え方があり、そのどれもきわめて不確定要素が多いものばかり。それを整理して、それぞれの考え方の根拠と弱い点を示しつつ世間的な議論に貢献する——そうしたジャーナリズムの役割は十分にあるはずだった。

だが……このときの経済報道は異様だった。実際のアナウンスが行われる一〇月頭のはるか前から、首相は増税を決めた、という報道があちこちのメディアで見られた。そして官房長官がそれを否定し、まだ決まっていないと明言したあとも、引き上げが既定路線であるかのような印象操作がずっと行われていた。

ぼくは引き上げに反対だったので、もちろんこれが大きな問題だったと思う。そしてこれについて特に何か立場を持っているわけではない日本報道検証機構ですら、その異様さを指摘している。これについては同機構代表・楊井人文による「消費税増税報道を斬る(上)——安倍首相『決断』をめぐる異様な報道」の分析がきわめて参考になる。

「決断」は早晩、国民の前に明らかにされることだった。各メディアがすべきことは、競って首相の心の中を読み取ることではなかったはずだ。この目下最大の政策テーマにつ

いて、「決断」が下されるギリギリまで、様々な観点で徹底的に分析し、分かりやすく論点を整理し、論者に議論を戦わせ、国民や政治家に有益な判断材料を提供し、自社の旗幟を鮮明にすること。10月上旬までにいろいろな観点で、紙面をにぎわせ、人々の「政策」に対する関心を高めることができたはずだ【注1】。

ぼくがここに付け加えることはあまりない。ただ一つ、なぜこんな報道が飛びかったのかという点について、楊井は基本的に新聞の手柄競争のように見ている。だがぼくは、これが勝手な憶測だとは思ってない。日本の経済記事においては、日銀会合や各種委員会の結論――絶対に内部関係者しか知りようがないこと――が事前にリークされるのはきわめてよくあることだ。それはおおむね、ある方向に雰囲気を誘導したい関係者からのリークだ。今回の消費税報道は、その色が特に濃かった。報道すべての断言ぶり、官房長官が否定したあとまで執拗に続いた憶測報道。それは単発的な勇み足ではあり得ない。消費増税を既定のものとしてしまいたい人々が、継続的にそうしたリークを行っていたのだろう。

そしてもちろん、ジャーナリズム側はそのリークをそのまま流したわけだ。その筋からの情報だということで（消費増税をめぐるメディア企業の思惑もあったという説もあるが、それについては触れない）。

二〇一三年経済ジャーナリズムの問題

さて、リーク情報をもとに報道を行うこと自体は別にいけないことではない。しかしながらそれは、情報源と報道とのなれ合いをもたらす原因でもある。イラク戦争時代、当時のブッシュ政権の経済政策を「ニューヨーク・タイムズ」のコラムで批判し続けたポール・クルーグマンはその問題を指摘している。当時、主要メディアの多くは政府の提灯持ちとなっていた。もちろんそこには当時の社会の雰囲気もある。特に9・11以後にはブッシュ政権批判は御法度となり、体制批判はすべて非愛国的な国賊発言とされることも多かった。だがそれだけではないとクルーグマンは指摘している。いちはやくリークをもらい、それを流すことが報道だと思うようになれば、その情報源とは仲良くするにこしたことはない。リークをもらえなければ死活問題になってしまうからだ。

自分はそうした「内輪」にいなかった、とクルーグマンは述べる。だから公開情報の分析だけで議論を展開した。そしてそれだからこそ、他の人にはできなかった批判（そのほとんどは、あとから見れば実に的確だった）ができたのだ、と。

日本の経済ジャーナリズムは、それができていなかった。冒頭で、日本の経済ジャーナリズムは、事実を伝える点ではそこそこ及第点ではないかと述べた。だがそれしかできないことで、それは有用な機能をまったく果たせなくなった。消費増税が一日早くわかったところで、ほとんどの読者は何ができるわけでもない。新聞やメディアが、それが決まったと先走った発表をしたところで、新商品の発表やら企業業績やらとちがってほとんど意味はない。だが日本の経済ジャーナリズムは、その無意味なことに血道をあげ、熟慮の時間をなくし、ある特定利害の要望に合わせて世間の雰囲気を誘導しようとした。それを後先考えずにやってしまうのが、現在の経済ジャーナリズムの限界ではある。

二〇一四年のトピックスと予想報道

さて二〇一四年に経済方面で予定されている大きなイベントといえば、いままでの話の続きで何よりも、四月の日本の消費税率引き上げだろうとぼくは考える。駆け込み需要が一区切りつき、景気は一時的に下がるのはほぼ確実だ。問題はそのあと、持ち直せるかどうか、ということだ。そしてそれによってその先の税率一〇パーセントへの引き上げについても沙汰が決まってしまう。

いま、日本の景気はもはや日本だけの話ではない。今年でもそうだが、世界的にアメリカもヨーロッパも中国も、世界の景気を牽引できるような状態ではまったくない。ここで日本が少しでも景気回復すれば、世界経済の中で唯一すがれる存在となる。一方、それが挫折すれば、世界経済の先行きにも関わってくる。

したがってここでの報道においては、税率引き上げの効果、継続するインフレ目標政策の効果といったものをきちんと仕分けして、何が効いて何が効いていないかを明確に伝えることが必要だろう。もちろん、その評価についていろいろな見方がある。それらを選り分けて人々に評価の材料を与えることこそが経済ジャーナリズムの役割となるはずだ。そうすることで、その後の税率引き上げの是非について社会としての判断が容易になる。

が……もちろんいまの経済ジャーナリズムがそんなことをしてくれるなどと、ぼくはいささかも期待していない。既存の経済ジャーナリズムにおいては、そのリーク先との癒着は問題どころか、むしろ利権だからだ。それが容易に解消されるはずもない。そして、そこから何が出てくるかは、いまから容易に想像がつくことだ。

可能性としては二つある。まず、消費増税があってもインフレ目標による景気回復がなんとか持ちこたえ、ゆるやかなインフレ増大が続く場合。それでも、一時的な景気減速は避けられないだろうが、それが長期化せずにすむ場合。そしてもう一つは、消費増税が本当に景気停滞を引き起こしてしまう場合だ。が、いずれの場合も、たぶん経済ジャーナリズムは似たようなものになるはずだ。

いずれの場合も、消費税引き上げに伴う景気の減速はすべて、アベノミクスやインフレ目標政策の失敗だと言われるだろう。アベノミクスがそれなりの成功を見せたことについて、以前に批判的な論調を展開してきたメディアはまったくほっかむりをしていると述べた。そのメディアは別になんら立場を変えたわけではない。それどころか、個人的なレベルではリフレ派に恥をかかされたと愚痴っている人もいると聞く。そういう人々は、自分のルサンチマンをむきだしにして、ここぞとばかりインフレ目標政策叩きを展開することだろう。

そしてそこでは、消費税率アップによる景気低下の影響についてはあまり触れられないはずだ。むしろ、消費税を引き上げたからこそ景気低下がこの程度ですんだ、無責任なインフレ目標策で失われた日本経済への信認が多少なりとも補われた、といった論調の記事が乱舞することだろう。

さらに二〇一三年に少し景気が回復したことによる税収増が、まるで消費税引き上げのおかげであるかのような報道が行われるはずだ。そしてそれらを合わせて、やっぱ一〇パーセント引き上げはやむを得ない、必須だ、といった論調が出回ることになる。もちろん、今回と同じく実際の決定よりはるか前から、決まった決まったという憶測報道がとびかうことになる。

そしてもし消費税率引き上げが本当に景気の停滞につながった場合には、黒田日銀へ圧力が増すだろう。それが追加緩和の要求になればまだいい。下手をすれば、それがインフレ目標政策の失敗だとされて、かつてのデフレ政策のほうがよかったという議論さえ蒸し返されかねない。たぶん、それで黒田日銀が政策変更に及ぶことはないだろうが、なんらかの妥協を余儀なくされる可能性はある。それが悪い方向に向かったら、日本経済は取り返しのつかないことになりかねない。

経済ジャーナリズムの将来課題

もちろん、こんな事態にならないことをぼくは期待している。が、二〇一三年（そしてそれ以前）の実績を見たとき、他の可能性がぼくには思いつかない。

そうならないためには……経済ジャーナリズムなるものの相当部分は変わらなくてはならないだろう。分析力、批判力を高めねばならない。といってもそれは、全然大したものを要求しているわけではないのだ。理論的には、IS－LMくらいわかれば十分すぎるくらい。ごく基礎的な教科書程度の話でかまわない。増税して景気がよくなるなんて話が異常だということがわかれば十分。

もちろん、世の中教科書通りではないこともある。でも、教科書からはずれるにはよほどの条件がいる。それは何なのか？　専門家に話をきくときも、そのくらいのつっこみはしてほしい。なぜそうなるのか？　なぜ以前にそれは行われていないのか？

そして特にこうした政策面の報道では、速報なんかにあまり意味はない。一日早い憶測記事よりも、きちんとしたソースをもとにした記事を作ってほしい。それはもちろん、情報源との関係を変えるということにもなる。でもそれはメディアにとってもいいことであるはずだ。リーク情報に基づく変なニュースは、そのリーク源に利用されているだけで（役所の人々はそれを明言する）、それを記事にしたところでそのメディアにとってはあまりいいこともない。これが企業情報だとか新製品情報ならば話はちがうかもしれない。すっぱ抜きをやれば、売上増につながるかもしれない。でもこうした政策はそうではない。決まっていない状態を長引かせてあれこれ議論させたほうが、メディアの需要も高まるはずなのだ。

ちなみに、「朝日新聞」は「ハフィントンポスト」と提携してブログ記事のまとめを行っている。でもぼくは、むしろ今後ジャーナリズムは全般に、いまやっている速報や事実紹介のようなものこそネットに任せればいいと思っている。たとえば技術系ブログのEngadgetなどは、非常にうまくニュースを集約している。経済ニュースでも、速報見出しはそうしたまとめサイトに集約させ、彼らにはアフィリエイトかなにかの広告収入で稼いでもらって、既存ジャーナリズムはむしろ分析や考察、もっと深い検討に紙面を割くようなやり方があるんじゃないだろうか。

そしてメディアは、自分たちにもっと深い知見があるのだということをアピールできるほうがいいんじゃないか。イギリスの「エコノミスト」誌は、経済雑誌としても立派だし、またその知見を使った専門向けのシンクタンク的なエコノミクス・インテリジェンス・ユニットが出している分析や見通しがある。両者が完全にくっついているわけではないけれど、誌面に出ているよりも深い分析や考察があることが、メディアとしての信用にもつながっているし、そしてそれが背後のシンクタンクに顧客を集める役割を果たしている。日本の経済ジャーナリズムも、そうしたやり方を考えてもいいんじゃないか。そしてこうした形でなくても、経済ジャーナリストも必ずしもリーク情報横流しをしているだけではなく、優秀な人も多い。その知見をもっと活用できるような仕組みを作ったほうがいいんじゃないかと思うんだが。だが、これはずっと先の課題となるだろう。

注1 http://bylines.news.yahoo.co.jp/yanaihitofumi/20130925-00028333/

コメント

これはもともと、朝日新聞社の雑誌「Journalism」から、二〇一四年の経済ジャーナリズムについて書いてくれという依頼を受けて執筆したものだった。そして、ゲラ校まで行い、あとは発行を待つだけとなっていた。

ところが、いきなり編集長判断でボツ、とのこと。

そしてその後、実際の雑誌が出たのを見たところ……とにかく全編、なんでもいいから安倍政権批判をしなくてはいけない、という至上命令が下った模様だった。そこに掲載されたあらゆる論考は、軍靴の音だ、秘密保護法でやりたいほうだい、政権の私物化だ云々。全部そんな記事ばっかり。え、二〇一四年のジャーナリズムのあり方についての特集じゃなかったんですか――ジャーナリズムは秘密保護法に反対しなくてはならない、よってジャーナリズムは安倍政権に反対すべき、ヘイトスピーチがおそろしい、よってジャーナリズムは安倍政権に反対すべき、ジャーナリズムは今後、世論を形成する主導権を握らねばならない――そんなのばかり。そうした上から目線で、自分が世論を主導するとかいう態度がいまのジャーナリズム不信を招いている面もあるんだけれど、そういうのは無視。

そして、経済ジャーナリズムのところでぼくの原稿のかわりに出ていたのは、かの紫ばあさんこと浜矩子でした。アベノミクスはとにかく悪い、そしてそれが評価されたのは、マスコミがアベノミクスなんていう造語をもてはやしたのが悪い、だから自分はそれをアホノミクスと呼ぶのだそうな。いやはや。

ぼくは当然、自分の書いたもののほうがまともだと思っているんだけれど、「朝日新聞」(まあ一雑誌の特集が全社を代表しているとは言えないだろうけれど、ぼくは今回についてはその色が強いと思う)および「Journalism」は、浜の支離滅裂な煽りのほうがいいと思ったわけだ。まさにいまの経済ジャーナリズムがダメなのはそこで、自分のイデオロギーに合えば経済学的な内容すらまるで考えずに載せてしまうというところなんだけれど。その意味では、自ら現状の問題点を体現してみせたあっぱれな雑誌……ではどう考えてもないな。

その後、この号では他にも、最後の最後でいきなり編集長判断で切られた原稿があったことが判明している。ジャーナリズムについて書けという以上、ある程度の矛先が自分たちに向けられたりすることはあるだろう。自分たちには見えない部分もあるから外部の人に依頼した以上、自分たちの見解とはちがうことも書かれるだろう。それを容認できないこと自体、ジャーナリズムとしては問題のような気もする。

そしてその後、経済ジャーナリズムは、消費税が上がっても景気には影響しないという論説をやたらに載せつつ、自分たちだけには軽減税率を適用してもらうという媚薬を嗅がされて、完全な御用メディアと化していったとぼくは思う。そして、その軽減税が彼らの部数低迷を少しでも喰い止めたとは思えない。魂を売った甲斐はあったんだろうか?

ピケティ理論とアベノミクスはマッチする

初出：「Voice」２０１５年１月号、ＰＨＰ研究所

この記事が出る頃にはそろそろ店頭にも並んでいるはずだけれど、この七月くらいからしゃかりきに翻訳していたトマ・ピケティの大著『21世紀の資本』邦訳が完成した。この本、英訳版でも六〇〇ページ超、邦訳は七〇〇ページ超にもなる代物なのに、アメリカではベストセラー入りしてしまい、本国フランスをはじめ他の国でも、かなり話題になった。

すでに日本でも、この本については雑誌が特集を組んだりして、内容についてはご存じの方も多いだろうが、少し復習を。この本は、世界での格差の推移を、主に過去数百年にわたり実証的に検討したものだ。一八世紀、一九世紀、それ以前の世界では、資産からの所得が圧倒的に大きく、働いた労働所得は圧倒的に小さかった。おかげで、資産持ちは特権階級となり、その他大勢は貧乏人だった。

それが産業革命と両大戦や大恐慌による資産破壊とインフレにより変わった。労働者の所得がだんだん増える一方で、資産そのものが消え、またインフレにより価値が大幅に目減りした。

これにより、資産持ちは一気に消えた。そして資本からの所得より労働による所得が大幅に増え、歴史上初めて、財産を相続するより自分で真面目に働いたほうがいい生活ができる世界がやってきた。そしてこれに伴い所得格差も、資本の格差も大きく下がった。これが二〇世紀半ばの世界だった。

現代経済学が台頭してきたのもこの頃だった。このため、経済学者はこの時期だけを見て、こうした格差解消が自然に起きたものであり、自由放任すれば自然に格差は解消されるのではないか、と思うようになった。でもピケティが示したのは、これが決して自然ではないということだった。戦争や大恐慌という大きな偶然があり、格差をなくそうという意図的な政策介入があった。だからこそ格差は消えたというわけ。

そしていま、当時のそうした累進課税や資産課税が、新自由主義的な方針により次々と消えている。すると、格差はてきめんに復活している。資本はまた一部の大資産家に集中し、そして所得格差も拡大しつつある。するとどうなるのか？

ピケティは、ここで歴史からある不等式を導き出す。r＞g。資本の収益率（r=return）は、常に経済成長率（g=growth）より高い、というものだ。つまり資本保有者は、経済の平均よりも高い収益を得る。資本を持たない人の収益は、経済の平均より低く、社会的地位向上も望めないのだ。特にいま、経済成長率（g）が下がり、この不等式の影響が大きくなっている。こんな世界になったら、人の出自は関係なく、正直な労働が報われるという現代民主社会の価値観が揺らいでしまう、とピケティは警告している。

この本が特にアメリカで話題を呼んだのは、アメリカがまさに格差の問題に悩んでいるからだ。二〇一二年ウォール街占拠運動も、「われわれは99％だ」がスローガン。まさに一パーセントの大金持ちに所得が集中している現状への批判として生じた。そしてそれに対し、そもそもそんな格差などないという人から、格差はあるけれど正当な能力に対する報酬だからひがむな、といった多くの反論が行われてきた。でも、本書は実際に格差拡大が生じていることを説得的に示し、それについて明解な理論を打ち立てている。

さて、日本でも格差議論はだんだん盛り上がっている。本書が出て、この重要な問題に対しての議論が日本でも盛り上がることを是非期待したいところ（そうなれば本も売れるし）。でも山形個人として、日本に対してピケティ本から得られる示唆はどんなものと考えているかを書いておこう。

まずは経済成長率を上げねば。いまの日本ではこれはデフレ解消と同義だ。これでまず分配のパイができ、資本所得の一人勝ちがなくなる。そしてピケティの（かなり劣るとはいえ）次善の策であるインフレ率の長期的な引き上げを実現すること。それをもとに、きちんと再分配策（日本では特に若年層対策）を考えること。

こう考えると、実はいまの安倍政権による経済政策は、ピケティ的な処方箋にある程度マッチしているのでは？　インフレ目標政策は、インフレを引き上げると同時に経済成長を高めるはず。貧困者にきつい逆累進的な消費税などもってのほかで、その一〇パーセント引き上げを阻止したのは大手柄〔注：本稿執筆の二〇一四年末時点のこと〕。ピケティ理論がアベノミクス批判になるという期待があちこちにあるようだけれど、これは本当だろうか？　みなさんも、年末にこの分厚い本を読みながら（そして選挙に行く前に）これを考えてほしいなと思うのだ。

『21世紀の資本』のパワー

初出：「Voice」２０１５年3月号、ＰＨＰ研究所

みなさんの意欲には応えてくれる

ピケティ『21世紀の資本』は決してむずかしい本ではない。分厚いだけだ。主張は明解だし、欧米の分厚い基礎文献の常として、基本的なところもていねいに説明する。それをまどろっこしく感じる人もいるかもしれない。訳しながらちょっとゲンナリしたのは事実だ。

それでも読者のみなさんは、訳者とはちがって知っている部分はとばせばいい。必要なのは、まずこの本に取り組もうとする意欲。それだけだと思う。そして、特に第一部のハードルを越えれば決してつまらない本ではない。みなさんの意欲には十分に応えてくれるはずだ。

むろんそんな手間をかけずとも、本書の内容については、すでに多くの雑誌記事やアンチョコ本はおろか、ＮＨＫで放送中のピケティ自身の白熱講義でも解説が行われている。そして本書はこけおどしの難解さで無内容な意味不明さをごまかすような哲学書ではない。基本的な話

は、r＞g。資本（これは不動産、株、事業用の資産や設備、債権など、バランスシートの資産に挙がるものすべて）の収益率（r）は、経済成長率（g）を上回るのが普通、ということだ。トレンドを見ると、rはだいたい四～五パーセントくらい、gはかつては一パーセントもなかったのが、産業革命後はぐんぐん上昇して二〇世紀半ばには四パーセント近くに達したけれど、最近は下がってきて、今世紀後半は一・五パーセントくらいかもしれない。つまり両者には三パーセント程度の開きがある。

r＞gだとどうなるのか？　こういう状態が続くと、資本のほうが経済全体よりも急速に拡大しかねない。経済成長と同じくらいしか増えない労働所得に対し、資本からの不労所得がどんどん大きくなり、格差が高まる。しかもその資本が世襲されれば、その格差は拡大する一方となる。これを避けるためには、資本からの収益を税金で下げることが必要となる。両者の差は年率三パーセントほどだから、資本に数パーセントの税金をかければ格差増大の力が相殺される！

本書を簡単にまとめるとこういう議論となる。これは邦訳書の帯にすら書いてあることだ。そして多くの人は、それだけ読んで何か本書がわかったような気になる。「そんなの知ってたよ、大したことないね」「そんなのマルクス様が一五〇年前に言ってるよ」とうそぶく人もツイッターなどでたくさん見かける。

でもそれでは、この本がなぜ騒がれているのか、つまりは本書の価値は理解できない。余談ながら、本書の知見の一つは、過去一五〇年というのはまさに資本の力が拡大せず、マルクスの予言があてはまらなかった歴史的に希有な時期だったということだ。したがって、「知ってた」とか「マルクスがすでに言っている」と言って本書をくさす人々は、自分が実態を何も見ていなかったということを告白しているに等しいと思う。

実証の力

その一方で「そんな税金かけたら資本家が意欲なくす、景気が停滞する、イノベーションが萎縮する」というきわめて皮相的なだれでも思いつく話をしたり顔で述べる批判者もたくさん見かける。本書はもちろん、そんな議論が出てくることは予想している。そして、きっちり打ち返している。つまり——データを見ると税金が高かった二〇世紀半ばは、経済成長も高く、投資意欲も高く、イノベーションも旺盛だったみたいですよ、ちょっとした税金がそんなに重要だと言えますか、というもの。こうしたデータに対して、まともにデータを挙げて反証できた論者はいまのところいない。

この本のえらさはまず、過去数百年の課税台帳をほじくり返すところからはじめて、いまの話を実証的に示したことだ。現代の経済学の相当部分は、二〇世紀前半に確立した。だからその理論の相当部分は当時のデータをもとにしている。

だから当時の学者は、それなりに根拠を持って理論を打ち立て……その後、だれもそれを検証しなかった。ピケティは、それを改めて見直した。そして、実際のデータがこうした理論の前提とは一致していないことを説得力ある形で示した。こうした経済学の基盤の見直しこそ、本書の大きな意義だ。

一方、同じ経済学でもファイナンス理論の世界では、r＞gはむしろ常識に属する話で、この分野の人々はいまの騒ぎに首をかしげている。ある意味で、これは経済学の中で隠れていた分断を明らかにした面もある。

言うなれば、本書の力は何よりも実証の力だ。理論がどうあれ、データはこうなっています、と言えるところに本書のパワーがある。だからこそ、本書は従来の「格差は拡大している／いやしていない」「格差は不当だ／いや実力とITによる当然の結果だ」という最近の格差議論に多かった水掛け論や印象論を抑えて、今後の議論の基礎となるだけの力を持ち得ている。

そして、それがある意味では本書の弱さではある。この本は「なぜ」という疑問に必ずしも答えてはくれない。なぜ二一世紀の経済成長率は一・五パーセントになるのか？　わからない。トレンドを見るとそうなっているからだ。なぜr＞gでrが四〜五パーセントを保つのか？　いろいろ仮説は出ているけれど、結局は「いろいろあるだろう」という話になる。

その意味で、多くの紹介記事などで、この本が格差拡大のメカニズムを明らかにした、などと書いてあるのは明らかに勇み足だ。むしろ、今後のそうしたメカニズム解明のための基盤を作ったのが手柄ではないか。

さらに、格差が開いてなぜ悪いのかという点についても、その弊害を実証するところまでは来ていない。格差拡大は現在の社会を成立させている価値観に反するし、民主主義の基盤も弱める、という指摘はある。それは事実だろう。そして格差が開くと社会不安が起き、革命や動乱が起きることも多い。でもいまの日米欧の社会がその水準まで来ているのか？　これはわからない。だから、ピケティは文学作品などの引用を通じて、少し情緒的な議論を展開するけれど、それを説得力あるものと思うかどうかは読者次第。

とは言うものの、「ジニ係数がXXを超えたら暴動が起きます」などという明確な一線などあるわけがないので、格差の害を実証していないと言って本書を責めるのは酷だろう。ちなみに、まともな記事ではこの点を補うため、「格差が大きい国は経済成長が低いし経済停滞から抜け出しにくい」というIMF（国際通貨基金）による二〇一四年の実証研究などをあわせて持ち出してくる。これまた、単に相関を見ただけで、格差と経済成長のどっちがどっちを引き起こしているのかという因果関係を出すには至っていないので、本当は裏付けとして少し弱い。が、ないよりはましだろう。格差が開きすぎるのは問題だとは言えるし、経済成長が低いとそれが貧困拡大にもつながるのは確かではある。じゃあその対策とは？　そして現代日本への示唆は？　特にアベノミクスへの示唆は何が得られるだろう？

この部分は多くの混乱が生じていると思う。この本がアベノミクスを否定していると断言する論者もいれば、いやアベノミクス肯定だという論者もいる。なぜ、こういう正反対の議論が出てくるんだろうか。それは、本書が分厚いのであちこちつまみ食いしやすく、論者の多くが本書をきちんと読んでいないからだ。そしてまた、著者自身の議論の仕方もそれに拍車をかけている面がある。

提案はグローバル累進資本税だけではない

ピケティの一押しは、さっき説明したグローバル累進資本税だ。でも、本書で挙がっている格差縮小の手段は他にもある。以下の六つだ。

・経済成長
・技術の普及と技能向上（つまりは教育）
・インフレ
・累進所得税
・相続税
・その他の移転（社会保障など）

でも、多くの人はグローバル累進資本税しか提案されていないと思っている。アンチョコ本や紹介記事の説明でもそれしか出てこない。なぜだろう？　それはピケティが、自分のアイデアであるグローバル累進資本税の旗を振るため、他のものについては効き目を認めつつも、いかに欠点がいろいろあるかを同時に並べ立てるからだ。おかげで読者は、そうした他の方策に効き目がないかのような印象を受けてしまう。

たとえば経済成長。r＞gが問題なんだから、gつまり経済成長が高まればその分両者の差は縮まり、格差をもたらす力は下がる。ところがピケティは、第二章まるまるかけて、長期的に見ればいかに経済成長が起こりにくいかを語る。だから、今後経済成長は起こらないといった成長否定論者がピケティをやたらに引き合いに出す。でも、ピケティですら一・五パーセントの成長率はありそうだと認めている。人口減少のおかげで、確かに日本経済は不利な状態ではある。その一方で、過去二〇年のデフレ不況による産出ギャップがあるから、それを埋めることで高めの経済成長は実現できるはずだ。

インフレも、それが特にヨーロッパで戦後に格差縮小に大いに貢献したことを述べる一方で、トップの金持ち層は逃げ道を見つけるし、あれやこれやと欠点を並べる。多くの人はこれを読んで、ピケティはインフレがダメだと言っているように思ってしまい、インフレ目標政策をそれで批判したりする。

累進所得税も、戦後の格差縮小に大いに貢献した。では、所得税の累進性をまた高めれば格差縮小には役立つはずだ。資本の世襲がよくないというんだから、相続税でも対応できる。日本だって相続税をもっと上げて、捕捉率も高め、各種の抜け穴をなくせばいい。でもそれぞれ、なぜかつまらない理由から本書ではつれない扱いを受ける。

結局、あらゆる方策はグローバル累進資本税にははるかに劣るので、これをやるしかないんだよ、とピケティは言っているようにみんな思ってしまう。

でも実際によく読んでみると、ピケティはこうしたものにある程度の格差縮小の効力を十分に認めている。ピケティの共同研究者で、格差論では先輩格とも言えるイギリスのアトキンソンも、本書からは累進資本税以外にもいろんな格差低減の処方箋（先に挙げたようなもの）が得られることを述べた論文を書いているほど。

ある意味でこれは本書のちょっとまずいところだ。多くの論者は、自分の主張に合うように、それぞれについて肯定的な部分や否定的な部分だけ取り出して本書を利用する。これにより、本書を使うとなんでも言えてしまうことになる。実は本書の人気の一端は、こうした融通無碍な使われ方を許容してしまうことにあるとも言える。もっとよく読んでもらえれば、とは思う一方で、邦訳で七〇〇ページ超の本をよく読むということ自体が物理的に困難だというのはよくわかるのだけれど。

優れた分析はその著者を超える

そしてそこからもう一つ言えること。ピケティは、本書でどうもベストを狙うあまり、次善、三善の策を否定してしまうというちょっと感心しないことをするし、また各種のインタビューでの発言を見ても、そうした傾向がしばしばうかがえる。そして本書での各種提言（特に第四部のユーロ関連）を見ると、決してその政策的提言に政治的なセンスがあるわけではない。むしろ、実現性を無視して筋論で押し通すナイーブさが本書の魅力にもなっている。その意味で、本書が売れたからといって、ピケティ本人の各種発言をそのまま金科玉条のごとく鵜呑みにしてはいけない。優れた分析は、その著者を超える。ピケティのインタビューなどでの発言ではなく、本や論文の分析から何が出てくるかをよく見ないと、本書の価値を十分に享受できなくなってしまう。

そもそも、対策として累進資本税一本しか挙げないこと自体が、いささかセンスに欠ける面がある。格差は多面的な現象だ、とピケティは述べている。それなのに本書のピケティは、r＞gに到達したら、あとはそれに直接作用する資本課税だけを掲げて他をディスるという、きわめて一面的な対策しか挙げない。多面的な問題に対処するには、多種多様な政策メニューを挙げてその組み合わせをはかるのが筋でしょうに。ついでに言うと、本書ではその累進資本税からの上がりをどう使うべきか、という話は一切ない。資本に税金さえかければ、それで格差はすべて解消……そんなはずはない、とだれしも思うはずだけれど、本書ではまさにそれが提案されている。

さらにユーロ圏の問題。それまで「人口増大」「数十年単位の経済成長動向」「所得税の累進性」といった実に大きな枠組みで話をしていた『21世紀の資本』は、第四部に入ってやたらに細かいEUの各種施策をつつきはじめる。ここに挙がっているほとんどの施策は、特に日本の読者にとってはさほど興味あるものではないし、その論じ方にしても自分の資本税実現にとっての是非しか論じられず、格差低減にとってそれが最重要課題なのか、という視点がまったくなくなってしまう。そしてあげくに、ユーロ危機で分裂寸前のEUに対し、もっと統合を進めて財政も予算編成も統合すればいいんだ、というすごい提案をする。ユーロ設立時の多幸症じみた雰囲気の中ですら、こんな提案は受け入れられなかっただろうし、ましていま、たとえばギリシャがそれに納得してくれるとはとても思えないんだけど……。

アベノミクスを否定するものではない

さて、ここから本書がアベノミクスに与える示唆を考えよう。ピケティは各種インタビューで、アベノミクスを評価し、消費税引き上げを批判するようなことを言っているかと思えば、金融緩和はダメと言い、もっと税金を分捕って財政再建すべき、といった発言もしている。どう見ても多くのインタビューでは、発言がかなり編集されていて紙面やウェブに出てくるピケティの発言をそのまま鵜呑みにできそうにない。したがって、きちんと本に即した話をしよう。で、ぼくは本書はアベノミクスを否定するものではないと思う。まず、第一の矢である金融政策、つまり黒田日銀の異次元金融緩和は、デフレを脱してインフレ（とインフレ期待）を生み出し、経済成長を実現させるためのものだ。経済成長とインフレは、さっきの格差対策にも挙がっていた方策だ。つまりアベノミクスは、ピケティの処方箋に反するものでは決してない。本書では、確かに今後経済成長率は下がる、という指摘が行われている。が、二一世紀後半でも一・五パーセントくらいの実質成長はありそうだとも述べる。決して、いまの日本のようなマイナス成長に甘んじるべきだ、などという主張はしていないことには注意しよう。

ピケティは本書でもインタビューでも、金融緩和への過度の依存を批判する。でも金融政策がまったく効かないとは言っていないし、また手段はともかく、成長とインフレという目標については異論はないはずだ。むろん、累進資本税のほうがいかによいか、という話はするだろう。が、世の中完璧でなければダメというわけではない。

では、安倍政権の経済政策が完璧か？　そんなことはない。細かく見れば、不満は大きい。弱者にとって不利な政策もたくさんある。再分配策は弱い。特に消費税率引き上げは、いまにして思えばどうしようもない悪手だった。これは逆進性がきわめて高く、格差拡大の権化だ。でもその第二弾引き上げを止めてくれたのは適切な判断だろう。相続税もちょっと上がった。

すると、大きな部分では安倍政権の経済政策は、ピケティの処方箋をそれなりに含んでいると言える。細かい政策への批判だけで、その全体を否定するのは偏った議論だと思う。個人的には、いまの日本でやるならもっと若年層を支援するような再分配策をたくさん実施するべきだとは思う。教育の拡充、育児支援、若年層の就職支援、奨学金の一部（できれば全額）返済免除等々。生活保護もけちくさいこと言わずに、もっと出そう。どうせ大した金額じゃないのだ。これは底辺を引き上げ、技能移転を促進し、出生率も上げ、将来のgの向上につながる。が、それは個別の政策として推進する話であって、だからアベノミクスがいいとか悪いとかいう十把一絡げの乱暴な話にしてはいけないのは当然だろう。

貧困ではなく格差の話

でも、という人もいるだろう。この本は、トリクルダウン（金持ちから貧乏人への富の流れ）を否定したのではないのか？　だからアベノミクスの目論見がそもそもまちがっていることを示したのではないのか？

これは答えにくい質問だ。多くの人はトリクルダウンという言葉をかなりあいまいなイメージでしか使っていない。そしてこの本には、実はトリクルダウンという言葉は一回も出てこない。なんらかの形で金持ちから貧乏人へのお金の流れはあるだろう。その意味ではトリクルダウンは起きる。問題は、あくまでその規模だ。そして、それを論じるためにはもっと細かい議論が必須となる。が、いまの日本で非正規労働に過酷な条件を強いていた一部企業が現在苦労しているのは、底辺層にも景気回復の恩恵があったしるしである。

これはもう一つ、本書の議論でしばしば混同されている点とも通じる。本書は格差の話であり、貧困の話ではない。格差の底辺層が必ずしも貧乏ではない。経済成長がある程度実現すれば、てっぺんと比べれば格差は大きいけれど、でも底辺層もそれなりに豊か、という事態もあり得る。これまた本書をめぐり「格差ってそんなに問題なんですか」という議論で頻出するポイントではある。格差があっても底辺が貧窮してなきゃいいじゃん――そう思うかどうかは、本当に人それぞれだ。これまた、今後社会として議論が必要なポイントとなる。

本書はきわめて大きな話を、きわめて大くくりに数十年、数世紀単位で議論した本ではある。それをお手軽な目先の一年単位の政策談義に使うには、多少の警戒が必要ではある。安易なつまみ食いからは生産的な議論は出てこないだろう。一方、すでに本書の内容をめぐり、内外で有益な議論が否定、肯定を問わず登場している。現代の資本は過去と同じか？　成長と資本の関係とは？　本稿を読んで、読者のみなさんのうち一人でも多くが実際に本書を手に取り、その議論に加わるとともに有益な示唆を得てくれればと願いたいところだ。

ピケティをめぐる経済学論争

初出：「週刊ダイヤモンド」2015年2月14日号、ダイヤモンド社

『21世紀の資本』は、日本も含めまったく予想外の世界的なベストセラーとなった。しかもこれは、決して軽佻浮薄で無内容な流行物ではない。いい加減なビジネス書とは一線を画する。真面目な経済学者が長年にわたるしっかりした分析をもとに、その成果を明快に述べた本だ。その分析と提言にだれよりも注目しているのは、本業の学者たちだったりする。

もちろん、その反応は肯定的なものばかりではない。特に今回の本は、経済学の一部で前提とされていた想定にかなりの疑問を突き付けている。話題作だから、それなりに反応も大きい。いくつかすぐに思いつく疑問点もあり、経済学者もそれ以外の人も、あちこちのメディアで肯定否定のコメントをたくさん出している。

当初は印象論的なものが大半だったが、英語版が出て半年たち、ようやく中身と裏付けのある反論、批判が出てくるようになった。そしてそれに対する反駁も開始され、本書をめぐり深い論争が生じてきた感がある。

本稿では、そうした中身のあるものを中心に、本書をめぐる論争を紹介しよう。もちろん、すべてはいまだに継続中だ。批判や反論が出たからといって、ピケティの研究の重要性や意義が否定されたということではない。むしろそれは、ピケティの議論の重要性がいかに受け入れられているかを如実に示すものなのだ。

格差拡大は本当か：r>gは当然という素朴な問い

『21世紀の資本』で示されている最も大きな主張は、様々な国で所得格差（および資産格差）が拡大している、というものだった。

世界の格差について最も関心が高い人々は、世界銀行をはじめとする開発援助関係者だ。そして、この世界で常識とされている話がある。世界のそれぞれの国の中では格差は開いている。でも、世界全体で見ると格差は縮小している、というもの。一見常識に反するように思える。でも、ここ数十年で、インドと中国というきわめて人口の多い国が急速に所得を上げてきた。これにより、世界全体で見ると実は格差が縮まっているのはまちがいない事実なのだ。

これを指摘した人の代表格は、かつてIMFチーフエコノミストも務めたケネス・ロゴフだった。が、他にもたくさんいる。

実はこれに対してピケティは、本の中ですでにコメントしている。こうした世界的な格差の縮小は、途上国が先進国に追い付こうとする高度成長により実現されている。でも、追い付いてしまったらどこも経済成長は停滞し、いずれは各国内の格差拡大だけが効いてくるのだ、というのがその議論だ。

これに説得力を感じるかは、その人の立場次第だろう。ただ、それぞれの国内の格差と世界全体の格差は、しばしば混同され誤解されて不毛な議論につながりかねない。格差問題を論じるにあたり、この両者の区別は最低限でもおさえておかねばならない。

もう一つ、格差の有無に関しては英「フィナンシャル・タイムズ」紙が本書英語版刊行直後に出した反論がある。ピケティの出したデータ処理について様々な疑問を呈し、独自のデータで特に米英の格差は開いていないと論じたものだった。

でも、その内容の多くはすでにピケティ自身が詳細に反論し、ほぼ否定されている。いまでもピケティ批判に持ち出されることがあるので、経緯は知っておくべきだが、反論としての内容に見るべきものはない。

そして『21世紀の資本』といえばこれ、というくらい有名になったr＞gの式がある。資本収益率は経済成長率より大きい！　だから、資本を持っている人の方が、普通に働いて稼いでいる人より所得を増やしやすい。これが持てる者と持たざる者の格差拡大の原動力なのだ、というのが非常に単純化した本書の主張だ。

既存の経済学の一部成長理論は、二〇世紀前半のデータに基づいてr＝gだと想定していた。

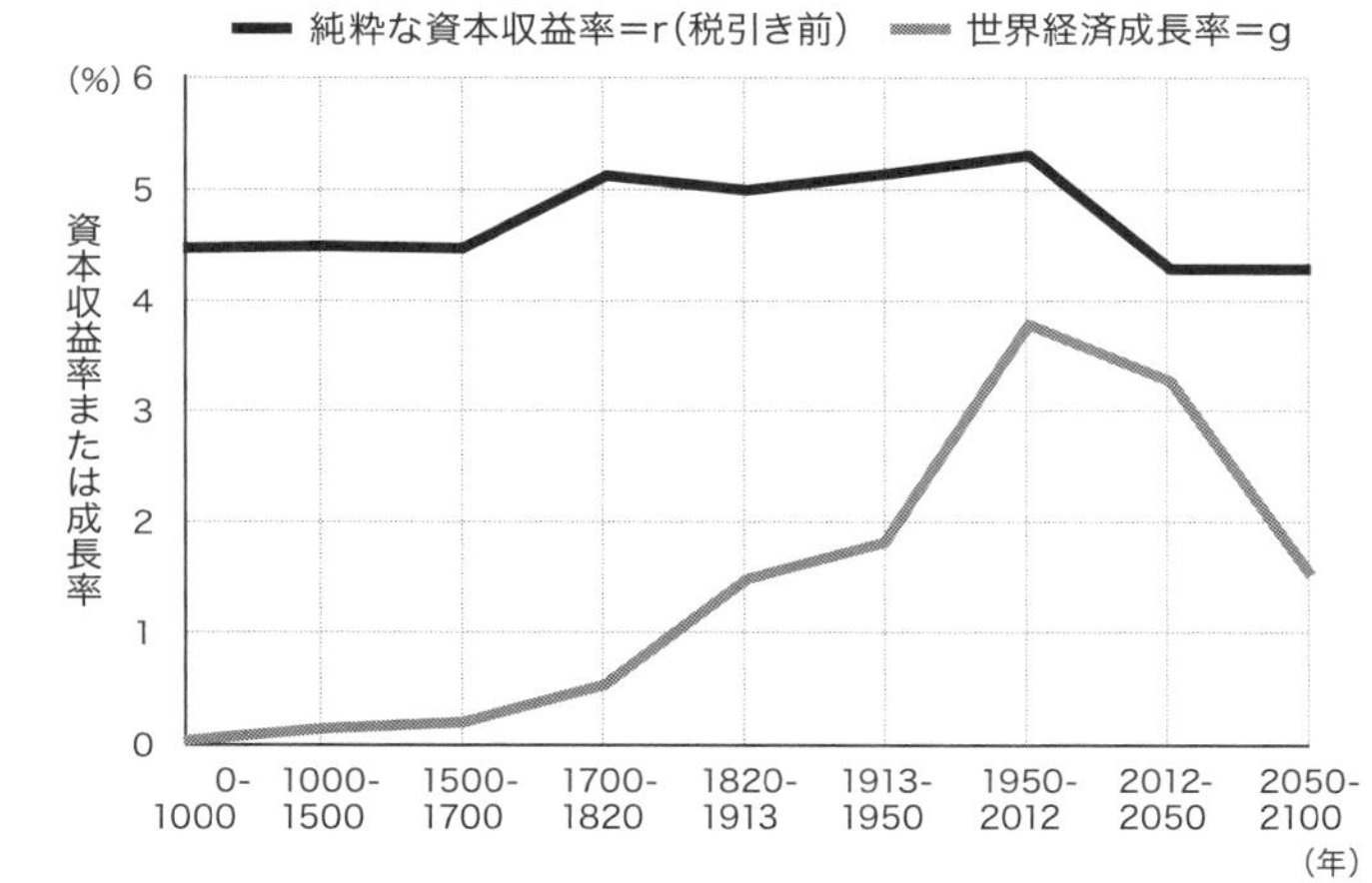

図：世界的な資本収益率と経済成長率の比較　出典：http://piketty.pse.ens.fr/capital21c

でも上の図にある通り、実際に数百年分（いや数千年！）を見てみると、話がちがうよというのが本書の大きなポイントとされる。

　でもこれを見た瞬間、特にファイナンス系の人々は――学者も実務家も――首をかしげた。

　資本の収益って投資だから、リスクを背負っていった結果だ。リスクを負うなら、その分儲かる見通しがないとだれもやばい投資に手を出さない。だからrが高いのはリスクプレミアムにすぎないのでは？　そもそもr＞gでないと、資産価値の決定式が成り立ちませんぜ？

　そして、既存経済学からも反論が出てきた。現時点の集大成が、二〇一五年正月に開催された米国経済学会の総会における、ピケティをめぐる討論会だった。そしてその座長を務めたグレゴリー・マンキューがその場で発表した論文は、議論をおもしろくするために意図的に挑発的なつっこみを満載した、非常に興味深いものであった。その題名からして、意地が悪い。「r＞gって、その通りですがそれが何か？」

このセッションの議論をいくつか紹介しよう。まずマンキューは、いずれr＝gになるにしても、それまではr＞gが続くのは既存の経済学の枠組みでもごく当然だと述べる。それは本当にそんなにすごい発見なのか？

そしてマンキューは、これが本当に格差拡大をもたらすかについても疑問視する。ピケティの主張だと、格差拡大は資本の増大から生じる。そのためには、資本の所有者はrの一部を貯蓄・再投資しなければならない。でもその貯蓄を増やすと消費する分が減る。現在と未来の消費を最大化するよう効率的に貯蓄すると、格差は拡大せずにある一定水準で安定する。マンキューはこれをシンプルなモデルで示した。するとr＞gが格差を生むと言えるのか？

同じセッションでピケティは、マンキューの批判をおおむね認めた上で、r＞gが格差に作用するメカニズムはもう少し複雑だと述べている。また、モデルはどうあれ現実にデータで格差拡大が示されているのはピケティの強みだ。でも一方で、格差の生まれるメカニズムについてはまだまだ議論の余地があるようだ。

人的資本の扱いと住宅比率の大きさ：資本の中身への疑問

またピケティの扱う資本の中身に注目した批判も多い。

その最たるものは、ピケティが人的資本を扱っていない、という批判だ。彼の資本（資産）は、物理資本や金融資本だけとなっている。でも現代の経済では、人間の技能を含む人的資本こそが最も重要な生産資本と言われる。それを無視していいのか？

ピケティはすでに、本書の中でこの点には触れている。計測が困難だし、高い技能を活かすには高い資本が必要だから（たとえばIT技能は高度なIT設備なしには意味がない）、物理資本にも人的資本が反映されているというものだ。

が、この米国経済学会のセッションで、ついに人的資本を実際に試算し、それに基づき分析をやり直した結果がデヴィッド・ワイルから発表された。資本の増分のほとんどは人的資本なのだという結果となる。すると、お金持ちが資本を独占して儲けを独り占めしているというピケティの構図とは話がちがうのでは？

そしてまた、本書をきちんと見ていた一部の人が不思議に思ったことがある。ピケティは、トップ一パーセント層の資産は事業資産、金融資産で、彼らのシェアが近年大きくのびたと述べる。でも次ページの図を見てほしい。確かに近年、経済の中での資本は大きく増えている。でもその増分のほとんどは住宅なのだ。

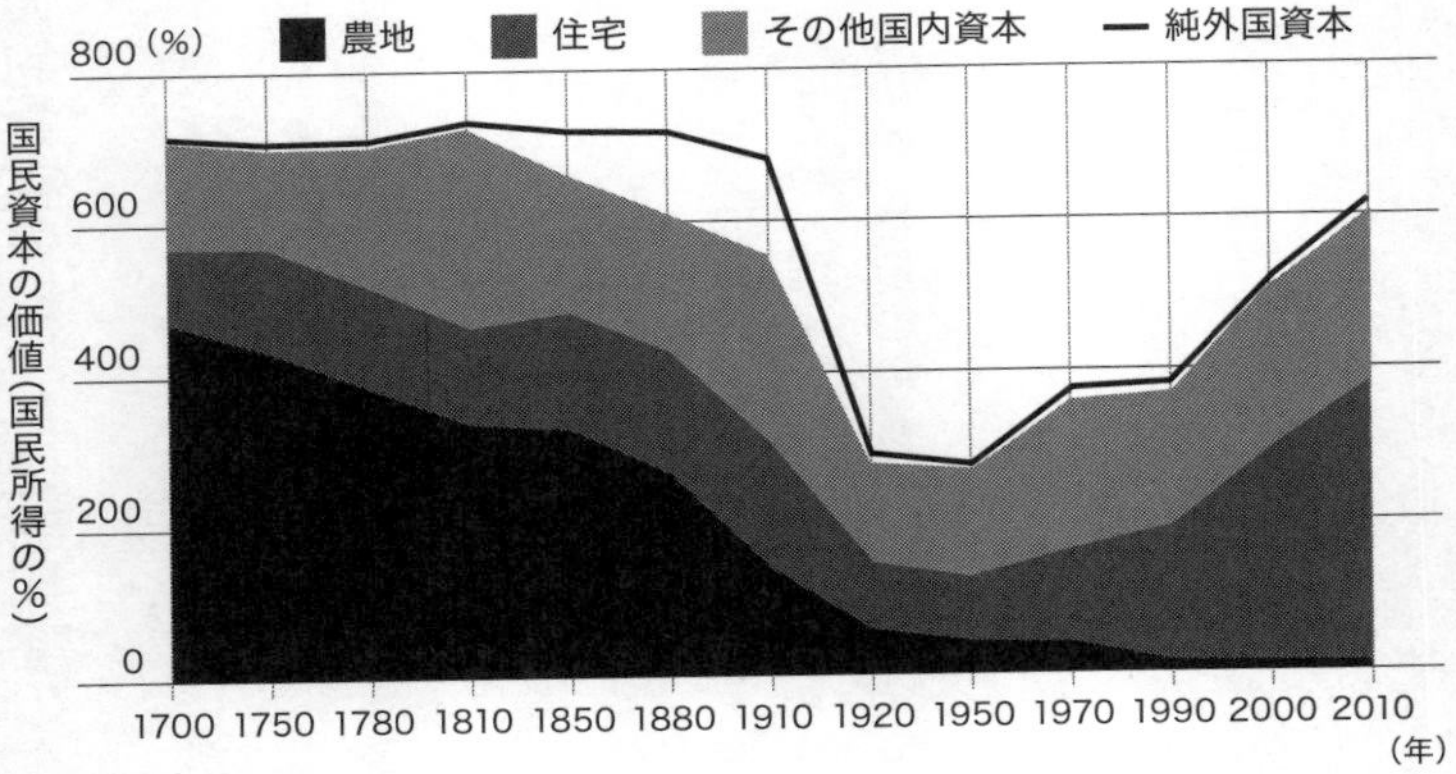

図：フランスの資本（1700-2010年）　出典：同前

さて、住宅はもちろん賃貸すれば収益資産にはなる。でもどの先進国でも六割程度は持ち家だ。ピケティは、持ち家でも賃貸に出した場合の家賃と同じだけの効用を得ているから、といってその保有者は資本収益を得ていると言う。でもこれは適切だろうか。そして、rの計算の相当部分がこの実態のない仮想的な家賃なら、r＞gの意味合いも変わるのでは？

これについても、同セッションでアウエルバックとハセットが触れていた。またこれをもっと精緻に計算したマサチューセッツ工科大学学生のロンリー論文や、住宅価格を実際の家賃から求めて計算し直したパリ政治学院のボネ、ボノ、シャペルイ、ワスマー論文の分析だと、資本はそんなに増えていないことになる。

こうした批判に関しては明確な反論はまだない。ただ私見では、これは資本価値の計測方法の想定による部分も大きい。いずれどこか中間のあたりで、資本増分は少し控えめになり、その一部は人的資本に帰属し、ピケティの主張は少し弱まるがおおむね成り立つ、という具合に。とはいえ、コンセンサスができるまで当分議論は尽きそうにない。

資本税への批判：格差縮小の手は他にないのか

ピケティが格差拡大への処方箋として挙げたのは、グローバルな累進資本税だった。世界的な情報共有で金持ちの保有資産を正確に捕捉し、累進税をかけろ！

むろん、この案にお金持ちは即座に猛反発した。そんなことをしたら金持ちのやる気がなくなる、投資が減って経済が停滞する、果ては成功者への敬意を欠いたけしからん提案だという反発まで。

そして先に挙げたマンキュー論文は、これについても説得力あるモデルで裏付けを行った。資本に課税すると資本投資は下がるし、それで労働者の賃金も下がってしまう。これは得策だろうか？

一般に誤解されていることだが、実はピケティの本には、資本と経済成長をつなぐ議論はまったくない。すべてはトレンドで議論されている。このため、資本がどうなろうと経済成長には影響しないことになっている。でも実際にはそんなはずがない。

ピケティは本書の中ですでに反論している。「一九五〇年代や六〇年代は税率が高くても経済成長したし投資もイノベーションも起きた」というものだ。確かにそれも事実だ。するとどう解釈すべきなのか……。

そして本書でピケティは、グローバルな累進資本税の長所を指摘するため、他の多くの格差削減にかなり手厳しい評価を行っている。このため、資本税以外に格差縮小の方策があまりないかのような誤解も広まってしまっている。

これに対して、ピケティの共同研究者として本書にも何度か登場するアンソニー・アトキンソンが、ちょっとくさす論文を「英国社会学ジャーナル」のピケティ特集に載せた。他にも格差縮小に役立つ方策はある、と述べてそれを羅列したものだ。相続税や所得税の強化もいいし、人材育成や労働組合の強化、最低賃金やベーシックインカムなどもあり得る。資本税ばかり見ていてはいけない！

こうした批判は、やっと登場して広まってきたばかりで、ピケティもすべてに反論できているわけではない。また本稿では、批判論ばかり紹介したが、もちろんピケティの議論を補い、もっと拡充発展させる議論も出はじめている。たとえばわが国では岩井克人が、企業統治の思想面でピケティの議論を補おうとしている。

冒頭にも述べたように、批判は否定ではない。今後、ピケティの格差論（特にそのデータ）を中心に、これまで光の当たりにくかった格差分析がますます活発となり、いずれは政策にも影響するはずだ。本稿で紹介した各種の議論も、その基盤を固める重要な貢献となるのはまちがいない。

幼児教育への投資は国としてきわめて重要

初出：「Voice」2015年2月号、PHP研究所

あけましておめでとうございます。拙訳のピケティ『21世紀の資本』が刊行されて、異様に売れているとのことで、版元も強気で刷っておりますが、大丈夫かなあ。初動に引きずられて無謀に生産を増やしたメーカーが不良在庫の山を抱えて倒産というのは、製造業と不動産の歴史であまりに多く見られた現象。みすず書房がそうならないことを真摯に祈っております。

さてこの本、お金持ちに税金かけろ、資本に世界的な累進課税しろ、と述べる。でもそうやって集めたお金をどう使うんですか、というのには答えない。税収が目的ではなくて、資本所有の透明性を高めるためなんだ、と述べておしまいだ。

しかもその世界観は、かなり悲観的だ。人的資本の育成や教育による技術普及は重要と述べつつ、でもそれが格差の主因じゃないと述べるので、なんかそちらにお金をまわしても仕方なさそうだし、何をやっても経済成長は上がらないかも、と述べる。すると彼の主張は金持ちをいじめて庶民の低い水準に引き下ろせという話に読めてしまう。みんな貧しい低成長水準にま

で引きずりおろせ、という悪しき共産主義と解釈されかねない。ピケティの本は優れた本だけれど、こうしたペシミズムは誤解のもとになりかねないと思う。

では実際にはどうすればいいんだろうか？

実は最近、アメリカの「サイエンス」誌を読んでいたら、数十年にわたる追跡調査で子供の頃の知能と老人になってからの知能を比較する、というものがあった。結論は単純。子供の頃に知能が高いと、老人になってからも認知能力は高い。

ということは、子供の頃の教育や発育状況を社会全体として改善することは、長期的な高齢者対策にもなるということだ。ボケも寝たきりも減る。

そしてこれまでの多くの研究でも、子供、いや幼児期の教育が、知能も所得も大きく左右することがわかっている。金持ちの再生産は、金持ちは子供の教育にお金をかけられるせいが大きい。それを打破しないと、格差は固定化されてしまう。

すると基本的には、何より幼児教育、ひいては子育てにもっともっとお金をかけろということになる。それは成人期の格差対策でもあるし、高齢化のボケ対策にすらなる、というわけ。ついでにそれは人的資本の拡充で、経済成長にもつながる。経済成長についてピケティの悲観論をだまって受け入れる必要はない。少なくとも政府は、できることは精一杯やらなくてはいけないのだ。ついでに、子育てにお金をもっとかけてくれれば、子供だって生みやすくなる。少子化対策にだってなるだろう。経済成長のかなりの部分は人口増加だから、少子化が緩和されたらこれまたgも上がりやすくなるのだ。ついでに、女性の社会進出支援にだってなる。

そして、この程度のことはいまだってもっとできる。一二月半ば、七~九月期GDP成長の改訂値がマイナス一・九パーセントに下がった。その原因は、公共工事が進捗していなかったからだ。予算はいくらでも積める。でもそれを執行するためには、それを受注して工事をやってくれる業者がいる。それが足りないからだ。

だったら、できもしない公共工事に予算をつけるのはやめよう。その分、子育てとかにもっと予算を割こうじゃないか。

こう書くと、リフレ派は公共工事を否定している、非常識だ変節だと言われることがある。でも財政出動というのは、別に公共工事だけじゃないのだ。減税もあれば、各種補助金もある。お金の使い方というのは様々なのだ。土建屋さんにばかり頼る必要はない。不況時には、無駄な公共投資でもかまわないといえばかまわない。でも、少なくともそれが実行される必要はある。予算だけ積んでもだれも入札しない工事や執行してくれない公共事業ばかりが増えてもしょうがないのだ。

一応情報開示をしておこう。最近ぼくにも子供ができた。だから育児支援とか幼児教育拡充というのは、ある意味ではぼくが自分に得になるような我田引水の議論とも言える(保育園探しにえらい苦労しておりますし)。でも、長期的にはこれを含めた各種若年層支援こそが、日本経済の将来を決定づけてしまう、というのを今度の自民党政府にも是非理解していただきたいところだ。

民主党の「格差解消」はお題目

初出：「Voice」2015年4月号、PHP研究所

　ピケティブームも、当人の来日を経て多少は落ち着いてきた。来日時にはピケティを錦の御旗に使いたい人々が、やたらにアベノミクス批判の言質を取ろうと同じ質問をあらゆる場所で乱発し、当のピケティ自身ですら「オレはアベノミクスにケチをつけに日本にきたんじゃねえ！」と苦言を呈していたほど。

　でも、それはピケティを政治利用すべきでない、ということではない。いやむしろ、きちんと政治利用すべきだと思う。今回の注目ぶりで、格差にみんなが多少なりとも関心を持っていることがわかったんだから、それについての真面目な取り組みは是非やるべき。ただ……問題はそのやり方だ。

　これについてちょっと考えたのは、三浦瑠麗『日本に絶望している人のための政治入門』（文春新書）を読んだからでもある。これは大変におもしろい本で、いまの日本の政治状況について実に明解かつストレートな分析と提言になっている。現在の日本の「右傾化」なるものは、

世界的な保守や右派の立場を見れば穏健きわまりないこと、そもそもその「右傾化」はむしろ左派／リベラル派の政党やマスコミや知識人が弱者カードを振りかざしすぎた反動であること、彼らがちょっとしたことを針小棒大に騒ぎ立て、靖国でもなんでも踏み絵を強制するような真似をするからこそ、国民の多くはかえってそれに辟易し、その反対に流れているのだということ。実に勉強になります。

そしてそこで、格差の問題も出てくる。左派が復活するためには、なんでも反対の万年左翼根性に安住せず、ユニバーサルな希望と理念をちゃんと出してそれをもとに再結束をはかるしかない。その際には、やはり若年失業者や非正規労働者を含む社会的な格差の改善というのが十分考えられるという。まさにその通りだし、いまはその好機でもあるはずだ。

で、いまの民主党〔注：二〇一五年当時〕は格差だとか中間層の復活だとか述べ、ピケティの来日でそれを盛り上げようとしていた。が、それがうまくいっているとは思えない。なぜかといえば、もちろん民主党の「政策」なるもの自体が政権運営の失敗で壊滅的に信用されていないという点はある。でもそれと同時にぼくを含む多くの人は、それが民主党の本心だなんて思ってないからだ。安倍政権にとにかくなんでもいいからケチをつけるために、そのときの流行で掲げているだけのお題目だろうと思っているからだ。そしてそれが証拠に……安倍政権にケチをつけるためにしかこの話を持ち出してないではありませんか。

本気で格差について問題にしたいなら、それは大歓迎。ただしぼくは、それは現在の安倍政権による各種の政策をすべて否定することではないはずだと思っている。ピケティの議論がむしろアベノミクス肯定の面も持つことは、以前も本誌で述べた通りなんだし〔注：前掲「ピケティ理論とアベノミクスはマッチする」〕。だからもし本気なら、民主党はやり方を変える必要がある。格差解消が重要だと思っているから、安倍政権のこの政策には諸手を挙げて賛成する、その上でこれとこれは改善すべき、という形で政策パッケージを出さないと。それも賛成する部分について、嫌々賛成しているような顔をして政策取引に使うような姑息な真似をせずに、格差解消でもなんでも自分の大義に沿う部分はかけひきなしで賛成してみせないと。

なんでも反対の万年野党として、つまらん言葉尻つつきでもいいから失点狙いにばかり精を出し、それなりに失業を減らして多少なりとも景気を戻した金融政策に反対し、格差を悪化させる消費税率引き上げについても自己批判がない——ぼくはそんなやり方で格差解消とか中間層復活とかに真剣だと思ってもらえるはずもないと思う。金融緩和はお見事でした、消費増税すいません（財務省にだまされたって言えばいいよ）、景気戻してそれによる税収増であれしてこれして、と言えばまだみんな注目してくれるでしょう。

それはある意味、民主党が保守政党化する方向性でもある。でも、本気で二大政党とか目指すんなら、それは避けられないことだと先の三浦本も指摘する。まあ、いまの民主党にはそうした方向性はまったく期待できないので、これはすべて絵に描いた餅ではありますが。

片岡剛士『日本経済はなぜ浮上しないのか』書評

初出：「ケトル」22号、2014年12月、太田出版

本誌〔注：博報堂ケトル／太田出版が刊行していたカルチャー誌「ケトル」のこと〕の読者諸賢の多くは、本当の意味での政治や経済にはあまり関心がないんじゃないかと、ぼくは憂慮している。世の中、ファッションとしての政治はある。たとえば芸能人が反原発というのに触発されて、自分も反原発とかエコロジー、貧困削減やヘイトスピーチ問題をめぐりツイートをしてみる人は多いだろう。

それは出発点としてはすばらしい。ぼくはいま挙げたような話の多くにはあまり賛同していないけれど、でもその根底にある気持ちは十分に理解できる。

でも、そうした問題に本当に影響を与えるのは何なのか？　本当に政治や経済で重要な話って何なのか？　ぼくたちが本当に具体的な選択として何ができるのか？

いま、そういう問題として最も重要なのは、ぼくたち自身の生活水準だ。特に本誌の読者に多いと思われる、若年層の失業や非正規雇用の問題となる。それはぼくたちの生活に直結した

話だからだ。ぼくはもちろん、とっくに若年をすぎて初老だ。それでも日本の将来のためには、それが重要だと考えている。

そう言うと、経済成長ばかりが重要なんじゃない、モノの豊かさから心の豊かさに価値観を移すべきだという人が出てくる。でも実際に失業し、非正規雇用にあえぐ人々は、そういうぜいたくは言っていられないはずだ。一〇年以上も正規の仕事につけなかった若者は、技能の面でも所得の面でも挽回不可能になってしまう。これが日本の将来にとって深刻でないわけがない。そして日本の経済力が高まれば、他の多くの問題も解決しやすくなる。

それについて最も大きなプラスの影響を持っていた政策は、アベノミクスだ。特に日本銀行が金融緩和を大規模に行ったら、改善されたのは株価だけじゃない。非正規雇用のブラック企業は人集めに苦しみ大きく業績を下げた。一方、マイナスの影響を持っていたのは、二〇一四年四月の消費税率引き上げだった。これはせっかく回復しかけた日本の景気――つまりみんなの生活――を再びどん底に突き落としかけた。国民の多くは、直感的にこれを理解していると信じたい。でも、十分に理解されていないと思えるケースがあまりに多い。

というわけで今回の本、片岡剛士『日本経済はなぜ浮上しないのか』(幻冬舎)だ。なるべく多くの人に、この本を読んでほしい。アベノミクスの成果、そして消費税率引き上げがいかに悪手だったかについて、データをもとにきちんと説明されているし、そのデータの見方についてもわかりやすく説明してある。

そしてこれを読んだところで、みなさんは政治的な選択肢を目の前に与えられることになる。次の衆議院選挙だ。そこでだれにいれるか？　これでだいたいこれから当分先の政治経済的な方向性が決まってしまう。増税に賛成していた（そして次の場面でもまた賛成しそうな）候補者に入れるのか？　それとも景気の状況をきちんと見て、周囲の風向きに流されることなく、本当に景気のことを考えて反対した人だろうか？　この選択は本当に政治と経済の方向性を決めることになる。

この本を読んで、みなさんが自分の選択をよく考えてくれることを祈りたい。その上で何を選ぶかは、もちろんみなさん自身の政治経済的判断となる。

スタックラー他『経済政策で人は死ぬか？』書評

初出：「ケトル」28号、2015年12月、太田出版

『経済政策で人は死ぬか？』（デヴィッド・スタックラー&サンジェイ・バス著、草思社）この本の邦題は、非常に明解な質問の形をとっている。そしてそれに対して本書はとても明解な答えを持っている。イエス。経済政策で人は死ぬ。

もちろん経済政策も様々だ。本書で扱う経済政策とは、基本的には緊縮財政だ。本書の原題（の副題）は「なぜ緊縮財政は人を殺すか」というもの。これまた大変明解。

これまでも、経済状況と死亡率や病気との関係についてはいろいろ研究がある。不景気になると、倒産する企業が増え、自殺する人が増える、という具合に。あるいは本書では、ソ連崩壊で酒（それも密造酒やメチルアルコール）に頼って死亡する男が増え、ロシアの男が激減したという例も紹介されている。そしてもちろん、所得の低い人は医者や薬のお金も出せず、健康状態も悪化する。これは当然のこと……なんだけれど、あまりに多くの人がこれを無視する。粗食は健康にいいとか、日頃の運動不足の結果だとか、犠牲者をしばく根性論が平気で持ち出さ

れる。

もう一つある。不景気になると、しばしば世界の政府は緊縮財政を敷く。国民が苦しんでいるのに、政府が無駄遣いをするのは許せないとか、公務員の給料が高いとかいう声が高まることもある。そして、放漫財政こそが景気の悪化を招いたからだ、といった議論も平気で出てくる。

その結果……まっ先に削られるのは、失業手当とか、生活保護とか、医療補助とか。いちばん弱い人たちを保護するための各種支出だ。そういう人たちは弱いからこそ、だれもその立場を代弁してくれない。そして、スケープゴートにもされやすい。読者のみなさんも、生活保護の不正受給や、外国人の失業手当は許せないとか、その手の主張をインターネット上のあちこちで見かけたことはあると思う。いくつか目立つ事例が報道されたりすると、そうした声は一気にわき起こる。自分たちは不景気で苦しんでいるのに、あいつらは税金にたかっていい目を見てやがる、というようなことが平気で言われるようになる。

実際には、生活保護だの失業保険だのの費用はそんなに多くない。不正受給だって、きわめて少ない。それなのに、あたかもすべての福祉が不正にまみれているかのような印象ができてしまう。そして不正受給バッシングを恐れる行政は、資格のない人が福祉を受け取るのを警戒するあまり、本来受け取るべき人々が福祉を手にすることさえ拒絶するようになる。

本書は、リーマンショック後のアメリカやヨーロッパの事例を中心に、これを次々に指摘する。経済危機のあとにＩＭＦがやってきて緊縮財政を命じると、必ず死者が増え、健康状態は悪化する。さらに本書では、訳者たちが簡単ながら日本の状況についても解説を加えてくれる。

だから本書を読んで、できれば日本の経済政策についても本気で考えてほしい。緊縮財政は、支出を下げることだけじゃない。増税も立派な緊縮財政で、消費税率の引き上げはせっかく回復しかけていた日本の景気を再び減速させてしまった。それでも、来年さらなる引き上げを主張する人がいる。そんなのは決して認めてはいけない。そして、そこまでいかなくても、そこらで見かける生活保護叩きや福祉批判の安易な論調にうかつに同調しないだけの思慮を、読者のみなさんは本書から得てほしいな、と思うのだ。

アベノミクスですら生ぬるい

初出：「Voice」2016年1月号、PHP研究所

いま（二〇一六年初頭）の日本の景気の状況は、とてもよいとは言えない状態で、GDP成長はマイナスだしあれやこれやで、ここらでテコ入れしないとかなりまずいぜ、という状況だ。日本銀行がそろそろ何か手を打つのでは、と期待しているのに、公式発表では遅行指標となる雇用だけを見て、景気は順調に回復しているので現状維持を主張し続けている。うーん。せっかく岩田規久男や原田泰が日銀の政策決定に参加しているのに、とぼくは（そして多くのリフレ派は）歯がゆく思っているけれど、でもまだ希望は捨てていない。

さてこの状況で、日本にはインフレ期待が必要なのだと看破したポール・クルーグマンが、「日本について考え直す」というコラムを発表した。で、一部の人がこれを読んで、クルーグマンが変節した、アベノミクスはやはりまちがっていた云々、と騒ぎ立てたんだが……。

実際に読んでみると、そんなことはどこにも書いていない。というか、ぼくはクルーグマンがこれを出したときに読んでいたので、最初は何か全然別のコラムが話題になっているのかと

思って、あれこれ探してしまったほど。

この記事の冒頭で、クルーグマンはいまの日本のアベノミクスについては、うまく行っているかどうかわからん、と言葉を濁している。実際の経済指標を見ると、冒頭で述べた通り景気が力強く回復しているとはとても言えない。では、クルーグマンは大規模な緩和とインフレ期待醸成をやめろと言っているんだろうか?

いや、全然ちがう。それどころか、むしろインフレ期待は二パーセントでは小さすぎる、四パーセントとかを目指すべきだし、それに伴ってすさまじい財政出動をしろ、と主張している。日本はいま、高齢化もあってなかなか将来的な経済成長がイメージしにくい。それを一気に吹っ飛ばすような大規模な施策を行うべきだ、と。

さて、これが変節だと思う人はクルーグマンのこれまでの日本に関する発言をまったくフォローしていない。インフレ率四パーセントを目指せというのは、最初の「復活だぁっ!」論文でも主張され、そして『さっさと不況を終わらせろ』の文庫版序文でも、二パーセントのインフレ目標は結構だけれどそれでは全然足りないかも、四パーセントにしたほうがいいよ、と明言している。当時は、せっかくインフレ目標政策が導入されたのに冷や水浴びせるようなことを言わんでも、と思ったけれど、いまにして思えばおっしゃる通りだったかも。

ちなみに、クルーグマンは日本の高齢化を考えていないからまちがったという主張も見かけた。でもこれまたクルーグマンは、一九九八年から日本のデフレ要因として高齢化を挙げているのだ。だから、そのデフレ圧力を上回る緩和がいる、というのが基本的な主張だ。クルーグマン説を受けて、高齢化のデフレ圧力を計算した学者もたくさんいる。一・五パーセントくらいのデフレ圧力になるとか。

では、「日本について考え直す」というのは、何を見直しているのか？　日本がなぜインフレを達成すべきかという理由の面だ。昔は、GDPのデフレギャップを埋めるため、というのが大きな理由だった。でもいまはそれがだんだん埋まりつつあるのでは、とクルーグマンは言う。ただし将来的には財政赤字をなんとかせねばならず、そのためには金利引き下げによる景気回復が必須だ。その引き下げ余地を作るためにインフレを実現しろ、とクルーグマンは言う。そしてそのためには、二パーセントの糊しろでは足りない。もっと上げねば！

そして金融政策だけではダメだ、というのがクルーグマンの主張だ。同時に財政出動もしなければ。財政赤字を減らすために、財政出動しろ！　逆説的だけれど、でもそれがいまの日本の状況なのだ、とクルーグマンは述べている。

さて、日本が本当にデフレギャップを解消したとは、ぼくは思っていない。その意味で、クルーグマンの分析にはちょっと異論もある。でも、もっと金融緩和しろ、もっと財政出動しろ——これは最初のアベノミクスそのものだ。ちなみに、財政出動は公共事業だけでなく、減税や各種社会福祉拡充も含まれる。消費税率を上げるなんて、もってのほか。しかも、金融も財政もチマチマやるのではなく、一気にでっかくやれ——ぼくはこれが変節だとはまったく思えない。これまでのアベノミクスですら生ぬるい（特に財政のほう）！　もっとやれ、ガンガンいけ、という主張としか見えないんだが。

日本経済復活には何が必要なのか

初出：「PRESIDENT Online」２０１７年11月7日、プレジデント社

衆議院選挙で、ありがたくも自民党が大勝した〔注：二〇一七年一〇月の第四八回総選挙のこと〕。メディアは本当にくだらない属人的な政局報道に右往左往するばかりで、さらに選挙後は、自民党は支持されたが安倍政権は支持されていないといった変な意見をやたらに紹介している。でも自民党の中で安倍政権以外の選択肢が何も出されていない以上、これはずいぶん変な話だ。いまの安倍政権が支持されていると考えるべきだし、そしてその評価の基盤は、その経済政策の成功にあると考えるのがいちばん自然なことだろう。つまりはアベノミクスが評価されたということだ。

が、すでに安倍政権誕生からかなり時間がたっている。多くの人はアベノミクスのなんたるかを漠然としか覚えていない。三本の矢の話や日銀の黒田バズーカは漠然と覚えていても、それが結局何を目指すものであり、何が本当に求められているのかも、いささか心許なくなっている。

田代毅『日本経済最後の戦略』(日本経済新聞出版社)は、少し前の本ながら、そうしたアベノミクスの基本を再確認させてくれるだけでなく、アベノミクス自体に狭く注目するのではない、日本経済全体の向かうべき道を述べたとてもよい本だ。

アベノミクスの(まともな)本は、金融政策にいきなり注目することが多い。インフレ目標二パーセントの達成、という話だ。でも本書はまず、日本の債務に注目する。アベノミクスに対する反対論の多くは、日本の大きな債務を見て、これ以上債務を増やせない、これが不安を招くから日本は成長できない、だからアベノミクスは効かない、と論じる。本書はこれをまず検討する。

著者は、国の重い債務が成長の足かせとなるという研究で有名なケネス・ロゴフの門下生だ。でもありがちな議論とはちがい、そこから表面的に「日本の債務よくない、財政再建」と唱えるのではない。日本の場合にその債務がどのような特徴を持つのか、そして長い不況で投資やイノベーションが抑えられてしまった日本の状況において、緊縮頼みの財政再建が本当に意味を持つのかを十分に検討する。緊縮を続けるのは、将来に向けての投資をさらに抑え、将来の成長の見通しすら引き下げてしまい、かえって財政再建を阻害しかねない、と。債務か成長か、という通俗的な議論はまちがっていて、債務を一時的に増やして成長をとげ、その結果として債務が下がるというのがこれからの日本の道なのだ、と。

そして、各種の債務削減オプションがその後詳細に検討され、アベノミクス下での財政状況の推移についてもていねいに分析が行われる。その中で、これまでのアベノミクスの成果に関する検討も展開されている。アベノミクスは経済成長に好影響を与えてきたし、雇用も所得も着実に回復している。そして財政面でも一定の効果をあげている。ただし、いずれもまだ弱いし、いまの日本の長期停滞状況を完全に打破できる規模かどうかは怪しい。金融も財政も構造改革もさらに着実に、大規模に（そして足並みをそろえて！）進めることで、将来の成長見通しをあげ、それを通じて現在の停滞から脱することはできる。またそうするのが日本の国民や国際社会に対する責務でもある。つまりは、アベノミクスをもっと強力に進める必要があるのだ——これが本書の結論となる。

本書の分析も結論もまったく異論のないところではある。唯一不満があるとすれば、消費税率引き上げの悪影響についての言及があまりないことだろうか。二〇一二年末からのアベノミクスで急激に改善していた経済状況は、二〇一四年の消費税率八パーセントへの引き上げにより大きな打撃を受け、せっかく軌道に乗っていたデフレ脱却も、元の木阿弥になってしまった。その打撃を回復するまでにさらに数年かかり、それがアベノミクスにミソをつける口実にもなってしまっている。著者は、アベノミクス第二の矢だった財政政策が「なかった」という見方だけれど、ぼくからすれば、拡大すべきところでブレーキを踏んだ、「なかった」にとどまらないマイナスですらある。が、その他の分析は文句なしだし、世界の経済学界で話題になった長期停滞論などの話題もしっかり織り込んだ視野の広い一冊となっている。

ディスクロージャーをしておくと、ぼくは著者とは知り合いだし、この本を草稿段階で見せてもらったりしている。が、それを割り引いても、本書は非常にしっかりしたものだと考えるし、多くの人がいまこれを読んで、改めてアベノミクスのこれまでの業績や、日本経済の向かうべき道を考え直してほしい。

そして、アベノミクスが圧倒的な信任を得た（とぼくは今回の選挙結果を理解している）いまだからこそ、もっと強力にそれを進める必要がある。景気がそこそこ上向いてきたことで気がゆるみ、アベノミクス（たとえばインフレ目標と金融緩和）をやめようとか、消費税率を予定通り上げようとかいう議論もちらほら散見されるようになっている。これはきわめて危険なことだ。前回の消費税率引き上げも、目先のわずかな状況改善に慢心した結果として生じた大悪手だった。それを繰り返してはいけない。それにインフレ目標も、目先のインフレ率を上げるだけではなく、これからずっと穏やかなインフレが続く（そして人々がそう思ってくれる）ことが重要なのだ。

このあたりについては、やはり少し前の本ながら片岡剛士『日本経済はなぜ浮上しないのか』を読むべきだ。片岡剛士といえば、つい先日日銀の審議委員となり（注：二〇一七年七月に就任）、そして日銀会合でこれまでの金融政策維持に反対した猛者だ。これまでの反対委員というのは、金融を引き締めるべきだ、という意見の持ち主だったけれど、片岡はなんと、もっと緩和的な政策をとるべきだということで現状に反対した。まさに、現状に甘んじるなというわけ。わずかな外部環境変化でいまの経済状況は悪化しかねない。これまでの政策の効果もまもなく尽きかねないので、もっと大胆な施策を講じるべきだ、と。

彼の見方は二〇一四年のこの本以来まったく変わっていない。そして日銀委員になってもその同調圧力に負けずにかつての見解を貫き通しているのもすばらしい。その見解は基本的には、最初に紹介した『日本経済最後の戦略』とほぼ同じとなる。

どちらの本も、それなりに重い。でもいずれも腰を据えて読む価値がある本だ。そして一人でも多くの日本人がそれをやってくれれば、たぶん日本の経済政策もずっと改善するはずだ。いま、日本経済でもう一つ心配なのが、安倍首相の後継者があまりはっきりしないということだ。ポスト安倍で名前が出る人々の多くは、妙な緊縮財政論者だったりして、これだけ成功しているアベノミクスをストレートに受け継ごうと主張している人がまったくいない。これは大きなリスクだ。国民がこの二冊（片方でもかまわない）を十分に理解してくれたら——そしてそれを政治家たちに伝えてくれたら——日本の将来はずっと明るくなるはずなのだが……。

岩田規久男副総裁は黒田の尻を蹴飛ばしてリフレを一〇倍増させるべきだったと思う。

初出：「山形浩生の『経済のトリセツ』」２０１８年3月22日、著者個人ブログ

本稿の主張は、表題通り。岩田規久男は副総裁として、リフレの理論にもっともっと忠実に動き、黒田総裁を蹴飛ばしても締め上げても何をしてもいいので金融緩和をますます激化させてほしかったし、それができなかったのは不甲斐ないということだ。リフレ派の理論を十分に実践できなくて、あと一歩のところだけに情けないよ、ということ。おしまい。

で、その理由を簡単に説明しようか。

岩田規久男が、三月で日銀副総裁を退任した。おつかれさまでした……という気持ちはある一方で、正直いって岩田規久男が日銀で何をやっていたのか、ぼくにはよくわからない。日銀の政策は基本的に総裁がすべて決めるのであって、副総裁は総裁の方針には反対できないんだよ、と教えてくれた人々もいた。そうなのかもしれない。でも、そうなんですか？　本当に

そんなお飾りの、総裁のオウム役でしかないんですか？　ぼくにはそれが解せないところだし、不満なところでもある。

リフレ派の多くの人々は、岩田規久男と直接のつきあいがあるし、それもあってあまり岩田規久男に対して批判的なことを言おうとはしない。最初の頃は、「岩田先生は副総裁になってからすっかり影が薄くなったねー、あはは」的なことは言っていたけれど、その後はそれすら言わなくなった。いま流行りの「そんたく」ってやつ？　ちなみにぼくはこの言葉が大嫌いで、聞くたびに何か、博多どんたくしながら洗濯するような（というのがどんなものか自分でもよくわかんないんだけど）ものが頭に浮かんでしまって、すごく変な感じがする……というのはどうでもいいか。

で、黒田総裁&岩田副総裁就任直後は、二パーセントのインフレを二年以内のなるべく早い時期に、という話をさんざんしていた。そして、岩田規久男はそれについて、それは確実にできることだし、金融政策だけでやりきれることだし、それができなければ自分は辞任する（しなければならない）と大見得を切ったのは事実だ。当時は、フリードマンの「インフレはいつでもどこでも、貨幣的な現象である」という発言がしきりに引用されて、だから金融政策でデフレ脱出できる、という話が随所で見られた。岩田自身、その変種を語っていたし（https://www.nikkei.com/article/DGXNASFL210QG_R20C13A3000000/）、金融政策でやりきれるというのは二〇一四年の講演会でも言っていたし、また他のところでも断言していた。

そしてそれに対して、ぼくも含めリフレ派は喝采した。白川日銀が、いろいろ言い訳をして何もしなかったのに対し、やる気を見せてくれてすばらしいと思ったから。二パーセントできなければ辞任というのは、国会で言ったんだっけ？

で……実際にはもちろん、それは達成できなかった。一つには、消費税率引き上げの影響はあまりに大きかったということがある。でも、それに対して黒田総裁@日本銀行は、事前も事後も「想定内、想定内」と言い続けて何も対応をしなかった。そして岩田規久男も、確かに最後の公式講演で消費税については苦言を呈したし、財政政策についても注文を出した。でもやはりそれは、日銀の方針には影響しなかったのは事実。インフレは貨幣的な現象であるのは事実なので、日銀が金融政策をもっとドカーンとがんばれば消費税の影響を相殺できたのかもしれない。でも少なくとも日銀はそこまでやらなかった。

もちろん、黒田&岩田の手綱の下で日銀がやった各種の方針が、景気（特に雇用）にいい影響を与えたのは確かだ。でも、やっぱり当初の主張から見れば未達だし、目標おおむね達成なんて言えるものでないのは事実。

そしてそれに対して、リフレ派の人々が、いや二パーセントなんてどうでもいいとか、それを達成するなんて言ってないとかいうのは……ぼくは見苦しいと思う。たとえば高橋洋一は、ツイッターで、次のように語っている。

インフレ目標2%未達だから、リフレ派は敗北とかいうあれもいるが。これは100点をとらなければ落第というのと同じ。いっているヤツの学生時代のテストの成績でも明かしてみろ笑笑

高橋洋一（嘉悦大）（@YoichiTakahashi）2018年3月8日

インフレ二パーセントが、そんなあらゆることを完璧にやった場合にだけ到達できる、オール満点の目標だという認識は、ぼくにはなかった。もちろん、ぼくはリフレ派の中では学者じゃないし、だからおまえの勉強不足だと言われればそれまでだ。でも……でも岩田規久男を筆頭にリフレ派は、インフレ二パーセントが絶対確実にまちがいなく達成できる、少なくともその近くにはいく、という認識は明確に出していた。「やりきる」というのは、二パーセントに達しないようなら、黒田バズーカごときでは止めず、黒田地対空ミサイルから黒田ＩＣＢＭから黒田拡散波動法から黒田デススターまでなんでもやる、という意味だとぼくは解釈していた。

それができなかったというのは――それも、二パーセントはいかなかったけど誤差範囲ってことで大目にみてくださいよ、というレベルではないよね――やっぱり、己の不明を認めるか、日銀の不甲斐なさを責める必要はあると思う。そして岩田規久男にとっては、この二つは同じことだ。

今年（二〇一八年）一月末の最後の記者会見の要旨三ページ目（https://www.boj.or.jp/announcements/press/kaiken_2018/kk180201a.pdf）に、それについての言い訳はある。でもぼくはこれは、言い訳以上のものには見えない。これはぼくは、かつての講演での論調と同じものだとは思わない。やるだけのことはやるけど他の条件もあったからダメでも許してね、みたいな逃げ口上は、昔は打っていなかったぞ。「やりきる」というのはそういうことじゃないと思うぞ。

そしてこの言い訳が「デフレはいつでもどこでも貨幣現象だ」の適切な読み替えだともぼくは思わない。それは岩田規久男擁護にしても、あまりに稚拙だと思う。リフレは理屈は正しいけれど、でも日銀はその理論通りの動きをきちんと見せず、黒田日銀はかなり漂白されていった。

ついでに言えば、消費税率の最初の引き上げが、ある意味でリフレ派のオウンゴールみたいなところがあるのはまちがいない。黒田バズーカは最初、あまりにうまく行きすぎた。はじまる前からすさまじい成功を見せ……それが「景気、なんとかなりそうじゃん」という雰囲気をつくって増税オッケー議論にはからずも貢献した／利用されたのは、これまた事実だと思う。リフレ派の大半が（というのもぼくも全員フォローしてるわけじゃないから）「消費税ウェーイ」と旗を振ったことはなくて、どっちかといえば反対していたのは事実。悪い影響を懸念していたのも事実。でもその後の一〇パーセント案に反対したときほどの必死感は、その頃はなかった。

その頃あった様々な論調については、二〇一三年末に書いた論説（注：前掲「経済ジャーナリズム：二〇一四年への展望」のこと）に書いた。死んでも反対オールスターズではなかったのはまちがいない。

いまにしてこの論説（の中のCPIグラフ）を見ると、二〇一三年末の時点で、インフレ一パーセントすでに超えていたんだねえ。消費税、あと一年待っていれば二パーセントなんか楽々達成できてたのかもねえ（遠い目）。

もちろんバーナンキもクルーグマンも、アメリカでインフレ目標がなかなか達成できなかったことについて、やっぱ思ったよりむずかしい、という話をしている。そして金融だけでなく、財政出動も含めた手を打って、もっとがんばらないとダメだよね、という話をしている。日本でもその通りではあるんだろう。それは当初の認識が甘かったということではある。少なくともぼくはそうだ。もちろん、リフレ派の中には「いや自分は当初から財政の重要性を強く主張してきて日銀の不甲斐なさを常日頃から言ってきた」という人もいるだろう。でもそう主張しそうな人も、岩田規久男には優しいなあ。とっても優しい。

たぶん、みんなぼくの知らないことを知っているんだろうとは思う。岩田規久男が日銀内部で、いかに獅子奮迅の働きをしてきて、いまの日銀の方針ですら、その活躍があればこその精一杯のものなんだ、というような事情があるのかもしれない。でもぼくは、その事情を知らないので、やはり岩田規久男は不甲斐なかった、と思うしかない。

そしてもしそうなら、若田部昌澄が今度の副総裁になっても、どこまで期待できるのかな、という気はしなくもない。いや、若田部昌澄とはときどき顔も合わせてウナギの絶滅に貢献したりしたし、もちろん期待はしている。リーソン『海賊の経済学』（ＮＴＴ出版）は若田部さんから紹介がきて訳したものだし、以下の記事（https://tanakahidetomi.hatenablog.com/entry/2018/03/20/191714）の通りだと思う。

でも、若田部がいかにすごくて立派な学者であっても、副総裁がそんなに無力で、岩田規久男すら何もできない程度のお飾りの地位でしかないなら、副総裁人事なんかどうだっていいじゃないか、という気もかなりしてしまう。岩田規久男にはできなかったことが、若田部昌澄にはできるの？　本当に？

期待としては、今回の森友書き換え問題で財務省が守勢に追い込まれて、消費税の追加引き上げはとりやめになることで、できればもっと財政出動どんどんしてくれるようになって、それとあわせて若田部昌澄の（そして片岡剛士委員らの）活躍で日銀がついにもっと拡張スタンスを出す、ということではある。その期待は捨ててはいない。

でもそのためにも、岩田規久男にはやはり、日銀時代のご自身の不甲斐なさについて、これから正直に述べてほしいとは思う。二七日になんか番組出演するとかで、そこでいろいろぶちまけてほしいな、と思う。

これを読んで、リフレ派の敗北宣言とか言う人もいるだろうけど、そういうわけじゃない。

ある程度の成果は上げている。でも、それが不十分だった。もっとリフレをしなくてはいけない。いままでの政策だと、当初の大見得は実現できていないし、それを実現するための方策を今後もっと強く出していかないと、逆戻りする可能性すらあるのはまちがいない。そこらへん、岩田規久男自身も、そして他のリフレ派も、もっと強く主張してかないといけないだろう。このぼくも含め。ということで、まず岩田規久男自身に、己の不甲斐なさを認めるところからはじめてもらえないかなー、とは思うわけだ。

コメント

この論説を自分のブログに発表したところ、山形がリフレ派から寝返った、といった評価がツイッターなどに登場したのには驚いた。ぼくは、もっとリフレをきちんとやれ、徹底的にやれ、ちゃんと最初に言った二パーセントになるまでやれ、とここで主張しているのであって、リフレ派から寝返ったわけではない。

とはいえ、この文をきっかけに、リフレ派の中にもいろいろ微妙な、いやかなり大きな温度差があるのが見えたようにも思う。

岩田規久男の引退でリフレ政策の採点が行われるのは、区切りとしては当然のことだ。そして、インフレ率二パーセント達成と大見得を切っておきながらそれを達成できなかったのは、ぼくは見通しか、対応か、その両方が甘かったからだということについては認めるべきだと思うのだ。

ここにも書いたけれど、それはアベノミクスが失敗でした、ということではない。雇用面での成果はきわめて大きかった。それは大いに評価すべきことだ。

でも、文中で引用した高橋洋一のツイートのように、雇用がよかったんだから、インフレ目標を実現できなくてもいいのだ、というのは開き直りだと思う。インフレ目標は、すごく調子がよくて一〇〇点満点取れた場合の成績で、達成するつもりなんか最初っからなかったよーん、なんてのは後出しジャンケンもいいところだろう。

さらに、その高橋洋一と田中秀臣共著『日本経済再起動』(かや書房、二〇二〇年)では、雇用が改善してインフレ率が上がらなかったのは、いいことだとさえ述べられている(同書五四〜六一ページ)。物価は上がらないにこしたことはないじゃないか、というわけだ。

でも……ぼくは基本、リフレ派を名乗るからには、デフレ脱出とマイルドなインフレ実現が基本的に必要だという認識を持っているのだと思っていたのだけれど……ないんですか？ リフレ派ではなく、ただの金融緩和派でインフレはむしろないほうがいいと思っていた派、ということですか？ レジーム転換はどうなったんですか？ 「よいデフレ」論をあれだけ罵倒していたのに、やっぱインフレは望ましくないですか？ そもそも、特にクルーグマン的なリフレ派は、いま金融緩和をいくらやっても効果はなく、将来のインフレ期待を起こさないと(そのためには現在もマイルドなインフレにする）景気は回復しない、というのが基本的な理屈だったはず。インフレがなくてもいいと言うなら、この理屈はそもそもまちがっていた、という認識なんだろうか？

でも二パーセント達成できなかったのは不甲斐ない、と述べたら、ド素人めと罵られたこともあるし、ぼくが最初から何かかんちがいしていた可能性はあるので、その点はご留意を。少しでもアベノミクスの成果にケチをつけるとまずいという政治的な配慮というのもあるのかもしれない。それに、コロナ対策とその後の回復状況次第では、ここらへんがうやむやになる可能性はある（これを書いている二〇二一年二月時点で、アメリカの長期金利が上がりはじめているようだし）。

『21世紀の資本』：経済学書から映画へ

初出：映画『21世紀の資本』（DVD）2020年、アンプラグド／竹書房

はじめに

二〇一三年末、経済学の中でもある特定分野では一線級ながら、ことさら露出が多いというわけでもないフランスの経済学者が、何やらえらく分厚い本を刊行した。格差の一般法則について述べた本だという。

経済学といっても、とても広い分野ではある。ノーベル賞を取るような人ですら、経済学者の中では「だれそれ？」みたいな反応も多い。トマ・ピケティと聞いても、業界内ですら知らない人がほとんどだった。

さらに経済格差というのは、経済学の中では決してメジャーな分野というわけじゃなかった。みんなが豊かになれば＝GDPが上がれば自然に解消されるものだろう、というのが学者も含め多くの人の認識だし、また所得分配を問題にする人々の間ですら、どうすればいいのかにつ

いては意見が分かれる。所得分配は、むしろ左翼的な活動家が幅をきかせる分野だ。

そこへ登場したのが、ピケティ『21世紀の資本』だった。

そしてそれは、予想を上回るサイコロ本だった。原著一〇〇〇ページ超！ しかもデータやグラフ満載の、どう見ても専門的な本だ。普通は、どう考えても売れる本じゃない。ところが、それが世界的な大ベストセラーになってしまった。世界全体で累計数百万部。日本だけでも一三万部は売れている。が、当然ながら多くの人は通読できずにいる。アマゾンのKindle版にある下線共有機能に基づいた研究では、ほとんどの人は三〇ページ行かずに挫折しているという。

あれだけ分厚い本なので、それを映画にしようという発想はなかなか……大胆なものではある〔注1〕。もちろんすべてを映画につめこむのは端から不可能ではある。でも映画でわかる部分もある。本稿では、そもそもこれがどんな本だったのかを軽くおさらいして、映画で格差についてて何がとりあげられているかについて、まとめてみよう。さらには、その後ピケティがどんな方向性をたどっているかについても簡単に紹介して、この映画の大テーマである格差とその研究がどんなことになっているか、少し理解してもらえればと思う。

書籍版『21世紀の資本』あらすじ

『21世紀の資本』が話題になったのもずいぶん昔のことだ。多くの人はすでにその中身を忘れていることだろう。かろうじてr>gなんてのを覚えている人もいるだろうか？　でもその意味をきちんと説明できる人は、いささか少ないんじゃないだろうか。

というわけで、まず少し中身のおさらいから入ろう。

ピケティはキャリアの当初から格差には関心があり、格差を数式モデルで説明する先駆的な理論を考案して、マサチューセッツ工科大学に二〇代で招かれた俊英だ。でも、数式モデルの形式ばかりにこだわる研究のあり方に嫌気が差し、もっと現実に根差した実証的な研究を志す。

そしてその後数十年にわたり、彼は故国フランスを皮切りに世界中の格差のデータを集めてまわった。これまでの格差データはかなり限られたものだったし、存在するものも家計調査をはじめ、アンケート調査に基づくものがほとんどだった。でもそうしたアンケートは、みんな正確に答えない。彼はごまかしの少ない世界の税務データを集めてまわった。そしてその中で、これまで格差問題で重視されていた所得のデータだけでなく、相続税をもとに財産についてのデータも整えた。それも、なるべく長期、一八～一九世紀からのデータを整えた。

『21世紀の資本』は、この長年のデータ収集の集大成だ。

そしてそのデータを見ると、どの国もとてもよく似たパターンを示している。かつて封建時代にはもちろん、格差はすさまじかった。一部の限られた貴族が地主としてほぼすべての財産を保有し、そこからの収入をほぼ独占していた。その他ほとんどの人は貧農としてカツカツの生活をしていた。財産なんか持っていないし、所得もやっと喰っていける程度だ。ちなみに、当時の「財産」とはほぼすべて土地だ。

そこへ一九世紀に産業革命が起こった。工場が新しい資本として急激に台頭し、土地が持つ価値は相対的に下がった。それでも財産はすべて資本家が占有し、工場労働者はゴミのような生活を余儀なくされていた。

人はどんなに働いても、手元に入るお金は増えなかった。ほとんどその日暮らしだ。経済全体で均しても、収入の成長率(g)は一〜一・五パーセントくらい。これに対して、資本家たちはおおむね手持ち財産が四パーセントくらいの収益(r)を生み出していた。

これが『21世紀の資本』の有名なr>gという式だ。働くより、手元の資本が勝手に稼いでくれる不労所得のほうが、儲けが大きい。結果として、持てる者はどんどん金持ちになり、持たざる者との差は開く一方だ。

でも、これが二〇世紀に入って急激に変わる。社会全体が次第に豊かさを増す。労働者たちの生活もだんだん改善してくる。

そして何よりも状況を変えたのが、二度の世界大戦だった。多くの工場設備は戦争で破壊された。金持ちが持っていたお金や、株や債券は大恐慌で紙くずになり、戦時中には接収されたりして、さらに戦中戦後のインフレで価値が激減した。また戦費調達のため、それまでは考えられなかったような高い所得税が課せられた。

一方、戦争に狩り出された国民は、戦後にその奉仕に対する見返りを要求した。戦争がもたらした新技術のおかげもあり、所得は急上昇、生活水準も上がった。金持ちが持っていた財産はなくなり、みんな以前に比べればずっと平等な水準で経済が動くようになった。そして残った財産／資本も、高い税金がかけられるようになり、資本からの収益は激減した。

結果として、第二次大戦後の四〇年ほどにわたり、世界は歴史的に異様な時期を迎える。r＜g。財産からのあがりよりも、がんばって働くほうが収入が大きくなる！　経済成長率は世界的に四～五パーセントというすさまじい水準になった。高度成長期の日本は、一〇パーセント成長が何年も続いたほどだ。

史上ほぼ初めて、だれでも真面目に働けば豊かになれる時代がやってきた！　そしてその結果として格差は大きく縮まった。もちろんまだお金持ちもいたし貧乏な人もいた。でも社会全体で見たとき、かつての貴族社会や大資本家たちが威張っていた時代とは比べものにならない。日本でいえば、一億総中流の社会が登場した。

が、それが一九八〇年代から世界中で変わりはじめた。所得税、相続税がどんどん引き下げられていった。労働者の雇用も不安定になり、株屋だの大企業社長だのの収入はどんどん増えていく一方、労働者の給料は据え置き、福利厚生引き下げが横行し、安定していた大企業も次第に斜陽化してどんどん解雇が進む。

この動きの中で、財産も収入も、きわめて限られた人々に集中するようになる。気がついて見ると、世界の経済成長率もどんどん下がり、二パーセントも成長すれば御の字だ。一方、お金持ちは政治にも介入して自分たちの税金を引き下げさせ、財産をカリブ海のタックスヘイブンに隠し、株屋と弁護士を駆使して法の抜け穴をみつけ、有利な資産を買い増し、さらにはそれを子供に相続させる……。

気がつくと、再びぼくたちはr＞gの時代に戻りかけている。それに伴い、格差もだんだん開きはじめている。このままでは、かつてのエリート貴族社会が復活してしまう……。

こうした状況を改善し、格差を解消する（少なくともこれ以上開かせない）ために、ピケティは世界的な銀行データの開示を主張する。そして、所得税を引き上げると同時に、すでに大きな差がついている財産にも課税しようと述べる。毎年、保有財産のある一定水準（数十億円とか）を超える部分について、一パーセントとか二パーセントとかの資本課税をしよう！　それにより、資本の不平等に歯止めをかけて格差の悪化を防ごうじゃないか！

『21世紀の資本』がベストセラーに

さて、これが重要な著作になるというのは、二〇一三年のフランス語版刊行以前から漏れ伝わっていた。経済学の研究としては画期的なものだったし、だから業界内部ではそれなりに話題になるのは必至だった。ちなみに、日本版を出したみすず書房は、この時点で翻訳権を取得している。

が、一方でそれがかなり専門的な本だというのもわかっていた。まして一〇〇〇ページ超のサイコロ本だ。本当であれば一般人が手に取る本ではない。そしてフランス語版は、専門家や格差に関心のある人は手に取ったし書評も出たけれど、まあそれっきりだった。

しかし、翌年二〇一四年に英訳版が出て、状況が一変する。なぜかこの本が急激に話題になり、そしてバカみたいに売れはじめたのだ。

これにはみんな、面食らった。そしてあれよあれよという間に本書は一大文化現象となり、続々登場した翻訳も各国で異例の売上を見せた。息の長い重要な本だからゆっくりやればいいと言われていた日本版訳者(ぼく)は、とにかくこのビッグウェーブに乗らなくては、という各方面の思惑のため、急に数ヶ月で全訳をあげろと言われて、目をむくことになる。

では、なぜこんなに売れたのか?

それが題名の勝利だった、と考える人もいる。多くの人は、この本の題名を『21世紀の資本論』と訳して、マルクス『資本論』の現代版なのだ、と喧伝した。現代資本主義に鉄槌を下し、新しい社会の道筋を描き出す新しい経済理論が展開されているのだ、と。そうした期待は、確かに本書を手に取る人を増やしたはずだ。

が、それに加えて、格差というのが当時、大きな社会的懸念になっていたのは大きい。

二〇〇八年にはかのリーマンショック／世界金融危機が起こった。ウォール街の投資銀行が、住宅ローンを乱発してそれを詐欺同然の金融商品に仕立て、売りさばいて大儲けして、結果として経済全体を崩壊寸前に追い込んだのは、多くの人の記憶に新しかった。そしてその尻拭いでは、閉鎖された工場や倒産した企業の労働者たちが路頭に迷う一方、この問題を引き起こした投資銀行の親玉どもは、だれも罪を問われずぬくぬくと政府に救済してもらい、巨額のボーナスをもらって引退——このあまりに不当な格差は世界全体の怒りを招いた。その抗議運動であるウォール街占拠のスローガン「われわれは99％だ」は、富が社会の一パーセントに集中しているというピケティらの研究からとられたものだ。そうした社会の関心の中で、格差についての決定版研究書がある程度の話題になるのは、無理のない話だったのかもしれない。

だがベストセラーになるというのは、あらゆる人の予想を超えていた。日本の出版の常識で言えば、こんな本は三〇〇〇部売れれば御の字だ。一万部を超えたら、欣喜雀躍《きんきじゃくやく》。それが一三万部？

英語版も同じだ。英訳者はこの本が売れるなどとは夢にも思わず、翻訳を印税式（つまり販売部数比例）ではなく、定額の買取式でやった。それが予想の数十倍の売上を記録したことで、もともと大儲けするつもりでやったのではないとはいえ、さすがに英訳者もへこんだとのこと（あまりに可哀想なので、日本版訳者たちが少しお裾分けしてあげた）。

もちろん、こんなサイコロ本をみんなが通読できたわけもない。でもおかげで、やたらにアンチョコ本が乱立し、ピケティも世界で最も有名なスター経済学者として世界中でひっぱりだことなった。

そしてもちろん、この映画ができたのも、まさにこの予想外のヒットがもたらした余禄の一つだ。

『21世紀の資本』：本から映画へ

映画をごらんになった方はわかる通り、この映画は必ずしも本の理屈を厳密にチマチマ説明するものではない（それをやったら見る人の九割は寝る）。また、ピケティが本で挙げた解決案についても十分な言及はない。その意味で、『21世紀の資本』の完全に忠実な映画化ではない。

映画としての力点は、過去と現在の格差の実像に置かれている。格差が広がっていてやばいぞ、金持ちが好き放題やってるぞ、一般人は昔も貴族や強欲資本家に搾取されていたし、最近もレーガンやサッチャーの登場以来、金持ちや大企業に搾取されているぞ、というのを様々な形で描き出すのが主眼だ。

これを物足りないと思う人もいるだろう。でも、あんな大部の理論書を忠実に映画化するのはそもそも可能かどうかさえわからない。ビジュアル的にインパクトのある話に注力するのは、映画としては当然のことだ。その一方で、この映画はピケティの本における格差の歴史的推移については、つまみ食いながらもうまく押えている。かつての封建貴族社会、その後の産業革命と労働運動（およびその弾圧）の時代、資本家たちとプロレタリアートたちの格差時代、そして八〇年代以降の新自由主義と拝金主義、そしてそれに伴う格差——その時代の主要な登場人物を押えつつ、なかなかうまく描き出せている。格差拡大の主犯格の一人マーガレット・サッチャーについて、彼女もまた戦後の格差圧縮があって初めて台頭できた人物だったのを描き出すあたりは、実におもしろい。

すでに述べたように解決策の部分は弱い。ピケティの、資本課税という解決策は、最後にちょろっと言及されるだけではある。その一方で、持ち株会社の問題もきちんと出して、課税を売上発生地主義に変える、といった新しい提案もある。さらに第二次世界大戦後に動員された労働者たちがその見返りとして各種の施策を要求し、そしてそれが格差の圧縮につながったという、戦争と格差圧縮とのつながりもきちんと描き出している。やる気があれば格差圧縮は可能なのだ、というメッセージはきちんと伝えられている。

その受容

『21世紀の資本』が予想外のベストセラーになったことで、これまで格差を重視してこなかった保守系経済学者や評論家や、既存利権の代弁者たち（たとえば株屋の機関誌ともいうべき「ウォールストリート・ジャーナル」）からは大きな反発と揚げ足取りが生じたけれど、これはすぐに先細りとなった。この本の中でボケ役に使われてしまった経済学者たちの一部も、要領を得ない反論をして了見の狭さをむきだしにしたけれど、これもまあ、すぐに収まった。また、彼を安易な資本主義批判や、政権批判に利用しようとする人々も、おおむね失望することになる。来日時にも、各種インタビューや対談で執拗に安倍政権批判やアベノミクス批判を引き出そうとする質問が見られ、むしろ消費税率引き上げの愚を指摘されて質問者が憮然とする場面もよく見られた。

そして、そういう浮薄な騒動が終わってからも、『21世紀の資本』の影響は続いた。まず、格差問題が経済的な議論の中でいちやくメジャーになったことは指摘できる。これは単に、本がベストセラーになったから、というだけではない。ピケティは、『21世紀の資本』のもとになった膨大なデータを完全に公開している。かつての格差研究の沈滞は、まともなデータがないせいもあった。いまやその状況はピケティのおかげで一変した。

そしてピケティの業績について、もちろん様々な批判的検討も進んでいる。理論的、データ的な問題点もいくつか指摘されてはいるし、それに基づく格差研究もさらに進んでいる。が、全般には、ピケティの主張そのものを大きく覆すような話は出ていない。彼の指摘はおおむね正しいようだ。

そしてもちろん、経済学の内輪を超えて、格差がそもそも問題なんだ、という認識を一般人ですら持つようになったという功績もある。各種の経済分析などで、いまや格差について形ばかりでも触れないわけにはいかなくなっている。

そして、格差に対する対応も部分的には進みつつある。『21世紀の資本』のあとで、通称パナマ文書が流出し、一流法律事務所がカリブ海のタックスヘイブンを利用したあくどい脱税の幇助をしていたことが明らかとなり、ピケティの指摘の重要性が改めて浮き彫りになった。そしてアメリカやOECDを中心に、タックスヘイブンへの規制強化や、財団などを悪用した脱税スキームに対する規制強化も進んだ。それに関連して、アマゾンやスタバなどの国際企業が、事業を行っている国には全然納税せず、何も還元していないという、この映画でも指摘されていた問題も、少しずつ改善が進んでいる。

本の最大の提案だった資本課税は、残念ながらまだ実現していない。でも二〇二〇年アメリカ大統領選に向けて民主党候補の一人エリザベス・ウォーレンは、ピケティの盟友ガブリエル・ズックマンを顧問に据えて、まさに富裕税の提案を行ってみせた。こうした提案も、いまや決して実現不可能ではない。少なくとも議論の俎上くらいにはのるのだ。

その意味で、『21世紀の資本』とピケティがもたらした影響は実に大きいとは言えるだろう。それは自由放任主義と悪しき金権主義に対する、リベラル左派勢力に対する大きな追い風となった……

……はずだった。が、この映画が登場した二〇一九年、トマ・ピケティは大きな爆弾を落とした。『21世紀の資本』続編となる『資本とイデオロギー』が発表されたのだ。

ピケティのその後：『資本とイデオロギー』

『資本とイデオロギー』は、一つには『21世紀の資本』に対する批判に答えるべく、満を持して用意された本ではあった。そしてそれは、『21世紀の資本』よりさらに分厚い代物となっていた。

『21世紀の資本』に対する批判の一つは、分析のもととなるデータが欧米先進国（プラス日本）に限られるというものだった。ところがこの本は、世界の様々な地域における格差の推移と現状を、なんと数世紀にわたり分析する。封建社会、奴隷社会、産業社会、植民地社会、近年のハイパー金融資本主義社会。中国、インド、ロシアを含む、途上国や中進国、旧共産国まで含む膨大な代物だ。

そしてここまでで一〇〇〇ページのうち七〇〇ページ以上を費やしてから、やっと『資本とイデオロギー』は本論とも言うべきものに入る。あらゆる格差には、すべてそれを正当化する物語／イデオロギーがついてまわるのだ。だから、格差のためにはそうしたイデオロギーを打破して、底辺労働者の利益を代弁する勢力が必要となる。

そうしたお話は、どれもお馴染みのものばかりだ。格差は身分に応じた自然なあり方なんだ、才覚に応じた正当な結果にすぎないんだ、格差を抑えようとすれば経済発展が阻害されるんだ、格差があるから人々は上を目指そうとしてがんばるんだ、インターネットとグローバリズムの自然な結果にすぎないんだ、貧乏人に無理にお金をやると、怠けて無駄遣いするだけだ、等々。そして最近の格差は、こうしたイデオロギーに対抗できる力が薄れてきたせいで拡大しているのだ、とピケティは主張する。

そしてここで爆弾がやってくる。ピケティは、それがリベラル左派のせいなのだ、と主張したのだ。左翼政党はかつては、現場の労働者たちを代弁する存在だった。そしてそこで大きな力を持つ人々や政治家たちの多くは、かつては現場たたき上げの、本当に労働者階級から登場した人々だった。その多くは、必ずしも学歴は高くない。でも、本当に労働者や低所得者のニーズがわかっていた。

ところが、現在の左翼はちがう、とピケティは指摘する。彼はここで、各国の有権者の学歴、収入、投票行動の分析結果を繰り出す。左派は、ますますエリート化してしまった、とピケティは述べる。もともと、左派は労働組合を基盤とする、底辺労働者主体の非エリート運動であるはずだった。知的エリートたちは、お勉強に没頭できる豊かな特権階級の人々であり、したがって保守派が主流だった。

それが特に六〇年代の学生運動の頃から、だんだん左派はインテリの活動となっていった。

飽食したエリートたちがこむずかしい理屈をこねて左翼活動に没頭するようになり、底辺労働者の実態なんか知ろうともせず、想像すらつかない。いまや左翼は、高所得世帯出身の高学歴エリートばかり。ツイッターで「金持ち許さないぞ！」とツイートするだけで、何か低所得者の味方になったつもりでいるだけだ。人種だのジェンダーだのアイデンティティだの、いろんな「社会問題」を見つけて騒ぎ立てることはできる。でも、労働者や貧困者が本当に求めているものを代弁する知識も能力もない。ピケティはそれを「バラモン左翼」と呼ぶ。

おかげでいまや、労働者階級や貧困者の代弁者がいなくなってしまった。だからこそ、格差は開く一方なのだ、と。

ひょっとするとこの点は、この映画でもなんとなく感じた人もいるかもしれない。この映画の中で資本主義批判みたいなのを展開している人は、みんなとてもご立派な知識人だ。化粧やファッションなんてのは資本主義の陰謀で、ほしくもないものを無理にみんなに買わせるための手段だ、と批判がましく主張している女性は、自分はぴっちりメイクとファッションを決めている。みんな立派なオフィスで立派な服を着て、すでに「あがり」の位置にいて、そこから他人事のように格差が云々と上から目線で言ったりしている。いま本当に格差に苦しむ労働者は、ニュースリールの中に登場するだけだ。

この主張を受け入れるかどうかは、あなた次第だ。が、これは従来のピケティ支持者にとっては、梯子をはずされて火をつけられたようなものだ。言うまでもなく、『21世紀の資本』をだれよりも支持したのは、リベラル左派の人々だ。現代の行きすぎた資本主義を批判し、きちんとした規制を導入して公共の役割を復活させようという、高い志を持つ人々なのはまちがいない。この映画に登場する学者やジャーナリストはみんな、そうしたリベラル左派だ。だが『資本とイデオロギー』は、まさにその人々に、おまえらがだらしないのが悪い、と言ってのけたのだった。

そしてもちろん、そういう人はすさまじい反発を示している。ノーベル賞経済学者ポール・クルーグマンは、筋金入りの意識の高いリベラル派として名高く、『21世紀の資本』を絶賛したのに、『資本とイデオロギー』に対してはきわめて批判的な書評を書いた。「いや、アメリカでは民主党が人種や社会問題を前面にうちだすと、労働者の支持が減ることが証明されている。ピケティの主張はまちがっている！」というのが主な主張だ。

だが、それがまさにピケティの指摘していることなんだ、というのがクルーグマンには理解できないらしい。アメリカ民主党が注力していた「社会問題」というのは、人種とかジェンダーとか環境とか、お金持ちの豊かな大学生たちがかっこよくツイッターで意識の高さを誇示してみせられるようなお話だった。でも、それは一般の、特に底辺労働者にとって何もいいことはない。むしろそれは往々にして、黒人や女性に有利な環境を作るためにおまえたちが犠牲になれということだったり、ガソリンの値段や電気料金を引き上げて生活を苦しくしろということだったり、タバコを吸うというだけで石を投げられることだったり、お金持ちにしかできないぜいたく（たとえば菜食主義）を環境のためと称して無理強いされることだ。彼らはそんなものを望んでいない。所得の再配分、公的支援の拡大など、自分の生活に直結した話を求めているのだ。

ところが、多くのリベラル派は自分が損しそうな所得再配分からは都合よく目をそむける。そして「いや地球環境は労働者も含め万人の問題だ」とか「黒人や女性にだって労働者はいる」「喫煙を止めてやるのは本人の健康のためだ」などと述べ、よって自分たちの活動や主張は労働者のためのものでもある、自分たちががんばって労働者のためを思っていろいろやっている、こんなに目をかけてやっているのに自分たちが支持されないのだから、これはこの世にはびこるレイシストども、底辺労働者にはびこる偏見がダメで、それを煽っているトランプ陣営のポピュリズムが悪い、自分たちは圧倒的に正義なのだ、と主張する。そしてリベラル派自身は、まったくの善意でそれをやっているし、しかもそういう人々の常として、自分だけはちがうと思っている。『資本とイデオロギー』で他のリベラル派のエリート思考を批判するピケティも、地球温暖化対策については五十歩百歩の議論をしているように見えるのだけれど、当然ながら本人は自分の主張が主流労働者と乖離しているなどとはツユほども思っていない。もちろん、こんな上から目線のエリート主義こそ、彼らがさらに受け入れられない大きな理由だし、そしてまさにそのために二〇一六年のアメリカ大統領選ではみすみすトランプに勝たせてしまったはずなのだけれど……。

そしてピケティが、格差問題の解決のために主張するのは、「参加型社会主義」なるものだ。所得と資産に累進課税をどんどんして、財産私有が長続きしないようにしてしまえ！　資本主義を超越せよ！

これには多くの人がのけぞった。つまりそれというのは、資本主義のままでは格差はどうしようもないという敗北宣言ですか？　その他、ピケティは従来の累進資本課税に加え、壮絶な炭素税の導入、教育機会均等化のための階級別奨学金の導入、ベーシックインカム、二五歳での全成人への一律資本贈与などを主張し、最後には連邦世界政府の樹立まで訴える……。

うーん。この本はフランス語版が出てからまだ一年、翻訳版が出はじめてから半年くらいしかたっていない（日本語版は拙訳が鋭意進行中、二〇二一年半ばにはなんとか……）。そしてコロナ騒動のため、十分に議論が進んでいない部分もあるが、各方面からの評判は決してよくはない。今後、その評価はどう動くだろうか？

さいごに

格差をめぐる様々な議論は、日々揺れ動いている。ピケティの最近の議論を受け入れるのか、それとも資本主義の部分的な修正だけで何か格差問題の解決ができるのかについても、見解は人によって様々だ。

だが基本的には、今後格差にどう取り組むかは、人々が民主的な議論の中で判断し、社会として方向性を定めるしかない。ピケティもこの点については、『21世紀の資本』と『資本とイデオロギー』双方の終わりに強調している。こうした研究は、人々に情報と分析のツールを与え、自分なりの判断を可能にさせることにあるのだ、と。決して自分の考えを押しつけようというものではない。むしろ、そうしたエリートだけが社会の方向性を決めるような考え方こそ、最も有害なものなのだ、と。そしてそれは、まさにその通りだ。

これをお読みのみなさんも、ピケティの大著を読まないまでも、この映画で基本的な問題意識はわかるはずだ。そしてそれを足がかりに、自分なりに考えを進めることもできる。ピケティの著書には、大量のオンライン補遺やデータが提供されていて、日本ではそれが完全に翻訳されてすべて利用できるようになっている（他の翻訳でそんな物好きな手間をかけたところは一つもない）。そうしたものを少しでも利用しつつ、みなさんが自分なりの考えを進めてくれれば、と真摯に願うものだ。

注1　本稿は発売中の以下のＤＶＤの解説として書かれたものだ。映画『21世紀の資本』（http://www.takeshobo.co.jp/book_d/shohin/A321401）、監修・出演・原作：トマ・ピケティ／監督：ジャスティン・ペンバートン／提供：アンプラグド・竹書房／発売：竹書房／定価：三〇八〇円（税込）

第4章　経済のトリセツ　その2

この章は、いささか落ち穂拾い的なものとなる。戦争の経済、人工知能の影響、ユーロ圏の惨状——ユーロ圏は、ギリシャもスペインも、かつてPIGSと呼ばれていたデフォルト寸前の国々でやっと厳しいデフレと賃金低下が底に達し、そろそろ事態が改善するか、と思ったところで、コロナ騒ぎでそれどころではなくなってしまった。ついでに、本文の追記（コメント）にも述べた通り、少しは計算があると思っていたブレグジットで、イギリス政府があそこまで無策とはまったくの予想外ではあった。

が、コロナ騒ぎが落ち着いたところで、いずれまたEUの緊縮体質、シバキ体質は再びトラブルを引き起こしそうだとは思う。いや、ユーロ危機は、今後EUがさらに統合を進めて、財政統合まで進めれば起きない、という論者もいる。でもまず、その財政統合で起こるのは、先日のギリシャが受けたようなイジメに等しい緊縮策のお手軽な実施ではないか、というのはみんな思うことだろう。そして、市場統合で各種規制がまとめられてしまいつつある中で、各国とも産業政策の主体性の余地がかなり制限されそうだ。通貨も財政も、産業や規制も奪われたとき、「国」ってなんだろうか、みたいな話がいずれ出てきて、するとブレグジット的な騒動も他で再発しかねないようにも思う。

がそれはさておき、落ち穂拾いなので、特にここに共通テーマはない。ただ、将来的に何かしらヒントになるような部分があるかな、といった程度の集まりだ。

中でも最後に収録した建築と経済社会の話は、冒頭でも述べたように、建築を中心に据えた文だけれど、同時に経済的な話がいかに物理的な都市建築に影響するか、という話でもある。経済は、モノに行使される力の一部でしかない。本当は、作用する他の力とのバランスをもっときちんと考えないと、経済についての捉え方も偏ってしまうんじゃないか、という気が少しする。もちろんこれはぼくがエンジニア崩れだから、というのもあるのかもしれない。それに何か体系だった話があるわけではなく、漠然とした印象でしかないから、それでどうしろというわけでもない。

でも、少なくともそれを認識しておくことで、実際に目にする世界について少し認識が変わるんじゃないかな、という期待はある。そしてそれは、「はじめに」で述べた、経済成長が社会の雰囲気をどう変えるか、という話にもつながってくるモノの見方ではあると個人的には考えている。

戦争反対は理念より実利から

初出：「Voice」2007年11月号、PHP研究所

宣伝めいて恐縮だが、戦争の経済学についての本を先日訳し終わったところだ〔注：ポール・ポースト『戦争の経済学』のこと〕。道徳的なお説教など一切なく、戦争についてひたすら経済学的に分析する（というより戦争を事例に経済学の概念を教える）という、ありそうでなかなかない本で、現代の傭兵の仕組みや国連軍のダメな理由、自爆テロの合理性から核物質の闇市場価格まで、扱う話題も実に多様。本自体は一〇月末に出る予定なので、ご興味があれば探してみていただければ幸甚。

さてその際に出版社の要望で、おまけの章として日本の事例を使ったものができないかと相談を受けたのだった。イラク派兵は本当に日本にとって得だったのか経済的に分析できないか、というのがご要望だったのだが、これは無理ではないけれどなかなかむずかしい。派兵で日本が何を得たか、定量的はおろか定性的にも明確でないからだ。もう少し事業収支的な見方に馴染むものはないかと探して、日清戦争をはじめ、大日本帝国時代の戦争について少しデータを

調べてみた。

これが、どれも事業として見ると、まったくどうしようもない代物ばかり。ほとんどが赤字だ。数少ない黒字だった日清戦争ですら、清国から分捕った賠償金をもとに計算すると、収益率がたったの五七パーセント。一見かなり儲かったように見えるけれど、大きめの不動産開発だって二〇パーセントくらいの収益はほしいところなのに、戦争というすさまじいリスクを抱えた事業にしては、あまりにしょぼい収益。まして五七パーセントは事後の収益だ。負ける確率まで含めた期待収益率を考えたら、とうていまともな数字にはならなかったろう。これがましなほうなんだから、あとは推して知るべし。

でも植民地は？　たとえば日清戦争では賠償金以外にも台湾その他の利権を得たから、それで儲かったのでは？　残念ながら（というべきか）これも全然儲かっていない。一九三〇年前後に外務省調査部が、満州事変までの各種戦争と植民地からの収益をもとにした収支分析を行っているのだけれど、これが泣きたいくらいの大赤字（特に日露戦争のダメさ加減は憤死もの）。戦費は除いて植民地維持費用と植民地からのあがりだけを見ても真っ赤だ。報告を出した戦前の外務省ですら、これはあまりにひどいから外に出すにしてももう少し考えようぜ、という提言をしているほど。

ふーむ。まあ考えてみればむべなるかな。植民地というと収奪してしぼりとればいいだけだから大儲け、という印象が一部にはあるけれど、収奪できるほど繁栄していただくのはそんなに楽じゃない。インフラも整備してあげて、産業ノウハウも入れて、治安維持とかその他のいろんなテコ入れも必要だし、なんだかんだで結構面倒で手間暇かかる。イギリスのように何百年もいすわれば、いずれ回収できたかもしれないが、一〇年二〇年では確かにつらかろう。が、それでもそんなに儲かっていないどころか、持ち出しで赤字になっていたとは知らなかった。多少は儲かっておいしい思いをしていたからこそ、次々に侵略（でも進出でもいいが）を繰り返していたのかと思っていたのに。

そして戦争や植民地というとすぐに地政学が云々とか戦略どうしたこうした、という聞いたような話が出てくる。でも一連の戦争の流れをざっと見た限り、そんなむずかしい話をしなくても、ごく単純に事業的な解釈で太平洋戦争に至る流れは理解できそうだ。事業で赤字を出してそれを取り戻そうとしてもっとダメな事業で墓穴を掘り、それを取り戻すべくさらに……というありがちなお話。そして最後の一か八かの大ばくちが太平洋戦争だ。ガキの頃には「日本は軍事大国への道を突き進み……」とだけ教わって、それが何のためだったのかよくわからなかったけれど、損を取り返そうとして手を広げていったのだと言われれば納得したんじゃないかと思う。

そこから少し発展すると、世の反戦教育みたいなものだってもう少しやりようが出てくるんじゃないかと思う。理念だけで念仏みたいに、戦争悲惨反対繰り返しません軍靴の音がと唱えるより、単純に戦争は儲からないし（最近のはなおさら）、植民地も大損だったから二度とやらんほうがいいよ、と言ったほうが明快で風化もしなくていいんじゃないか。教わる側もすっきりすると思うなあ。最近では子供に経済を教えようという動きもあって結構なんだが、その中身はいきなり株式投資をやらせるとかバカな代物も多い。お金の流れとか、儲けるとか稼ぐってどういうことなのかをざっと教えたら、それを足がかりに各種の教科を有機的に組み合わせてもっとおもしろくできると思うんだけどな。この戦争の話みたいに。

ＩＭＦ、自らの処方箋を味わう

初出：「マガジンアルク」２００８年５月号、アルク

国際通貨基金ＩＭＦというのがある。世界銀行と並んで、国際援助関係者なら知らぬ者のない大御所機関で、ワシントンに本拠がある。実は『スパイ大作戦』こと『ミッション・インポッシブル』の連中が所属しているのもインポッシブル・ミッション・フォースことＩＭＦということで、何本目かの映画の最後にトム・クルーズがガールフレンドに「ぼくはＩＭＦに勤めてるんだ」という場面があるんだが、封切りの日にワシントンではそこの場面で大爆笑が起こったとか。

とはいえ、どっちのＩＭＦも大変な仕事をしているのは事実ではある。本物のＩＭＦが最も目立つのは、経済危機に陥った国に対しての融資だ。たとえば一九九七年あたりのアジア通貨危機時代には大活躍。破綻しかけた諸国に、金が欲しけりゃあーしろこーしろと指図していじめていた。ちなみに建前上は、対象国と協議をして、お互いに経済立て直しのためにこれが必要だということで合意に達して、その一部として各種の改善策もあり、融資もあったんですよ、

別に指図じゃありませんよ、ということになる。が、もちろん倒産寸前の破綻国なんかにお金を出してくれるところなんか他にない。破綻国側は、ＩＭＦがどんな無茶な「提案」をしようとそれにノーと言える立場じゃないのだ。

そして彼らの「提案」というのは、だいたい決まっている。財政引き締め。支出を減らし、公務員のクビを切り、とにかく歳出削減をしなさい。

が、これはその当事者にとっては決して人気のある政策ではない。不景気のまっただ中にクビを切られた公務員はたまったもんじゃない。その多くの人はＩＭＦ死ねと思っている。改革されて放出された国営企業の残骸は外資が買ったりするので、ＩＭＦはグローバル資本の手先だ、なんていう的外れな悪口がはびこるのもこれが一因だ。

さらにアジア通貨危機においては、ＩＭＦのこの方針はまちがっていたことがいまや明らかになっている。これについては、当時世界銀行にいた大経済学者スティグリッツの批判(https://cruel.org/econ/stiglitzimfj.html) などが手厳しくも正しい。アジア通貨危機は、いろんな投資が引き上げて経済が資金不足になったために生じた。そこで財政引き締めをしたら、経済にまわる金がもっと少なくなって、事態は悪化する。むしろ財政は一時的に拡大して、経済にまわるお金を増やすべきだった。ＩＭＦは、アジア通貨危機をかえって悪化させたわけだ。

そんなわけで、ＩＭＦに対する遺恨は、アジアでは我田引水の手前勝手な責任なすりつけ(だけ)じゃない。結構正当な恨みもたくさんくすぶっているわけだ。

そこへ……今年（二〇〇八年）になって朗報がやってきた。ＩＭＦは近年、赤字が続いている。発展途上国も、かなり財政運営は上手になってきた。もうＩＭＦから融資を受けようなんて国はかなり減ってきている。ＩＭＦは一応、融資の利息で食べているので、融資が減れば収入も減るわけだ。

で、ＩＭＦはついに、自らのコスト削減、大量首切りを実施すると発表した。が、もちろん職員たちは反発しているし、希望退職をつのってもあまり集まっていないとか。サブプライム問題で金融業界も荒れていて、再就職の口もないから、というわけ。でも、あんたたち途上国に対しては、まさにそれをやれと言っていたわけでしょ？

というわけでいま、ＩＭＦは世界の人々の大注目を集めているのだ。隗《かい》よりはじめよ。早く財政引き締めしてみせていただきましょうか。ちなみに、このＩＭＦの状況は、世界銀行などを含む開発援助機関全般の事情とも関連する。実はもう、開発援助の役割は終わりつつある。このぼくの仕事も、たぶん二〇年後にはもうなくなってるんじゃないかな。そこでどう有終の美を飾らせるかが今後課題としてクローズアップされると思うんだが。この話はまたいずれ。

排出権取引が新しいバブルの温床になるだろう

初出：「Voice」２００９年６月号、ＰＨＰ研究所

二〇〇八年は、二一世紀の世界経済が当然と思っていたいくつかの前提が大きく揺れた一年だった。もちろんサブプライム問題に端を発し、リーマンショックで奈落の底へと転落した世界金融危機は、世界経済の基盤がいかに頼りないものだったかを如実に示してくれた。が、他にもある。二〇〇八年は、ここしばらく見られなかった原油価格と食料価格の高騰で幕を開けた。いずれも、予想外のものだった。

七〇年代のオイルショック以来、原油価格が徐々にまた下がってきて、最近（少なくとも二〇〇六年頃）は実質価格で見ればオイルショック以前と同じくらいに下がったというのはよく言われることだ。だがそれが二〇〇七年半ばくらいからじわじわ上がりはじめ、一バレル五〇ドルをあっさり上回って、あれよあれよという間にまさかの一〇〇ドル突破。二〇〇八年春には一五〇ドル寸前にまで到達した。マッチポンプの評論家たちは、ついに石油が枯渇した、ついにピークアウトだ、原油価格は二度と下がらない、現代文明はおしまいだと煽りたてた。が、

その当時ですら、原油価格がどう見ても実際の需給を反映していないことは関係者が口をそろえていたことだ。結局、下がらないはずの原油価格は経済の低迷を機に急落。まだ完全に戻りきったわけではないけれど、一時の狂乱ぶりはもはや見る影もない。

同じく食糧価格もすさまじい高騰を見せ、あちこちで食糧暴動のセンセーショナルな報道が行われた。温暖化のせいだ、中国が肉を食うからだ等々、これまたまことしやかな議論が展開されたが、こちらはいまや完全に元の木阿弥。これまた基本はマネーゲームだったようだ。

金融システム、石油、食糧。いずれも現代社会や経済の基本となるものであり、これまでのぼくたちが当然のように思っていたものだった。そしていずれも、投機とバブルによって大きく揺らいだ。そしてどれもバブルがはじけて人々は正気に戻った。

すばらしい。これでみんな懲りただろうから、二度とそんな話にだまされる人はいない……と言いたいところではあるが、もちろんそんなわけがない。いずれの分野も、人々の不安に直結してくる。エネルギーがない、食糧がないと言われると、みんな直感的に焦ってしまい、過剰な反応に走る。

エネルギー価格の高騰は今後も起こるだろう。エネルギー、中でも石油はきわめて投機にあいやすい財だ。いまの経済は石油に大きく依存しているし、供給はごく少数の国に限られている。産油国で紛争が起これば（そしてこれが非常に大きなリスクなのはだれも否定できない。サウジアラビアがこのままなんの波風もなく今世紀いっぱい持ちこたえられると思っている人はいるだろうか？）不安が広がって、そこにつけこんだ投機も発生し、またもや原油価格が高騰する可能性は十分にある。あるいは需要側でも今後アフリカが急成長をとげたとき、またもや資源不足論が蒸し返されるだろう。彼らがいま中国と結んでいるあまりお得とは思えない資源提供契約を反古にしようとしたりして争乱が起きれば、そんなものをきっかけに資源バブルが再燃することはいくらでも考えられる。

食糧もそうだ。食糧は人々の本能的な不安に直結しているので、それがなくなるかもしれないと脅されると人々は理性を蹴倒す反応を示す。いまだに日本で食糧安保論のようなまぬけな議論を真顔でする人々が多いのもそのせいだ。これまたちょっとした不安材料と投機で大きなバブルが必ずまた起きる。

そして金融。今回の一件〔注：サブプライム問題のこと〕で、各種の規制や監視システムが整備され、二度とこんなことは起こらないと思いたいところだが、そんなことはない。必ず新しいネタが生じる。新しい金融商品が生じ、新しい金融分野は出てくる。今回の危機で各種投資銀行がつぶれたのは、そうした新しいネタがだいぶ尽きてきた証拠ではあるのだけれど、でも人間の悪知恵は果てしない。そして彼らが活躍するのに格好の分野が生まれつつある。

それは環境だ。ぼくはこれが、いずれ世界に次の（または次の次の）大経済混乱をもたらすんじゃないかと思っている。

といっても、別にみんながレジ袋を断ったり電気をこまめに消したりするのが悪いという話じゃない。ハイブリッドカーや電気自動車もどんどんやればいい。また風力発電や太陽光発電が世界の仕組みを一変させるという話でもない。こういう再生可能エネルギーは規模が小さくあまりに自然条件に左右されすぎて不安定なので、世界のエネルギー需要に目に見える影響を与えることはほとんど期待できない。バイオ燃料はいまだに評価が定まっていない。アメリカの補助金づけバイオエタノールはダメなようだが、ブラジルのものはかなりいいようだし、ジャングルが破壊されるといった批判はほとんど根拠がない。でも一方でバイオエタノール用の作物育成過程で出る窒素酸化物が、二酸化炭素より温暖化への寄与が高いといった調査も出てきており、本当にエコかどうかまだわからない状況だ。

だがいずれにしても、この不景気対策として各種のエコ研究開発にどんどんお金がまわるようになっている。かつては原油価格が下がると再生可能エネルギー熱はすぐに冷めてしまうのが常だった。今回も、二〇〇八年前半の石油価格高騰期には、各種の再生可能エネルギー企業などの株が高騰し、エコファンドなどが大人気となり、一部ではエコバブルとも言われたが、いまやそうしたものの活躍は冷えこんでいる。が、今回は民間のエコバブルが冷えこんでもそれが公共からのエコ研究投資バブルに取って代わられているようだ。それはどんどん続けてほしい。これを環境バブルと呼んで心配する人もいるが、そんなものははじけたところでエコ企業が一〇〇社ほど倒産し、踊った投資家一万人ほどが大損する程度の話。その中で千に一つでも当たりが出て、少しでも石油に代わる有効なエネルギー源の見通しがつけば、それは大きな意義を持つ。バブルが終わったときにもそれは有益に働くことだろう。それはきわめて結構なことだ。

ただしそれには時間がかかる。そしてそれまでに別の変な仕組みが出現しつつある。ぼくが心配しているのは、排出権取引というやつだ。

オバマ政権になって、アメリカもキャップアンドトレード式の排出権取引を真面目に検討しているようだ。が、排出権取引というのはつまり「排出したかもしれない二酸化炭素」なるものを取引するという代物だ。そんな得体の知れないものを大規模に取引することがいかにやばいか、すぐに想像がつきそうなものでは？　「オレは来年、一〇〇万トン二酸化炭素を出すかもしれないけれど、それはやめとくからその分お金をよこしなさい」というのが排出権取引なんだが、来年「出すかもしれない」なんていうものをねつ造するくらいの会計処理など、いくらでも思いつくと思わないだろうか？

たとえばいま、途上国ではＣＤＭというのがある。日本が途上国を手伝って、彼らの炭素排出を減らせば、その分日本が排出枠をもらえますという仕組みだ。さて、これでＣＤＭ詐欺を思いつかないだろうか？　途上国としては、たとえば「でっかい石炭火力発電所作りまーす」と宣言して、あとから「やっぱやめました、日本の援助でその分省エネで対応します、だからＣＤＭのクレジットちょうだい」と言えばいい。まあ実際にはそこまで単純ではないし、いまはそういうインチキがまかり通らないように厳しい規制をしている。が、そのために活用しにくい複雑な仕組みになってしまっているのも事実で、実際なかなか使われていない。そしてそこが問題でもある。排出権取引は市場の仕組みを使って二酸化炭素排出を抑え、環境を保護しようとする。だがその「市場」は必ずマネーゲームの対象となってしまう。そして困ったことに、逆にマネーゲームの対象にならなければ排出権取引が市場として栄えることはない。市場によって環境保護をはかるなら、それをマネーゲームの対象にすることを奨励せざるを得ないだろう。

たとえばヨーロッパではしばらく前から排出枠の取引が行われているが、どの国も自分が金を払うのは嫌だ。だからみんな枠を甘めに設定しすぎ、おかげで排出権が余ってしまい市場は低迷した。そこで枠の見直しなどで市場のテコ入れをはかった。それ自体はよい動きだろう。だがこれは、その「枠」の決め方が非常に恣意的でやばいことも示している。そこには政治的な思惑や力関係だけでなく、市場を操作しようという意図が機能している。そうした思惑で排出枠が決められ、それが市場における需給を大幅に左右する——あなたが腹黒い金融屋なら、その枠を決める仕組みになんとか入り込んで、それを操作しようとするだろう。

実体のない人工的に決められる「商品」をめぐる大規模なお金の動く市場——ぼくはこれが新しいバブルの種にならないわけがないと思っている。それをもとにしたデリバティブもすぐに生まれるだろう。しかもそこで取引される商品は、産業活動そのもののレベルを左右してしまうものだ。ぼくはこれがかなりやばい仕組みだと思うんだが、エコ論者は真顔でこれを支持していけるし、エコというお題目があるから何やらずいぶんと追い風調子だ。

極端な話、もしこんな仕組みが本当に世界的に動き出すなら（そしてそれをきちんと強制する仕組みができるなら）、たぶん炭素排出の枠は中央銀行のマネーサプライのようなものとなるだろう。産業が加熱したら排出枠サプライをしぼり、逆に産業が低迷したら排出枠サプライを増やす――ただしこの中央排出枠銀行は、今のままだと常に産業を冷やそうというバイアスを持っていることになるが。一〇〇年の歴史を持つ中央銀行制度すら危ういのに、そこへこんなダメ日銀みたいな仕組みを入れて大丈夫なのか？

願わくは、いまのエコ投資バブルから何か新しい低炭素エネルギー技術が出てきて、こうした変な仕組みを使わずにすむようになるといいのだけれど。さて今世紀末、ぼくたちはどんな世界に住んでおりますことやら。

貧乏人の経済学：中途半端は意外といいかも？

初出：「アルコムワールド」２０１２年５月号、アルク

先日、拙訳の出た『貧乏人の経済学』（バナジー&デュフロ著、みすず書房）という、開発援助に興味のある人ならとてもおもしろい本がある。あらゆることをちゃんと実験して検証しようという経済学の新しい動きを応用して、本当にうまくいく援助のあり方を考えた本で、原著はものすごく評判が高い。そして、その中で指摘されているのが、援助をめぐる両極端の考え方だ。援助は人々のやる気をそいで、クレクレ乞食にしてしまうからよくない、という発想と、もっとドーンと大規模にやらないと援助は効果が出ない、という発想だ。

そしてぼくもその本の訳者あとがきでも書いた通り、この発想は援助の現場にもしょっちゅう出てくる。

たとえばある国で、公営企業の組織能力改善をやろうとしていたことがある。当方の提言は簡単なことで、目標と実績を表にして毎週みんなに配り、改善案を話し合いましょう、というもの。みんな納得してくれたし、事前のワークショップではみんな改善案も積極的に出す。で、

これなら大丈夫だと思って、半年後に戻ってきて見ると……全然できていない。週ごとの成果確認も話し合いも。

何やってんだよ、と怒ると、向こうは申し訳なさそうな顔をしつつ、こう答えた。「いや、でも配るためのコピー用紙を買う予算がないんだよ」

さて……そう言われてあなたはどう思うだろうか。

コピー用紙調達くらいのハードルすら自分で克服できないってどういうこと？　これだからXX人はダメだ、援助なんかしたって無駄だ、こいつらが自分からやる気を出して、少なくともこの程度の問題は自力で解決できないと意味ない、と思う立場もある。

一方で、みんなやる気があるのにこんなことで見捨てるなんてもったいない、という立場もある。それにコピー用紙というのは、紙そのものというよりむしろ多数の細かい障害の代表例でしかない。もっと援助して方策実施に必要な機材くらいドーンと一式あげて、まずは仕組みをスムーズに機能させるべきでは？　そういう考え方もある。

どっちの発想にも一理ある。うまく行かないのは、援助自体が大きなお世話なのか、それともいまやっていることがケチだからなのか？　現場にいるぼくたちも、日々この発想の枠組みの中で議論をして、どういう援助をするのがいいか、あれこれ答えを出そうとしている。

さてこの本は、どっちの発想にも、一理はあるが一理しかない、と述べる。援助は白か黒かではない。なんでも自主性ではないが、なんでもあげればいいわけでもない。援助の障害の多くは、人間が生得的に持つ弱さやちょっとしたかんちがい、過大な期待と現実とのギャップにある。それを見つけて取り除けば、結構うまく行くのだし、開発援助はそうしたボトルネックの地道な解消が重要なのだ、と。細かい議論は是非とも本を手にとっていただければ幸甚。

が、実はこの議論、実際の援助のあり方をかなり肯定してくれるものでもあるのだ。現実の援助だって白か黒にはならない。援助をやめたら、援助機関は店をたたむハメになるではありませんか。一方で予算は限られているので、なんでもかんでも援助とはいかない。すると結局はまた中途半端なことをダラダラ続けることになり、白と黒のどっちの意見の持ち主も現場でフラストレーションを抱えることになる。そして熱心な人ほど、白か黒かの強い意見を持っているのだ。

しかし本書が正しければ、白黒はっきりさせず中途半端にやることにも一理ある。大した効果がなくても、モガモガとあがき続けることが重要なのかもしれない。その中で、本当に重要なポイントがいつかヒットすれば……。

そう思うと、これまでの幾多のフラストレーションも少しは報われるような気もするんだが、しかし一方でそれがあまり成果を生んでいないから白か黒かの極論をみんな採用したくもなるわけで、うーん。こうして援助の現場の悩みは続くんだが……でも結局はそれがよかったたってことなんですかねえ?

ギリシャ危機とユーロの未来

初出：「ニューモデルマガジンX」2010年8月号、三栄書房／ムックハウス

執筆時点（二〇一〇年五月）ではギリシャの財政危機に端を発するユーロ危機がやっと消火……はできておらず、次に似たようなところが出てくるのではとみんな戦々恐々。これが出るころには、何かめどがついていると願いたい……がむずかしそうだ。

さて、そもそもなぜギリシャが、という話はローカルな問題だからどうでもいい。でも、その後の騒動はユーロという仕組みの根幹に関わる、とても大事な事件だから、理解していて損はない。それは、いまだにときどき顔を出す「アジア共通通貨」などのまぬけな思いつきのまぬけさ加減を理解する役にも立つからだ。

むろん、通貨の統一にはそれなりのメリットがある。外国出張をした人ならご存じの通り、外貨両替は面倒だし、いまの変動相場ではレートはすぐに変わる。すると契約時点ではお得に見えた取引が、一転して大損になりかねない。そうなると、人々は取引を尻込みする。域内の企業が、為替変動リスクなしで取引ができれば取引は活発化するだろう。貿易が増え、経済は

活性化するはずだ。

これは理屈としては正しい。が、研究によれば、通貨統合の恩恵はかなり小さいようだ。ユーロに入れるほどの国は、もともと通貨がかなり安定して為替リスクが小さい。というかそういう国しかユーロに加盟させないことになっているのだ。統一通貨の恩恵がないところしか統一通貨に参加できない！

また参加にあたっては通関制度や国内認証の仕組みなどをEUの標準に合わせるために、かなりの制度改革が必要になる。ユーロの成功とされるものは、共通通貨のメリットよりも、そうした制度改革の影響がずっと大きいことが示されている。ついでに、EUはその制度改革用にいろんな資金援助までしてくれるので、これもオイシイ。

でも、もし通貨統合がそんなにメリットがあるなら、なぜ他の地域は次々にそれをやらないの？

それはもちろん、不具合が生じるからだ。通貨を統合すると、その各国は独立したマクロ経済政策をほとんど持てなくなってしまう。不景気になっても、打つ手がなくなってしまうのだ。ギリシャの状況がまさにそれだ。ギリシャは財政赤字が問題視されている。昔なら、中央銀行がお金を刷ってそれを穴埋めすることも一応はできた。税収を増やすために景気をよくしようとすれば、金利を下げて景気を刺激しただろう。また為替レートも変わってギリシャが輸出しやすくなり、自動的に調整が行われた。

ところが、うっかりユーロに参加してしまったギリシャは、そういう手立てを一切持っていない。ユーロの金利はギリシャだけの都合では決められない。為替レートはない。自分でお金を刷ることもできない。何もできない。だれか——たとえばドイツ——に、屈辱的な土下座をして身請けしてもらうしかない。

これは、ユーロという仕組みの持つ宿命的な欠陥だ。そしていま、まさにその欠陥が露呈している。

考えてみれば簡単な話で、仕組みを大きくしたら小回りがきかなくなる——要はそれだけのこと。ユーロ圏が全体として成長していたときには、どの国もまあまあ好況で、税収も増えて財政もなんとかなりそうだし、小回りがきかなくても大きな問題にはならなかった。が、それが崩れて地域ごとの小回りが重要になった現在、以前ならギリシャだけの問題ですんだはずのものが、ユーロ圏全体にまで累を及ぼしているのだ。

そしてこれは、ときどき賢しらな評論家や政治家が持ち出す、アジア共通通貨といった話でもまったく同じ。彼らはこういうリスクを理解しているだろうか？

最後に、ユーロの話をしようとすると、必ず出てくるのが歴史だの文化だの宗教だのというりんちく話だ。数世紀前からのハプスブルグの野望がとか、キリスト教文化圏が、とか。でもそういう話は一切無視してかまわない。現実世界は、そんなバカな浪花節では動かない。塩野七生や司馬遼太郎を読んで世の中がわかった気分にはならないでくださいな。ではまた。

不自由な発展と自由な貧困：北アフリカ動乱の選択

初出：「アルコムワールド」2011年4月号、アルク

　執筆時点（二〇一一年二月頭）では、エジプト情勢が膠着して先行き不透明。民主化要求デモというべきか反政府デモというべきか、その一団が気勢をあげてはいるけれど、ムバラク大統領退陣しろという以外に何を求めているのかよくわからないし、反政府側の代表と呼べるのがだれなのかもわからず、だれと話をしていいかもよくわからない感じだ。ついでにエジプトの話ばかり伝わってきて、先行したチュニジアの状況もさっぱりわからない。暫定政府ができて、それに文句があるといってまたデモが起きたりして、こちらもよくわからない感じ。これをみなさんが読む頃には、どっちも少しは進展しているだろうか。

　さて、この件についてツイッターなどで少々議論したりもしたのだ。で、その際にかなり基本的なところで認識のちがいというのがあるな、と始終感じさせられたのだった。それは、民主主義や自由というものの意味や役割ということについてだ。

　多くの人は、民主主義や自由をそれ自体として追求すべき目的だと考えている。彼らにとっ

て、今回のエジプトやチュニジアの一件は、独裁者の圧政に対して自由と民主主義を求めた人民が立ち上がった革命であり、したがって無条件でよいものであり、それを少しでも疑問視するやつは反動抑圧勢力だ、と考える。

一方、ぼくを含むこれまた多くの人にとって、民主主義や自由というのは、生活をよくするための手段の一つにすぎない。したがって、民主主義が実現できただけでは意味がない。それによって生活がよくなるか？　それを考えなくてはならない。そして、その考え方に基づくと、今回の騒動は明らかにまずい。勢いだけで動いている愚行で、必ず後悔するとしか思えない。

この両者の間で話をしようとすると、ときどきまったく議論がすれちがいになり、お互いむなしい思いをすることになるのだ。

前者はわかりやすいし、シンプルな価値表明だから説明不要だろう。これに対し、後者の考え方はちょっとわかりにくいかもしれないので説明しよう。

今回の騒乱の一つの背景は、食料価格上昇に伴う貧困者の不満とも言われたし、また大学生の失業率が高いことだとも言われた。さて、デモをしていまの大統領を打倒したら、その状況は改善するだろうか？　食料価格は下がり、大学生の就職先はできるだろうか？

たぶん……できないだろう。食糧の流通は国内の騒乱で支障をきたすだろうし、社会不安が高まれば投資は逃げる。現に日産は、エジプト工場を一時止めている。

そうすると、このデモをやったことで、デモ参加者の生活はよくなるだろうか？　少なくとも、中短期的にはかえって悪くなるだろう。

そしてそうなったら、生活不安や就職難から今回のデモを起こした人々は「こんなはずじゃなかった」と思うだろう。その幻滅はもっと社会不安を招き（この手の民主化運動が往々にして内ゲバになるのは歴史の物語る通り）、せっかく中進国になりかかっていた両国が一気に凋落するのでは？　そうなったら何のための自由や民主主義なの？

それでもいい、と思う人もいるかもしれない。独裁者に自由を奪われた豊かなブタであるよりは、貧しくとも自由な存在でありたいという人もいるかもしれない。でも、ぼくはたいがいの人はちがうと思う。そういう書生まがいの理想論を言えるのは、自分は喰うのに困っていない人ばかりだ。実際にデモをしている人たちは、大統領がやめれば、なんか知らないけど自分の生活が向上すると思ってるんだと思うんだ。

さて、これはある意味で信念の問題だ。どっちかが正しいわけじゃない、と言っておこう。ただ他のいろんな状況について考える際にも、自分がどんな信念に基づいて動いているかを把握しておくのは重要なのだ。あなたは、この議論のどっちに賛成だろうか？

移民に来てもらえるのもいまのうち

初出：「Voice」２０１５年6月号、ＰＨＰ研究所

今回は年度末であまりに忙しく、時事ネタに目配りする余裕がなかったので、もっと長期の話でお茶を濁そう。最近、製造業の一部が日本回帰を見せているのはご存じの通り。もちろん、これはアベノミクスに伴う持続的な円安による部分が大きいけれど、たぶんそれだけではないと思うのだ。そろそろ安い労働力を求めた海外進出の限界が見えつつあるんじゃないか。

ぼくが最近驚いているのは、途上国といわれた各地の賃金が、驚くほどの勢いで上がっていることだ。どこでも予想よりはるかに早い。

かつて一九七〇年代や八〇年代頃は香港やタイ、韓国が日本企業の工場移転の中心だった。その国の経済水準が上がるにつれて賃金水準も上がったけれど、一部の国ではその動きも限られていた。一九九〇年代にはそこにドーンと中国が登場し、当時は中国の農村には無数に人がいるので、安い労働力は当分枯渇せず、賃金水準も低いままと言われていた。

が、その状況が予想よりかなり早く変わった。いまや賃金は急上昇し、人もなかなか集めづ

らい。中国自体が、一人っ子政策により急激な高齢化を迎えそうだ。ベトナムも急激に発展し、賃金も上がってきた。

そしてこれから有望だと思われていたラオスやカンボジアも、予想よりはるかに急激に人件費が上がっている。一つの理由は出稼ぎ。工場で求めるような元気な労働力は、いますでにタイなどに出稼ぎに行っている。そういう労働者に働いてもらうには、タイ並みの賃金を支払わないと、みんな出稼ぎのほうが割がいいと判断する。結局思ったほどのメリットはない。

これはある意味で当然でもある。いまや海外への工場移転はあたりまえで、環境が整えば多くの企業がドッとその国に殺到する。そしてそれ自体がその国の生産性を上げ、生産性が上がればその分賃金は上がらざるを得ない。経済学の基本的な法則ではある。最近ではミャンマーやバングラデシュが有望と言われる。その先は、アフリカや中央アジアだろうか。ここらのインフラや制度環境が整うには、あと一〇年くらい。でもどの地域も、投資環境が整った瞬間にみんな出ていって、そして一〇年もたたずに賃金が上がるだろう。たぶんあと一〇年もすれば世界的に、安い労働力のために外国進出というパターンはつらくなるんじゃないだろうか。

もちろん、外国に出る理由は安い労働力狙いだけではない。市場目当てもあるし、そもそも日本に労働力がいなければ、高くても出ていくしかないことにはなる。

その一方でその頃の日本は高齢化が一層進み、働く人が減る。いまの日本は、移民や外国人労働力を受け入れるべきか、なんて話をしている。でもいずれ、それがそもそも困難になる。

外国の労働者側も、自国で高い賃金水準が得られるなら、日本になんかわざわざくる必要もない。お願いしたって日本なんかにだれもこない状況になりそうだ。そして高齢化に応じて日本の生産性が下がってくると、日本の賃金水準も下がる。日本の数少ない若者たちのほうが、優秀な順に出稼ぎに行くシナリオのほうが現実的になるんじゃないだろうか。

するとと日本の状況はかなりつらくなりそうだ。その時期でも劣悪な日本の待遇に甘んじてくるなんて、その待遇に見合った劣悪な（こちらとしてもほしくない）労働者ばかりになる。日本に残るのも、年寄りと出来の悪いのばかり。

ロボットの可能性をもっと急速に高める、というのは解の一つだろう。でもそれが間に合うかどうか。ロボットも、ドローンなどの各種自動化方策には芽があるかもしれない。でもそれですべて解決とは思えない。少なくともそれだけをあてにするわけにはいかないだろう。

すると――ぼくはいまのストックがあって、人々が来たがっているうちに、移民にきてもらってある程度の同化政策をやっといたほうがいいんじゃないかと思うのだ。文化のちがいで摩擦が、なんていうぜいたくを言っていられるのは、過去のストックが残っているいまだけだ。受け入れ体制を整え、アピールできるのは、二〇二〇年のオリンピックあたりが最後のチャンスじゃないかと思うんだが。

経済政策に「真意」はいらない

初出：「Voice」2015年8月号、PHP研究所

今回の話は、経済学や経済ネタに少しでも興味のある人であれば、すでに旧聞に属する話となる。昨年（二〇一四年）四月から、アメリカのアトランタ連邦準備銀行が、GDPナウなる指標を発表している。GDPは、国の経済政策にとっていちばんの基礎となる指標だけれど、四半期ごとにしか発表されない。さらに集計には時間がかかるので、これまでの経済政策はどうしても後手にまわりがちだった。これをもっとリアルタイムに近づけられないか？　天気予報などでは、各種の指標に基づいて、いまの状態を予測するというナウキャスティングの手法が導入されている。これを経済指標にも導入できないだろうか。もっとリアルタイムに近い形で経済指標が得られたら、政策的な対応もすばやくできるはずだ。GDPナウはこれをやろうとしたものだ。

これまでは、この数字はあくまで実験的なものだった。昔のデータをあてはめてみると、実績値と比べてそれなりに誤差はある。他の予測手法よりもよい成績を収めてはいたし、おもし

ろい試みとは思われていたけれど、政策立案に使えるかは今後のお手並み拝見、という感じだった。ところが、この四月末に二〇一五年一〜三月期のアメリカGDPが発表されて、この指標は俄然注目を集めた。多くの予測では、実質成長率は対前年比一パーセント程度と思われていたのが、ふたを開けてみるとわずか〇・二パーセント。でも唯一、このGDPナウの予測値だけは、かなり早い時点からゼロに近いきわめて低い成長率予測を出し続けており、直前予測は〇・一パーセント。ほぼずばり的中と言っていい。

さて、ぼくにはあまり理解できないことだけれど、世の中にはやたらに金利を引き上げたがる人がいる。アメリカはここしばらく景気対策として低金利・ゼロ金利を続けているけれど、当初から出口はどうした、いつ止める、インフレが起こると騒ぎ立てる人がたくさんいた。そのゼロ金利のおかげもあってアメリカ経済は回復しつつはあるけれど、各種指標は決して盤石ではない。FRBのイエレン議長も、いずれ利上げをすると言ってはいて、一部ではこの第1四半期のGDP成長がかなりよい結果となるはずだから、それを受けてFRBも利上げに踏み切るという憶測もあった。

ところが、今回の弱い結果により、そうした憶測には冷や水が浴びせられた。とてもじゃないが景気がまともに回復しているとは言えない。ちなみに、その後五月に出た確定値は前年比で年率換算マイナス〇・七パーセント。イエレン議長も、もっとしっかりした結果が出るまでは利上げはしないと述べている。そしてここでも、GDPナウの四〜六月期予測が一パーセント成長前後という、決してよい数字ではないことが話題になった。

さて、たまたま第1四半期の速報値と一致したからといって、それだけでGDPナウを信用すべきだということにはならない。もちろん注目は高まるにしても、まだ実際に発表されるようになってから一年だし、今後の的中率次第で評価はどうにでも変わるだろう。また一方で、そもそもGDPの季節調整の不十分さのおかげで第1四半期のGDPは低く出てしまうのだ、という指摘も行われている。モデル自体もまだまだ見直しの余地はあるだろう。

その一方で、この指標に完璧でなくてもある程度の精度があることがわかれば、おそらく経済政策の運営も変わってくるだろう。たとえば日本で、各種の経済見通し発表が行われるときには、もがもがした作文に頼る場合が多い。景気はやや上向きだとかゆるやかに回復基調だとかいうのが発表されて、メディアやエコノミストたちは、その「やや」がどういうニュアンスなのか、「基調」の有無がどのくらい重要なのか、といったあまり中身があるとは思えない深読みを行って、日銀やら政府やらの「真意」をはかろうとする。でも、こうした恣意性なしに機械的に決まる指標が整備されれば、こうしたまわりくどい言葉遊びに頼る必要はなくなる。しばしば経済政策当局は「市場との対話」を口にするけれど、本当に対話したいのであれば、いまの判じ物みたいなアナウンスではなく、こうした機械的な指標の整備も検討したほうがいいんじゃないだろうか。これができれば、次は経済政策運営そのものを完全に自動化する道も開けるし……。

ヨーロッパはもうだめかもしれない

初出：「Voice」2015年9月号、PHP研究所

前回のこのコラムを執筆していた時点（二〇一五年六月）で、ぼくはユーロの崩壊が見られるものと思っていた。ギリシャは国民投票までしてEUやIMFの無茶な要求を蹴飛ばすと気合いを入れていた。対するEU勢――特にドイツ――も一歩もひかず、どう考えても折り合う余地がまったくない。イギリスの博打サイトで行っていたギリシャのユーロ離脱トトカルチョも、「離脱しない」派が集まらずに賭けが成り立たない状態だった。さあ、どう展開するか――と思っていたら、なんといきなりギリシャが白旗を揚げてしまった。あーあ。

というのも、ぼくはギリシャはさっさと離脱したほうがいいと思っているからだ。がんばってユーロ存続をはかるほうがいい、という人も多い。離脱は面倒だし訴訟の嵐になるし、それにあれほど苦労してユーロを作ったヨーロッパのみんなが落ち込んでしまうよ、というのがその論拠だ。が、それをこれまで五年もやってきて、何が起きたかといえばユーロの盟主たるドイツやフランスは何も譲歩を見せず、ギリシャなどにひたすら厳しい仕打ちをするだけ。これ

を見て、ユーロ残留支持派の学者もだんだん転向しつつある。

そしてギリシャはがんばってその要求に応えてきた。財政を健全化すれば経済は復活する、というご託宣通りにして大幅な財政黒字を続けてきた。でもあたりまえだけれど、不景気で公共支出を減らしたら経済は悪化するばかり。ところがそれで景気が戻らず、借金が返せなかったのに、なんと、ギリシャには増税とさらなる資産売却が要求されている。資産なしにお金を儲けて返せというの？　どうやって？

ちょうどその頃、ＥＵはユーロの将来に向けたロードマップを発表している。ぼくはそれを読んでめまいを覚えた。ぼくはＥＵとしても、体面上は借金返せと言い続ける一方で、それなりに現状の課題を分析して将来の方向性に活かすものと思っていた。が、それがまったくない。いまの危機の評価とかそれへの対応については言及皆無。ひたすらユーロ拡大、ＥＵの権限拡大をうたいあげる。

そしてその基本路線も、とにかく緊縮と財政健全化だ。欧州中央銀行が最後の最後に導入した金融緩和策は、さっさと「正常化」する。そしてさらなる統合のため、各国の財政規律を監視し、ＥＵが介入できるようにする。一方、産業の競争力が高まるようにＥＵが監視する。でも経済危機になったら各国が自分の裁量（財政政策）でそれを解決するよう求める……。

ご承知の通り、いまのユーロ圏諸国には金融政策はない。規制政策もＥＵ共通なので独自のものはほぼない。先の方向性だと、これから財政政策も産業政策も奪われるということだ。つまり、各国とも経済政策をほぼすべて奪われるというふうにしか読めない。ＥＵが全部決めて、各国がそれにしたがって形式的に自国の予算を決めるだけ。

ベストセラーになったピケティ『21世紀の資本』の第四部では、ユーロ圏の財政統合の必要性が謳われていた。でもそれは、各国の財政赤字もみんなで負担し合おうというものだった。ところがここでの財政統合は、そうした痛み分けなど皆無だ。とにかく財政規律監視のシバキ状態強化ということだ。

目先の問題解決から一切目を背けるばかりか、その問題に対する真面目な取り組みはおろか考察すらなく、むしろ現状を悪化させるようなロードマップを平気で出す——ぼくはこれを読んで、ヨーロッパはもう本気でダメかもしれないと思うようになった。ギリシャ経済は当分復活せず、もちろん借金を返済できるはずもない。ぼくたちは数年後に、いまとまったく同じところに戻ってくるはずだ。そして次回は、たぶんギリシャだけではすまないだろう。いまなら、ギリシャを放出してユーロを立て直す道もあっただろうけれど、次回はおそらく、ユーロ圏のほうもそんな余裕がなくなっていることだろう。

ほぼ同時に、中国の株式市場の暴落が続いている。短期的には、日本にとってこちらのほうが影響が大きいかもしれない。でもおそらく長期的に世界で見ると、このユーロ爆弾のほうがずっと大きな破壊力を秘めているんじゃないか。ぼくはそう思っている。

周縁国経済の死を平然と見過ごすドイツ

初出：「Voice」2016年7月号、PHP研究所

執筆時点ではちょうど、伊勢志摩サミットがはじまろうとしている〔注：二〇一六年五月二六日～二七日に開催〕。さて、サミットは世界の要人が結集するけれど、基本的にはメディア向けパフォーマンスだ。えらい人たちが握手したり写真を撮ったりする機会ができるという意味で話題にはなるけれど、それで何かが動くわけではない。各国首脳（のほとんど）は独裁者ではないので、トップのお話でいままでまったく動かなかった話が一気に決まる、なんてことはおそらくあり得ないからだ。だからおおむねあたりさわりのない話に終始し、出てくる結論も「多くの国際課題について、各国のさらなる協調の必要性と、そのための対話の継続に向けての新たな取り組みが確認された」とかいう、要領を得ないものになるだろう。

それでも、一応各国とも何か成果があがったようなポーズをしたいという願望はあるので、それにつけこんで多少の言質を取るようなことはできなくもない。今回のサミットでは、非常に弱々しい世界経済の回復に向けて、各国とも財政出動をがんばろう、という話の根回しが安

倍首相を中心に進められていたので、ぼくはちょっと期待していた。

もちろん、日本の財政出動については言いたいこともある。財政出動がそんなに大事なら、まず消費税率引き上げやめようよ。でも、どういう形であれ、財政出動が必要だという認識があるのはすばらしいことだ。さらには、世界的にそれが必要だという認識があるのも立派。そうした認識がサミット経由で多少なりともアピールされれば、まあ一応の成果にはなったかもしれない。

ところが、サミット前の仙台での財務大臣会合で、財政出動路線に合意がとれなかったそうな。

そしてそれに反対したのは、あのドイツ……（イギリスも嫌がったらしいけど）。

財政出動が重要という認識が大切なのは、日本もさることながら、いまはどこよりもヨーロッパだ。昨年（二〇一五年）、ギリシャがEU離脱／ユーロ脱退をちらつかせて大騒ぎになったのをご記憶だろう。あの件はいまだに片付いておらず、いま再びギリシャはデフォルトに直面していて、追加融資と債務削減を要求している。それにまたもや反対しているのがドイツだ。独自通貨のないギリシャにとっては、不景気から抜け出す——抜け出す以前に破綻せず生き延びる——には財政出動しかないのに、EUは構造改革に増税に資産売却に財政規律を要求するという鬼畜な所行を行っている。もう売るものも残っていないし、増税したところで取り立てられるだけの経済活動もないというのに。

ドイツのメルケル首相は、安倍総理が数ヶ月前に訪欧したときにも、財政出動に頑固に抵抗し続けていたというし、一貫してはいる。でも、返せるはずのない借金を返せと要求し、周縁国（ギリシャだけじゃない）の経済のゆるやかな死を平然と見過ごし、それによって重視しているはずのユーロやEUそのものの存続すら危機にさらすというのは、正気の沙汰とは思えない。いま、イギリスがEUを離脱するかどうかが話題になっている。多くの人は、それがイギリスのためにならないと懸念している。でもぼくは離脱派の気持ちもわかる。多くの人がEUの現状を見て、それが共同体全体の利益や幸福を目指すより、主にドイツの変な思い込みを押しつけるための仕組みにしかなっていないというのを、敏感に感じているんだろう。

ドイツは財政規律が憲法でうたわれ等々の話も知っている。でもサミットで、財政出動の重要性について合意したという話が出れば、それを外国からの圧力として利用して、そうした規定（少なくともその運用）を多少は弱め、ヨーロッパ全体の利益を考えているというアピールができるのに。それをやれば、難民対策の面でも、ギリシャの負担が楽になり、ヨーロッパ全体の利益になるのに。そしてそれができれば、イギリスのEU離脱の声も弱まると思うんだが。それができれば、サミットがめずらしく世界の発展と危機回避に貢献できたはず。

もちろん、執筆時点では実際の会合ははじまっていない。この先、意外などんでん返しがあって、財政出動への合意がドーンと発表され、ヨーロッパ（そして日本も）の経済改善が実現されることを祈りたいところなんだけれど……。

ブレグジットの五分(以上)の理について

初出：「公研」2020年4月号、公益産業研究調査会

二〇一六年、EU離脱の国民投票が行われ、僅差で離脱派が勝ってしまったとき、ぼくは拍手をした数少ない人間の一人だと思う(ツイッターに証拠が残っている)。多くの人は、自分の首を絞める愚民どもめと罵倒嘲笑の限りをつくしていたけれど、ぼくはむしろ、当時のEUの言動から見て距離を置くのは正解だと思っていたからだ。

当時のEUの言動とは、金融危機とその後のユーロ危機をめぐるものだ。ユーロ圏は財政金融の双方の面でずっと愚かしい緊縮のドグマにすがり、融通の完全な欠如を露呈して危機を長引かせ、ギリシャやポルトガルなどの壮絶な失業や生活水準低下を黙殺した。イギリスは、EUには入りつつ通貨統合はしないだけの立ち回りのうまさがあり、おかげでEUの自殺的な経済政策の道連れにならずにすんだ。EUからは、いい加減ユーロに入れという圧力も増していたようだし、はっきり距離を置くのはかなり優れた選択肢に見えた。

そもそも、ユーロ危機はEUの何たるか、そして同じことだが、独立主権国とは何なのか、

という問題を改めて浮き彫りにした出来事だったと思う。EU離脱がイギリスでそもそも大きな政治課題になったのは、移民、特にシリア等の難民受け入れだった。難民問題はここでは置いておこう。でもEUが目指していたのは、お金、モノ、情報に加えて人の移動の完全な自由化だ。それが実現したとき——国とは何なのか？　そこに独立主権の国というものは存在するのか？

EUは、存在すると言いつつギリシャの反緊縮政権を締め上げて内政干渉しまくった。そしてそのギリシャが数十パーセントの失業にあえぐ中で、ユーロ危機はすでに解決したと言い放ち、さらにこれから各国の財政主権を奪い、各種規制統合で産業その他の主権も奪い、独立主権国にはそれが失敗したら尻拭いだけはさせてやるという、ものすごいロードマップを発表している【注1】。各国が完全に協調して助け合えるなら、これも不可能ではないけれど、ギリシャの扱いを見てそれが可能だと思う人はいるのだろうか。イギリスの離脱派が掲げるスローガンの一つは、EUに独立主権を奪われてはいけない、というものだった。残留派はそれを一笑に付すけれど、ぼくが見る限り、必ずしも妄想とは言えない。だいたい、そもそもEU自体が最適通貨圏の要件を満たさず、ユーロによる通貨統一自体に無理がありすぎだったことも、何度も指摘され続けている。基本的には、別々の国としてやっていったほうがよいのでは、ということだ。

その一方で、EU離脱でイギリスは多大な損害をこうむる、という主張は主流メディアでよく見かける。でも実は、EU市場統合のメリットは、なかったわけではないけれど、予想よりはるかに小さかったというのも経済学の教科書にはっきり書かれている。そもそも近年では、もう貿易自由化は十分進み、これ以上いくらがんばっても追加メリットはたかが知れている。大きな関税は農産物くらいだ。EUがあれだけ苦労して自由化しても、たとえばドイツとイタリア、ましてイギリスでは嗜好や生活がちがいすぎ、洗濯機をはじめ別々の製品を作らざるを得ないので大した利益はないという。ではイギリスが離脱して、そんなに損害が大きいのだろうか？

そしてそれを無理して進めようとする活動は内政干渉じみてきた。EU加盟時に規制をすり合わせる中で、イギリスはあの朝飯に出てくるまずいソーセージみたいなものを、ソーセージと呼べなくなってしまい、すさまじい反発が生じたというのは有名だけれど、でもたぶんこれは決して笑い話ではない。そうした無意味な干渉はグローバリズムへのナショナリズム的な反発を招き、そこに十分な正当性があるとするダニ・ロドリックのような主張も説得性を持ちつつある。ブレグジットはその一環だ。

とはいえ、国民投票後のイギリスの迷走ぶりは目を覆いたくなるひどさで、このぼくですらまずいとは思った。離脱派は、あれだけ大見得切ったくせに離脱の戦略や腹案が皆無。ぼくのイギリス情報は大半が英「エコノミスト」誌からきているので、そこから得た印象だと、どうもイギリス国民も呆れていて、国民投票では勢いで離脱を支持したけれど、いまやその後勉強した甲斐もあって後悔しているらしいと思っていたのだけれど……。

そこへ昨年（二〇一九年）一二月の選挙だ。圧倒的な離脱派支持。

結局、状況は何も変わっていなかった。主流マスコミが国民の意見を何もわかっていないという点も含め。ちなみにマスコミの無能ぶりは今年二月のアメリカのアイオワ州における民主党大統領候補選でも露呈した。穴馬とすら目されていなかったブティジェッジが首位？本命のはずのバイデンが四位？

イギリスでも、インテリ層は人々の懸念が見えていなかった。フェイクニュースが悪い、ポピュリズムが悪いと言うのは簡単だけれど、人々は本当にそこまでバカなのだろうか？そしてそのバカを四年も維持できるものだろうか？ここで述べたように、ブレグジットは決してまったく理がないわけじゃない。今後数年でイギリスが大不況に陥ったりしなければ、その理ももう少しわかりやすくなる。そうなったら、だんだんEU自体の存在意義も疑問視され……。

注1 Jean-Claude Juncker, *Completing Europe's Economic and Monetary Union*, European Commission, 2015.

コメント

この頃（いやいまでもそうだが）、ぼくはユーロ圏の状況にとても腹を立てていたので、イギリスがEU離脱を選んだことに多少の理はあると思っていた。このままだと自滅しかねないユーロ圏から距離を置くのは、一案ではあると思っていた。

この文を書いた時点ですでに、イギリス側の対応にかなり怪しげな部分が出ていたのは、ここに書いた通り。でも国民にも支持されているし、いい部分もあるのかも、とは思っていた。報道が偏っている部分もあるのだろう、と。

だが……二〇二一年一月から、ついにブレグジットが実施された。そしてやっぱりイギリス側は何も準備が整っておらず、いきなり発生した通関検査で英仏海峡はすさまじいトラック大渋滞、北部アイルランドをどういう扱いにするのかも決めかねている状況で、国内の食料流通まで怪しくなって、スーパーでは食品買い占めが横行、という状況が露呈してくると、やはり評価を変えざるを得ない。政治的な立ち回りのうまいイギリスだし、それなりの準備は整えているのかと思っていたが、完全な買いかぶりだった。

実はちょうど、一九三〇年頃のイギリスの金本位制再復帰と、その後の再離脱をめぐる混乱ぶりについて、ジョン・メイナード・ケインズが書いた一連の怒りの文章を最近訳した。それを見るとかなり既視感がある。金本位制すばらしい、戦前の通貨水準に戻せば戦前の大英帝国の威光も復活だ！　と当時の財務大臣だったウィンストン・チャーチルは、お金の価値を一割も上げるレートで金本位制への復活を決めてしまったが、その実施にあたっての方策を何一つ考えていなかった。お金の価値が一割上がったら、輸出競争力を維持するためには賃金水準をその分下げる必要が出てくる。でもイギリス政府は何一つ実務的な計画がなく、国をすさまじいデフレに陥れて、大規模炭坑ストをはじめ社会経済全体を歪ませたあげくに、最後は音をあげて、数年後に金本位制からの離脱を決める。

実はイギリス、妙にお題目優先のところがあって、その背後の実務処理をまったく考えないというのは、昔からのことなのかもしれない。もちろんブレグジットは、金本位制とはちがっていまから「やっぱやめます、EUに再加入します」とは言えないだろうが、今後どういう道筋をたどるのかは見物ではある。が、あまり楽しい見物ではないのはまちがいなさそうだ。

海賊版つぶしで自滅するマンガ、アニメ業界

初出：「Voice」２０１４年9月号、ＰＨＰ研究所

経済産業省が、製作会社や出版社その他と協力して、八月からマンガやアニメの違法アップロードをしている海賊版サイトの大規模な駆除に乗り出すとのこと。ふーん、と思う一方で、ああまたか、という印象はどうしてもぬぐえない。

というのも、これは音楽業界がたどってきた道だからだ。そしてそれは、業界として利益のあった道ではなかった。むしろ、音楽業界がだんだんジリ貧になり、自滅していった道だからだ。

音楽業界は昔から、売上がのびないのは海賊版が出回っているからだと主張し続け、特にインターネットが出てきてからは、アメリカではダウンロードした人々に対する執拗ですさまじい訴訟を展開した。そしてそれを理由にナップスターをつぶし、人がネット上に自分の手持ちCDをアップロードできるようにするだけのサービスさえつぶす。日本でもダウンロードの処罰化はおろか、バカ高いCDの国内盤をみんなが避けて輸入盤ですませているのを見て、輸入

盤を禁止しろとまで言い出す。

でもそうやって、ネット上の海賊版を取り締まって何かいいことがあったか？　ＣＤ売上の低下にはまったく歯止めがかかっていない。その他各種の音楽販売も同様だ。むしろＣＤが売れないのは、そもそも買いたいような曲がないからで、ＣＤはもはや学芸会アイドルの握手券付録でしかない状況で、そんな売り方をするからこそ音楽が好きな人はますますＣＤなど買わなくなり、すると業界は音楽を改善するよりはさらに音楽に金をかけず、付録商法に走るようになり……。

海賊版のせいで売上が落ちるとミュージシャンが可哀想だ、と音楽業界の連中は言うんだけれど、でもその音楽業界は、ミュージシャンにもっとお金がまわるような仕組みを作ろうとは一向にしない。早い話が、印税率上げてあげればいいだけなのに。

そして音楽の場合、むしろ無料で聴く機会が減っているが故に、その後少しは買おうという人々すら減ってしまっている。ぼくたち自身が音楽を（少しは）買うようになったのだって、ラジオで聴き、友だちにダビングしてもらい、といった無料で音楽を聴ける場がたくさんあったからだ。でもそれが廃れれば、知らない音楽に触れて、それを買おうという人もジリ貧になってしまう。

おそらく、アニメやマンガでも似たようなことになるだろう。まずそもそも、海賊版サイトをいろいろ取り締まったところで、それはいたちごっこに終わるだろう。だがもし終わらなければおそらくそれはかえってアニメ業界やマンガ業界の首を絞めることになるんじゃないか。

いまですでにアニメなどで、DVDの国内盤セットはとんでもないぼったくり価格がついている。類似のセットの正規外国版は、はるかに安い。その分、日本版は変なおまけとか特典とかショボいものはついているけれど、何倍もの価格差を正当化できるほどのものではない。でもこの調子で進むと、だんだんコンテンツは高いおまけの付属品でしかないという、CDなどと同じ道をたどりつつあるように思う。そしてこの海賊版サイトが排除できたらどうなるのか?

このニュースを報じたNHKの記事では、こうした中国の違法サイトによる被害だけでも五六〇〇億円、という計算が出ていた。業界の人々は、もしそうした違法サイトがなくなれば、その五六〇〇億円がまるまる自分の懐に入るような錯覚を抱いている。

でも通常、こうした「被害」というのは、もしそういうサイトから無料でダウンロードした人が、全員定価でそのDVDなりCDなりを買っていたら、という非現実的な想定を置いて、単純にかけ算しただけだ。実際には、海賊版サイトからダウンロードした人々の大半は、それがなければそもそもその作品に関心を持つことさえなかったかもしれない。最初のうちは、たとえば『ワンピース』や『コナン』の続きを見たい人が少しお金を出して正規の有料サイトに行くかもしれないけれど、その次はたぶんない。

そしてそれがなくなったら、クールジャパンで秋葉原にやってくる外国のアニメファンとかも、おそらくは激減するんじゃないか。そしてその間に、アニメ自体の状況は改善されるだろうか？　いますでに、日本のアニメ製作現場はひどい状態だ。そして『アナと雪の女王』みたいな外国アニメがだんだん市場を奪う中で、本当に世界的に価値あるコンテンツを作り続けられるのか？　アニメ業界はたぶんそっちのほうを本気で心配しなければいけないのに……。

下手な鉄砲がイノベーションを生む

初出：「Voice」2016年3月号、PHP研究所

香港の隣に、深圳《しんせん》という都市がある。もっと正確に言うと、中国が経済開放を進めた一九八〇年代に、香港のおこぼれを目指すコバンザメ都市として、中国政府が何もなかったところにこの深圳という都市を造ったのだ。そんなところだから、これという観光資源もない時期が続いており、中国の各種ガイドブックを見ても、深圳について「香港から日帰りで中国本土が味わえるよ」という以上の記述があるものはほぼない。最近、やっと『地球の歩き方』香港編に、まとまった記述が出はじめたくらいだ。

だけれど、そんなあまり注目もされていなかった深圳が、今世紀に入ってから、特にこの一〇年ほどでとてもおもしろいことになっている。電気電子のハードウェア系イノベーションの一大拠点として、一部で俄然注目を浴びつつあるのだ。

一九八〇年代から九〇年代にかけて、深圳のある広東省は、中国への直接投資の入り口的存在でもあった。他のところはろくな物流インフラやビジネスノウハウがなく、香港が出入り口

として使えるのが大きなメリットだったからだ。日本の大メーカーも、特に電気電子系各社などこの周辺に中国工場を建てていて、深圳はその一つの中心地となっていた。あのiPhoneを製造していることで有名な台湾の鴻海精密工業（フォックスコン）の巨大な製造拠点はいまでも深圳にある。そして、そうした外資系工場の下請けや、そこからの横流し品をいじくったり、壊れたものをまがりなりにも修理して勝手に機能を追加したりして各種パチもんを作る中国の製造業系中小企業がその周辺に大量にできた。

そして携帯電話が中国に爆発的に普及したことで、それら製造業が作る粗悪コピー携帯電話のニーズが爆発的に高まった。パチもんやその部品を扱う市場も拡大し、いつの間にやら深圳には秋葉原の三〇倍にも及ぶ電気街もできた。

そのすさまじい競争の中で、だんだん品質は向上し、あなどれない存在となってきた。そしてちょっとした改良のアイデアを一瞬で商品化するための、多品種小ロット生産（数十個単位ですら！）に対応した異様な製造業ネットワークも誕生している。一部の企業は、量産型の工場をこうした小ロット生産向けに再構築したりもしている。

さらに近年、シリコンバレーのベンチャー資本がこの環境に注目しはじめた。ちょっとしたアイデアを持つ起業家候補に少し資金を渡し、深圳にあるタコ部屋に送りこむ。そして半年でプロトタイプ製造まで持っていかせて、クラウドファンディングサイトでその有望性を見極めて、会社に仕立てて上場させるのだ。いまや世界的に、安いコントローラや３Ｄプリンタを活用した新世代の物理工作運動であるメイカーズ運動や、大量のセンサーを埋め込むことで物理世界をバーチャル世界と融合させるIoTが大きな流れとなっている。それが見事に深圳に存在するシステムと合体した感じだ。

とはいっても、決して驚異的な製品が次々に出てきているわけではない。なんでもいいからセンサーをつけて、そのデータをクラウドに上げてスマホで操作、といった代物ばかり。でも、当初のパチもん携帯電話と同じで、イノベーションなんて実は下手な鉄砲もなんとやら。同じようなことをやる、くだらない無数のバリエーションの中で、ちょっとヒットするものが出ればいい。そのくだらないバリエーションを可能にすることこそが、イノベーションを生み出すための必須条件なのかもしれない。深圳の状況を見ていると、そう思う。

日本でもその他の世界でも、イノベーション活性化といった政策が取りざたされる。でもその多くは、有望そうなものを識者が選んで補助金をつけて、といった仕組みだ。でも深圳を見ていると、イノベーションというのはそういうものではないようだ。そもそも「識者」というものが、古いイノベーティブでない価値観そのものだもの。最近、欧米の自動車会社や韓国のエレクトロニクス企業が、深圳にハッカースペースや出先を作ってここの環境に便乗しようとしている。日本企業はまだそういう試みに手を出していないようだけれど、工場を出すのに比べれば大した出費ではないし、試してみてもいいんじゃないかとぼくは思っているのだけれど。

人工知能はまだ自動化できない

初出：「Voice」２０１５年12月号、ＰＨＰ研究所

最近、人工知能についての期待や懸念があちこちで表明されている。シンギュラリティという用語を耳にされた方もいるだろう。いまから数十年（二〇四五年という数字がまことしやかに語られている）すると、コンピュータの処理能力が人間を上回るようになるという説だ。

そして、それが実現した暁には、もはや人間の役割はなくなり、映画『ターミネーター』のように機械が人類を滅ぼそうとして……というのは極端にしても、やることのなくなった人間のための社会保障をどうするか、といった議論がかなり真面目に行われている。

さて、もともとSF好きのぼくはこの手の話で大喜びだ。経済学の分野などでは、あの貧困削減で有名なジェフリー・サックスなど結構な大物経済学者までが、そうした機械やロボットの影響をかなり真面目に検討している。結局のところ問題は、人間の役割をどこまで機械で代替できるか、というものに尽きるようだ。一部の業務は、確かに置きかえられる。でもそれが、職を完全に置きかえられるか？　一部の人は、すでに自動化はほぼ完了し、あとは本当にニッ

チな分野でしか自動化は進まないと考えている。一部の人は、その見方は甘い、と批判する。さてSFファンとしてのぼくは、どんどん自動化が進んで変なロボットが遍在する世界を見たいと思う。が、現実主義者のぼくは、その可能性が低いとも思うのだ。

そうした、機械が人間の職を脅かすという議論の代表格は、自動運転だ。これが実現したら、タクシーやトラックの運転手はいなくなる！　これは明らかなように思える。各国政府が二〇世紀末頃まで必死に取り組んで次々に脱落していたのに、グーグルが人工知能的な成果を導入してそこそこの成果を出してしまったために、他の企業も慌てて追随している。

が、実はアメリカで、ある企業による自動運転の実験地の周辺では、おもしろいことが起こっているらしい。子供たちがボール紙で手製の「止まれ」標識を作って、道端に置いておくのだという。愚かな自動運転車は、それを見てしっかり止まり、その場でずっと止まり続ける。子供たちはもちろん、どのくらいいい加減なもので車をだませるかを競って喜んでいるのだとか。

機械学習や人工知能は、確かにあるパターンなどの抽出はうまい。でもその学習結果を見て、意図的にその裏をかくようなイタズラや悪意には、実はかなり弱い。でも、それに対応できないようでは、実際の応用はかなり限定されてしまう。各種のセキュリティ専門家もこうした点は指摘している。技術だけではセキュリティは確保できない。つまり自動化できないのだ。

もしそうなら、機械や人工知能の活躍できる範囲は限られるのではないか？　自然現象や、少数の人の悪意が統計的に問題にならないビッグデータ解析などでは力を発揮するだろう。でも特に人間と接触するようなところだと（そしてたいがいの仕事はそうした部分を持つ）、機械だけに完全に任せられる場面は少ないのでは？　悪意とイタズラこそが、機械に対する人間の切り札、というのも、なんだか複雑な心境ではある。でもその一方で、考えて見ればそれこそが人間の人間たる所以であり、歴史的にも人間進歩の原動力ではあったわけだ。

むろんいずれ、そういう限界を突破する機械や人工知能もできるのかもしれない。が、もし機械がそこまで賢くなるのであれば、人間を適当におだてて（ゲームに夢中の人々を見ればわかる通り、人間はちょっとエロ画像を表示するくらいで飯も食わずに必死でボタンを押し続ける）、奴隷と感じさせずにこきつかうくらいのことは簡単にできるはずだと思う。

もちろん、こうしたすべてはいまの段階ではおとぎ話。技術進歩の世界も何が起きるかはわからない。が、下手をすると目前に迫りつつある問題ではある。みなさまも一度考えて見てはいかがだろうか。そして機械をだませるだけのイタズラ力も鍛えておいてはいかが？

ネット覇者が溶かす平等幻想

初出：「週刊エコノミスト」2018年8月14・21日合併号、毎日新聞出版

グーグル、アマゾン、フェイスブック、アップルといった強大なITプラットフォーム企業、略してGAFAが巨大な利用者数をベースに大きな力を持つようになっている。こうしたプラットフォームが、様々な個人データと引きかえに提供してくれるサービスはきわめて便利なものだ。そしてプラットフォームをベースに提供される新しいサービスの組み合わせが、さらにその力を高める。

基本的にこの問題を複雑にしているのは、別に邪悪な暗黒IT帝国が、嫌がる人々に圧制を強いているわけではないということだ。ほとんどの人は、いろいろ愚痴はあれ、自主的にそうしたサービスを使い、自分のデータを譲り渡す。個人情報の濫用を懸念する論者のほとんどですら、その誘惑からは逃れられない。

でも、それが問題でもある。人は社会や組織で生きている。社会や組織というのは基本的に、人々がある程度は自分を犠牲にして集団の利益に奉仕することで成立する。この基本が、巨大

プラットフォーマーが抉《えぐ》り出す個々人の「完全パーソナライズ状態」のもとでは次第に揺らぐようになる。フェイスブックが各種個人情報を分析企業に提供して、アメリカ大統領選の結果すら左右したという説は、まだ議論が分かれている。でも将来的にその懸念は残る。そして、中国での「芝麻信用（個人信用評価システム）」などプラットフォーム上の活動履歴に基づく個人社会信用得点が、だんだんそれ以外の社会活動にも影響しつつある。

最初にまず現実的な話から。こうしたプラットフォームの独占やそれに伴う「囲い込み」の懸念は何度も表明されてきた。コンピュータのIBM独占、パソコンOSとアプリケーションのマイクロソフト独占など。そのたびに、公的な規制と技術革新がすべてを解決はしてきた。今回のプラットフォーム独占も、短期的にはこうした動きによりそこそこのところで落ち着くだろう。

規制面では、欧州連合（EU）の「一般データ保護規則（GDPR）」が一例となる。個人情報の扱いを厳しく定めるこの規制への対処として、マイクロソフトやフェイスブック、ツイッターはデータ移転プロジェクトに取り組んでいる。自分の各種データをSNSなどの間で移動しやすくすれば、こうしたプラットフォーム独占の弊害はある程度は避けられるし、データの濫用に対して利用者がプラットフォーマーの選択肢を持つことでデータ独占に対抗できるようになる。

個人への影響が微小でも社会への影響が大きい課題に取り組むことこそ、まさに行政や国の役割でもある。その意味で、現状は過渡期であり、技術が落ち着くにつれてこの分野でのプラットフォーム独占は問題視されなくなり、別のところで新しい独占とその解体が進む。

また、技術革新の面では、今後、仮想現実（ＶＲ）のプラットフォームが従来とはちがう生態系を作り上げ、いまのＧＡＦＡプラットフォームが一気に陳腐化する可能性もある。過去の技術覇権やＳＮＳの興亡史は、一時的な優位性がいかに脆いかを如実に物語っている。

長期的に考えると、実はもう少し大きな話ができるかもしれない。通常、これは経済が社会制度を規定する話だと思われている。が、実際にはもっと複雑だ。経済システムは、ある意味でその時代の技術プラットフォームが作り上げるものだ。そして技術を前提として制度ができて、その制度の中での合理性追求が経済システムを作り上げ、それが逆に制度に影響を与える。

むろん歴史的に、そのとき重要となる「技術」の水準はちがう。言語という技術が人々の社会と文化のあり方を変えていまの人間の基礎を作り、農業技術が各種古代文明の基盤プラットフォームとなった。そして産業革命とそこに端を発する大量生産技術、海洋航海技術と軍事技術の様々な組み合わせが、一七世紀以降の技術プラットフォームとして国民国家体制と、それに伴う現代的資本主義の構造を構築した。それぞれの技術プラットフォームで最初に優位性を獲得したところが、その時代の覇権のようなものを獲得する。中国、インド、イスラム帝国、ヨーロッパ、その中でも一時期のスペイン、ヴェネツィア、オランダ、イギリス、そしてアメリカは、そうした技術プラットフォームによる優位性を獲得し活用したことで世界の中で優位に立った。二一世紀の資本主義は、その延長線上にある。

そしてそれは、社会制度と共犯関係を築く。いままさに爛熟期を迎えている大量生産プラットフォームに基づく資本主義とその大量生産＝大量消費社会は、人を単なる消費者に貶めるものだ、という考え方がある。

だが一方で、大量生産は人々のある程度の平等性を要求する。人々がだいたい同じだからこそ、同じものをたくさん作って需要があるのだ。だからこそ、民主主義と大量生産資本主義はいっしょに発展してきた。お金もまた、人々を平等にする。お金があれば、だれでも買えるものは買える。これは『サピエンス全史』（ユヴァル・ノア・ハラリ著、河出書房新社）で指摘されていたことでもある。

その中で、プライバシーは人々が「平等」から乖離している部分につけた価値だ。平等という幻想は、プライバシーに属する部分を詮索しないことで成立する。村落社会ではプライバシーなどない。そこでの人々はあらゆる意味で平等ではなく、差別と排除が横行している。それを平等化したのが、量産と金銭に基づく技術プラットフォームだ。人間はみんなちがうので、それでは対応できない部分はある。でもそれはこれまで測れなかった。だからこそ、人はお金やモノではない価値があって平等だ、そこに人の人たる由縁がある、個人だけの社会に回収できないものがあるのだ、という平等、プライバシーのお題目が成立した。

ＧＡＦＡなどのプラットフォームは、下手をするとその部分を切り崩す。いまやすべての行動は計測できる。つまりプライバシーも。そして人が自分のプライバシーを切り売りすることで、それに合わせたサービスが提供され、いずれは製造とも連動して個人最適化された商品が出てくる。おそらく何をどう規制しようとも、人々がその誘惑に耐えられるわけがない。

でもそれはおそらく、いまの世界を支える平等と民主主義の理念にまで打撃を与えるはずだ。プライバシーに基づく財やサービスは、少量多品種、パーソナライズを目指す。その中で、平等性の理念は崩れるし、もはや必要もなくなるのではないか。

するとどうなるだろうか。カナダ出身の文明評論家、マクルーハンが、メディアはグローバルヴィレッジを作る、と述べた。インターネットの到来でそれが実現したと喜んだ論者は多かった。そのときみんなが考えていたのは、牧歌的なのどかな村落だ。ところが実は、各種ＧＡＦＡ的プラットフォームを通じて生み出される価値観は、本物の閉鎖的で差別的で排外的な村落的／部族的価値観の復活をも告げるものになりかねない。

そして、そのときいまの民主主義の前提となる価値観も変わり、それに伴い資本主義のあり方も変化する。それは、いまのわれわれには、あまりよいことには思えない。だが人の意識なんてすぐに変わる。今後、いくつかのＧＡＦＡ的プラットフォームの交替を経る中で、人はだんだんプライバシーの領域を減らし、その分だけパーソナライズ化と不平等と経済を含む格差を当然視する、新しいバランスへと移行するだろう。その萌芽が現在のＧＡＦＡの状況にも見られるのではないだろうか。

中高生のためのケンチク：建築と政治経済

初出：五十嵐太郎編『14歳からのケンチク学』2015年、彰国社

はじめに

ここで書くようなことは、みなさんにはあまり興味がないことかもしれない。中高生で建築に興味がある人というのは、たいてい形のデザインに興味がある人だからだ。

でも実際には、建築や都市は単なるデザイン以上のところで、社会や経済とずっと大きな関わりを持っている。それを理解してもらうために、まずは社会の根本的な仕組み――学校の授業だといろいろな暗記モノに埋もれて見えにくい、社会と経済の全体像から入る。幸い、建築はかなり大きくて重要な分野だから、それをテコに大きな仕組みを説明できる。それができるということ自体、建築という活動を理解する上でとても重要なことだ。そしてその後に、それをふまえた建築の可能性についてまとめてみよう。

建築の経済学：自由と選択とトレードオフ

たぶんこんな本〔注：本稿の初出『14歳からのケンチク学』のこと〕を読んでいる人は、建築に多少なりとも興味があるんだろう。かっこいい建築や美しい都市を見て、自分もこんなのを作れるようになりたい、と思っているはずだ。

さて望ましい建築や都市のあり方については、いろんな人があれこれ説明している。美しい、ユニークな建築がどんなにすばらしいか、構造のしっかりした安全な建築がどんなに重要か、環境に配慮した建築がどんなにいいか、歴史的な建築の保存がどんなに意義あることか。ぼくたちは毎日のように、そういう文章を目にする。読者のみなさんもそう思うはずだ。

そして、それはすべてその通り。ぼくもそれが重要だということには大賛成。でもここで問題。なぜそんなことをわざわざ説明する必要があるんだろう？　そんなことは、言われるまでもなくだれでも知っていることじゃないか？

構造のしっかりした家と、ちょっとの地震ですぐ倒れるボロ屋とどっちがいいか、と言われれば、だれでもしっかりした家がいいと言うだろう。つまらない型にはまった家と、個性的な美しい家とどっちがいいか、と言われれば、みんな美しい家と答える。

でも実際の街を見てみよう。つまらない、型にはまったオンボロで不便で危険で設備も悪く環境にもよくない家や建物がたくさんあるし、歴史的建築物は次々にぶちこわされている。なぜだろう。みんながいいと思っているなら、なぜすでにそれが実現していないんだろう？

これは経済や社会を考えるにあたってとっても重要な発想だ。「それがそんなにいいことなら、なぜみんなとっくに自発的にやっていないの？」これは、いろんな場面で必ず考えるべきことだ。

さて、これに対する答えは何通りかある。

1　みんなバカ&無知で、何がいいのかわかっていないから。
2　悪い連中がその実現をじゃましているから。
3　これまではなんらかの理由でそれをやるのがむずかしかったから。
4　「いいこと」は実は他のことと比べるとそんなによくないから。

（1）はとてもありがちな発想だ。知識人とか評論家、学者とかいう人たちは（はっきりとは言わなくても）こう思っている。そして、それがその通りの場合もあるだろう。でも専門家はその専門については詳しいが、それ以外のことについてはあまり知らない。それに、いま言ったようなこと――美しく個性的で高性能のしっかりした建物のほうがいいということ――は、専門家でなくても十分にわかることじゃないだろうか？

（2）もありがちな議論だ。悪代官や官僚、大企業なんかが悪い。みんな安全で個性豊かな美しい建物がほしいのに、大企業は儲けのために、危険で没個性の醜いアパートばかり作る。官僚は利権のため、変な道路や公共事業ばかり進めている。そんな批判は新聞でしょっちゅう目にする。

確かに、そういう部分もあるかもしれない。でも……だれも人々に、危険で画一的な醜い建物に住めと強制はしない。みんな本当にそれが嫌なら、だれもそんなところに住もうとしないはずだし、そうなれば企業だってそんなものは作らない。ところが、実際には醜い没個性アパートにも人は住んでいる。作るほうもそれが売れるからこそ作っている。

（3）これまではそれが技術的にむずかしかった、という可能性はある。新しい断熱材や建設技法が開発されて、これまでは不可能だったスーパー建築が可能になることもある。技術でなくても、人々の活動が変われば新しい可能性ができる。そこには創意工夫の余地があるし、いちはやくそういう動向を捉えればおもしろいことがいろいろできる。そういう変化は見逃さないようにしよう。まして、頭の固いことを言ってその変化をじゃましてはいけない。

でも、美しい、安全な建物の技術はある。みんなが都市や建物にケチをつけるのは、現存しないハイテク建築を求めているのではないはずだ。

（4）でも最後にもう一つの可能性がある。人はあれがいい、これがいいと言う。でも、それは一見したほどよくはないんじゃないか、ということだ。

これは別に、ヤワで危険な建築のほうがいい、ということではない。ただ、家を選ぶときには考えるべきことがたくさんある。しっかりした家はお金がかかる。壁を厚くしたり柱を増やしたりで、部屋も狭くなる。歴史的な建築物は、窓が小さいし設備も悪い。

これを経済学ではトレードオフという。広い家がいいか、駅に近い家がいいか？　古い歴史ある家がいいか、新しく設備のある家がいいか？　地震にびくともしないが高い家と、安いがガタのきた家とどっちがいいか？　人はいつもそういう選択をしなければならない。いまの都市は人々がいろんな価値観のもとでそういう選択を行った結果だ。多くの人は、画一的でも広い家のほうがよかったのかもしれない。

そういうトレードオフのいちばんよくある手法は、市場だ。またはお金と言ってもいい。手持ちのお金は限られている。デザインにお金をかけようか、それともそのお金を家の中の設備にまわそうか？　どこにお金をかけるかという選択を通じて、人はそのトレードオフを行い、自分なりの妥協点を決める。それに対して、「いやいまの日本の建築はダメだ、もっと美しい安全な建築にしろ」と言うのは、人が自分の価値観に基づいて行った選択を否定し、ある人の一方的な価値観に基づいた選択を押しつけることかもしれない。

これは、経済学の考え方の重要な出発点だ。社会や経済では、人がなるべく多くの満足を得られるようにしたい。そして、ある人に何が最大の満足を与えてくれるか、いちばんよく知っているのは、基本はその人自身のはずだ。だったら、なるべくみんなに自分なりの予算の中で、支出を通じて様々な要因を好きなように調整してもらおう。それを変な規制で制限するのは、基本的によくない。

でも、そうでない場合がある。人に自由な選択をさせられない場合、させてはいけない場合がある。つまり、人の自由を制限しなくてはならないことがある。そしてそこに登場するのが規制だ。

規制：人々の自由な選択を制限してよい場合

自由な選択がすばらしいというだけだと建築も都市も――そしてその他なんでも――勝手に放っておけばいいということになってしまう。人々はみんな、自分にとって可能な最高のものを選べばいい。でもそれだけでいいのか？

よくない場合がたくさん考えられる。

まずいちばん基本的なところ。人の自由な選択が、決してすばらしくない場合がたくさんあるということだ。

早い話が、みなさんだって、たぶん自分にとって最高の選択が常にできているわけではないだろう。多くの人はもっと勉強しなきゃいけないと思っている。でも、自由な選択に任せると人はついつい目先の誘惑に負けて怠けてしまう。そんなときには、長期的なよい結果を実現するために、目先の自由な選択は少し制限したほうがいいかもしれない。そのときは恨まれても、

「勉強しろ！」と怒ったり、「悪いことは言わないから、その家はかっこいい窓にお金をかけるのはやめて、もっと基礎にお金をかけなさい」と命令したりするほうがいい場合もある。

それに人の知識は限られている。ほとんどの人は、どのくらい丈夫な家にすれば地震に耐えられるかなんて知らないし、丈夫にする方法すら見当もつかない。すると、「人々が自由に選ぶ」というのはむずかしくなる。

また建物のような大きなものだと、その影響は自分だけではすまない。Aさんは、地震がきたら潔く死んでやる、と思っているかもしれない。でもその家がつぶれたら、まわりに暮らす人まで下敷きになりかねない。するとAさんの趣味だけで勝手な選択をされては困る。

ついでに、何もないときに勇ましいことを言う人でもいざ危険が迫ると、すぐに泣きが入る。やっぱしっかりした家にしておけばよかった、と後悔するのが常だ。人は自分のことでも、思ったほどわかってないのだ。

つまり目先の誘惑に負けそうなとき、判断に必要な情報が手に入らなかったり判断が専門的すぎたりするとき、そしてその選択が自分以外の多くの人にも関わるときなんかは、判断はだれか専門家に任せたほうがいいかもしれない。社会全体として「まあ震度六でもつぶれない建物にしようぜ」という最低限の決まりを作って専門家にチェックさせ、個人がなんと言おうとそれを守らせるほうがみんなのためだ。これが規制だ。

とはいえ、「最低限」ってどうやって決めよう？　そこに出てくるのが、政治というものだ。

政治の本質：社会のために個人を犠牲にすること

だれもが自由に好きなものを選べればすばらしい。でもそれはむずかしいかもしれない。自由は無制限には認められない。ということはつまり、だれか——あるいはみんな——がある程度は我慢しなければならないということだ。それが規制というものだ。

でもだれに我慢してもらうのがいいんだろうか。そして、「ある程度は我慢」というのはどの程度？　それを決めるプロセスが政治だ。

建築や都市では、これはどうしても避けられない問題になってくる。さっきの例だと、地震に強い家やデザインのかっこいい家を建てようとすれば、建築費が数百万円高くなってしまうかもしれない。そのせいで夢のマイホームを持てない人も出てくる。

みんなが同じ条件で我慢するということなら、まだ話はまとまりやすい。どんな建物も、それだけでは存在できない。野中の一軒家でも、そこにつながる道が必要だ。他にも不可欠な、都市基盤（インフラ）は多い。たとえば道路、上水道や下水道、ゴミ処理場、さらには駅や空港、港など。それを作るときには、もちろんみんながお金を出し合う必要はある。これが税金というものだ。だれも税金なんか払いたくないけれど、でも自分一人でこういうインフラを作るのは面倒だから、ブツブツ文句を言いながらも我慢して払う。

でももっと頭の痛い問題がある。インフラは、どこか一ヶ所に作るしかない。それを作られた場所の人は、他よりたくさん我慢を強いられる。どけと言われたり、うるさかったり。だれでもそれは嫌だ。みんな道路がないと困るので、それを作ってほしいと思う。税金だって払うだろう。が、「じゃあ道路を作るから、あなたどいてね」と言われたら、みんな顔をしかめる。「こっちじゃなくて、あっちに作ればいいじゃないか、なぜオレだけが犠牲になるんだ」ということになる。他の施設でも同じことだ。

こう言うと、「話し合いで解決すべきだ」と答える人もいる。でも、解決しなかったら？話し合えばなんでも解決するわけじゃない。非常に嫌なことだけれど、最悪の場合には無理矢理実力行使で、その人を引きずってでも立ち退かせる必要も出てくる。成田空港はそうやって作られた。

こう書くと、「そんなのは全体主義だ！」と怒り出す人がいる。まったくその通り。でもだからこそ、それは意味のない批判だ。社会というのはすべて、全体の利益のために個人がある程度我慢して協力するためのものだ。だからどんな社会も、大なり小なり全体主義的な面を持つ。重要なのは、どんな仕組みでその犠牲をお願いするかということだ。無理矢理どかせるにしても、そのために必要な手続きはある。その基本は、

1　なぜ自分が犠牲になるのか、他に手はないのかをきちんと説明してほしい。

2　自分の払った犠牲に見合うだけの補償をしてほしい。

この二つだ。

ときどき「ルールだから」と言えば、理由も説明せずに規制をしていいと思っている人がいる。でもそんなバカな話はない。人の自由を奪い、権利を制限し、財産を奪うのであれば、なぜそれが必要なのかという説明が必要だ。そして、勝手に奪い取ってあとはしらんぷり、とはいかない。同じ社会に暮らす者として、犠牲になった人が不当な不利益をこうむらないように、公正な補償は必要となる。

ただし、これはなかなかむずかしい。「公正な補償」ってなんだろう。そもそもその道路は本当に必要なのか？　今後もっと産業を発展させるなら、車が増えるから道路もいるだろう。でも、これ以上の産業はいらないと思うなら、道路もいらない。社会としてどっちを選ぼうか？　道路を通せる場所もいろいろだ。どれを選ぶ？　犠牲になった人に補償する方法だって様々だ。そして、どれがいちばんいいのかは見当がつかない。でも、どれかを選ばなくてはならない。

それを決めるのが政治だ。いろんな選択肢の中でどれがいちばんいいのかを、きちんと経済学的に計算できて、最高のものを文句なしに決定できるのであれば、政治はいらないのかもしれない。でも「最高のもの」というのも、人の立場によってちがう。また「多数決でなんでも決めればいい」と言い出す人もいるけれど、世の中の人はとっても移り気だし、すべてを知っているわけじゃない。気分任せの多数決だけで決めごとをしていたら、社会の方針がコロコロ変わって世間が大混乱になる。だから一貫性を持ちつつ、でもみんなの意見を反映する決定はどうやればいいのか——政治はある意味で、いろんな選択が合理的にできないので、ごにょごにょと交渉で決めざるを得ないという妥協の産物だ。

だからこそ、政治はいつも割り切れず根拠のない不明確な議論の中で、なんだかその場の勢いやら関係者のお手盛りやらで決まっているような印象を与えてしまう。そしてまた、かなりの話は、本当にそういう決め方をするしかないのも頭の痛いところだ。だからこそ政治家が私腹を肥やすほうに話を動かす余地もできてしまうのだけれど。

建築と政治経済

これまでの話は、経済や政治により建築が制約されるという話だった。でも建築や都市は、人間が作るものの中で最もお金——そして手間——がかかる。そして人の住む場所は、その人の属する社会、コミュニティ、職業、その他すべてをかなりの部分まで規定してしまう。だからこそ、その社会として建築や都市をどう作るかという理念が、逆に政治や経済のあり方を決める面もある。古代中国の社会は、大規模な灌漑《かんがい》を通じた農業の成立が鍵となっていた。だからその政治のかなりの部分は、その灌漑用水の建設と管理をやりやすくするように組織されている。

　そしてもちろん、社会が豊かなら様々なプロジェクトが可能になる。建築や都市は、人工物としては最大級のものとなるので、それがどんなものかは、その社会や経済のあり方を表現するものともなる。

　たとえばピラミッドやアンコール・ワットといった古代遺跡、あるいは北京の紫禁城を見てみよう。大きな建造物は、その文化の大きな権力と経済力を示す。古代ではもちろん、主要な産業といえば農業だ。だから大きな建築は、非常に大きな権力を使って、とても大きな範囲から農業生産物を集められたという証拠でもある。

　そして、そうした建造物を核としたきわめて整然とした都市構造もまた、しばしばそうした強い権力のあらわれだ。平城京や平安京、そのお手本となった中国の古代都市はその典型だし、一九世紀のパリだってそうだ。現代のミャンマーは、あるとき突然首都をヤンゴンからネピドーという場所に移し、世界で最大の国会議事堂を持つものすごい人工都市を作った。軍事独裁政権ならではのやり方だ。一方、ロンドンはあまりそうした構造がなく、とてもごちゃごちゃしている。これは、国（王様）と並んで一般の市民が強い力を持ち、一方的な圧政がしにくかった結果でもある。

　またニューヨークのマンハッタンは、碁盤の目状で整然としているけれど、宮殿や議会といった中心があるわけではない。セントラルパークという大きな公園が中心となっている。これはある意味で、アメリカが一応は市民の平等をうたって作られたことの反映とも言える。一方、そのマンハッタンは摩天楼の街でもあり、高層ビルが立ち並ぶ。お金がある人や企業が最も高いビルを建て、それが街の中心的な存在となるという意味で、これはアメリカ的な資本主義の露骨な表現でもある。香港もそんな感じだ。

もちろん都市や建築はいろんな事情でできるので、こういう理解も完璧ではない。まったく統一感のない建物の並ぶ醜い都市は、社会として決まりを作れない弱さのあらわれとも言える。でも一方では建築の自由が広く認められ、人々が思い思いの建築を建てられた活気ある社会のあらわれかもしれない。そして、壮大な道路や公共建築が整然と並ぶ都市は、都市美を重視する社会のあらわれかもしれない一方で、強権的で独裁的な政治体制のあらわれかもしれない。同じものでも見方は様々だ。それでも都市や、そこに建つ建築が、その社会のなんらかの反映だというのはまちがいないことだし、だからこそ、多くの人々は自分たちの都市を自国や自文化のシンボルとして、誇ったり恥じたりする。

いまの日本はどうだろう。日本で建築として話題になるのはどんなもので、それはいまの日本のどんな政治や経済状況を反映しているんだろうか？　実は建築業界には、最近の建築家がチマチマ小さなものしか作らなくなった、大きなコンセプトを持つ壮大な建築がなくなった、という嘆きがある。それも日本のいまの政治経済の反映なのかもしれない。

建築と公共事業とバブル

一方で、さっきちょっと挙げたピラミッドについては、別の説がある。あれは労働を作り出すための公共事業だったという。

古代は（いやいまでも）収穫期にはたくさん取引があって、世の中の金回りがいい。でもそれ以外の時期には、みんな仕事がなくなってしまう。そこでエジプトの王様は収穫期にたくさん麦を徴集して倉庫にためておく。それを農業が暇なときに、ピラミッドというまったく無駄なものを建てる仕事を発注し、その仕事に対して麦をばらまく。これでみんな、季節の変動をあまり心配せずに生活できたというのがこの説だ。

ここでは建築が、まったく別の役割を果たしている。仕事を作り、お金を社会にまわす口実として建築が使われている。これが現在も行われている、公共事業による景気の刺激策だ。

この発想自体は決して悪いものではない。同じことだけれど、景気の悪いときに政府が借金をして公共事業をやり、仕事を作ることで世の中のお金をまわすこともできる。これがいいとか悪いとかの議論は世の中にたくさんあるけれど、でも理屈の上では特に無理のない話だ（いいとか悪いとかいう議論の大半は、それを実際にやる方法をめぐるものだ）。

でもここからもう一つわかる。建築は大きい（こともある）ので、その社会の経済全体をコントロールできるくらい規模が大きくなる、ということだ。

　そしてもう一つ、建築や土木が面倒なのは、時間がかかるということだ。

　この二つが合わさると、とても面倒なことが生じる。バブルという現象だ。建築活動が盛んになると経済はどんどん活発になる。すると、建築物の値段も上がるのが普通だ。建物を作りたい人は、そうなると借金してでもビルや家を建てる。でもときには必要以上の建築活動が進んでしまうことがある。そしてあるとき、みんなが「あれ、なんか作りすぎてない？」と気がついた瞬間に、建築の値段がドーンと下がる。でも作りかけの建物は途中で止められず、作りすぎにさらに拍車がかかり、値段もさらに下がる。するとみんな借金を返せなくなり、すると経済の中でお金がまわらなくなって、不景気が起きる。

　これを書いている二〇一四年の世界は、二〇〇八年頃のアメリカでのサブプライムローン破綻の影響で不景気が続いている。低所得者（サブプライム）向けの住宅を作りすぎ、あるときそれが多すぎるのにみんな気がついて、一気に値段が下がった。その後のユーロ危機も、史上最大の日本の一九八〇年代バブルも、不動産建築が原因だ。

　こういうバブルとその破綻は、必ずしも建築の責任ではないかもしれない。が、建築活動がその片棒を担いだのは事実だ。実は建築（それもデザイン的に目立つ建築）の多くは、まさにバブルの産物としてできている。バルセロナにある有名なガウディの建築は、バルセロナの貿易商が大儲けして建てた、当時のバブル建築だ。バブルと建築は共犯関係にある。これはどうしようもないことだし、また一〇〇年たつとそのバブリーな建築が街のシンボルになったりすることも多いので、必ずしも悪いことかどうか。でも、はしゃぎすぎるのも考えもの、かもしれない。

人を動かすには：建築の未来

さて建築をネタに、あれやこれやとかなり広い話をしてきた。最後に建築の将来について考えながら、それを政治経済の話とつなげてみよう。

建築はとてもおもしろい分野なのだけれど、大きな変化をこうむりつつある。いまや建築のあらゆる部分は工業化が進んでいる。本当に家や建物の形を設計するという、一般に思われている「建築家」の仕事というのは、実は縮小しつつあるのかもしれない。いまの建築は、構造と設備（エアコンとか）が人間に必要な機能のほとんどを提供している。一般に思われている建築のデザインは、その外側や人間が見る内側の設計だけれど、いまや実はそれはお飾りの部分が大きかったりする。できあいのパネルをカタログから選んで、その組み合わせを考えるだけ——それが建築デザインの大半だとさえ言える。

さて、そうしたパネルの組み合わせは無数にある。そうした中から最適なものを選び出すのは、決してバカにした仕事ではない。ファッションだって同じような布を丸めてつなぎ合わせるだけだけれど、そこから無限の豊かさがあらわれる。一部の建築家も、まさにそれこそ自分の役目だと胸を張る。人や社会のニーズは常に変化する。それに対応した空間や場を作る作業は必ず存在するし、そうしたパネルの組み合わせだって工夫はずっと必要だ。

でもその一方で、建築はそれだけにとどまるものではない。建築は基本的に、人を規制する／動かすものだ。壁を作ることで人の動きを止め、ドアや通路を作ることで人々を流す――これはまさに建築の役目だ。そしてある意味で、それは人を規制／動かす手段としては最強のものだったりする。

これについて、インターネット法学の権威ローレンス・レッシグが、こんな図（左ページ）で説明している。

人を動かそうと思ったら――たとえば子供をゲームセンターにあまり行かせたくないと思ったら、高い入場料や税金をとればいい（これは市場や経済の力だ）。法律で「子供はゲーセン立ち入り禁止」と決めてもいい。あるいは「よい子はゲーセンに行かない」という社会的な規範を作ってもいい（この二つは政治の力と言える）。規範を作るというのは、広告や社会的な議論を通じ、なんとなくよい／悪いという雰囲気を作ることだ。人気アイドルや信頼の高い評論家が「ゲーセンに行くのはダメなやつだ、かっこ悪い」と言うと、なんとなくゲーセン通いがあまりよくないことだとみんな思ったりする。別に違法ではないけれど、でもみんなに後ろ指をさされかねない活動はたくさんある。それが規範だ。

でもそういうのは全部、やる気があれば突破できる。入場料は払えばいいし、法律は破ろうと思えば破れるし、規範なんて無視すればいい。でも、そこに壁を作ったら？　壁は、破りたくても、やる気だけでは破れない。アーキテクチャ、つまり建築による人の規制が、他の規制とまったくちがう点はそこにある。建築が最強だとさっき言ったのは、そういう意味だ。建築は物理的な力、つまりは暴力や武力に準ずるものを行使できる。

そして、こうした人を動かすものとしての建築の範囲も広がりつつある。建築はその建物内部での人の活動を重視し、あとは外観が目立つか目立たないかといったことで評価される。でも、ある建物が、その地域の人の流れや活動を一変させることもある。これまで、それは偶然の産物である場合が多かったけれど、だんだんみんなそれを意識的にやりはじめた。まわりの視線や標識が大きく人の流れを変える。スマートフォンのデータを通じた人々の行動把握なんかが簡単にできるようになって、それがどんどん容易になっている。それをどう計画設計しようか？

ぼくはそうした役割に最も近いのが、建築だと思っている。だって……それはまさに歴史的に建築

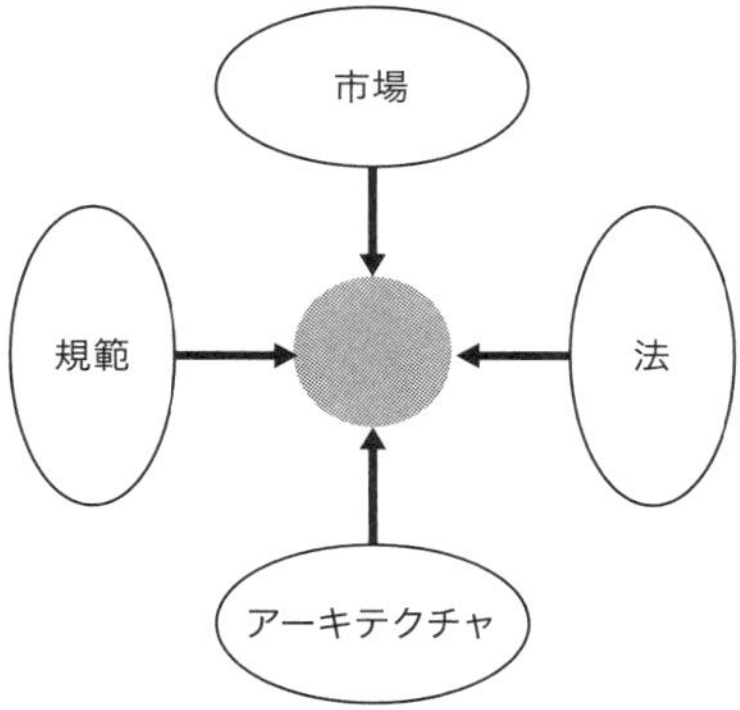

図：規制する／動かす力　出典：ローレンス・レッシグ『CODE』翔泳社

の役割だったからだ。グーグルなど各種ビッグデータの持ち主もそっちに向かいかけているけれど、そういうコンピュータおたくの困ったところは、自分たちのデータ処理が人をコントロールしている——つまりそれが暴力や武力に近い——という意識があまりないことだ。だからあっさり権力に利用されることもある。

建築はもう少し周到だ、と思いたい。建築も歴史的に権力の手先となることが実に多かったけれど、少なくともそれを意識できる（ことが多い）。さっきの図に出てきたいろいろな力のまとめ方を考え、それが人を最終的にどう動かすか考える——あるいは、ある種の動かされ方が絶対に起こらないようにする——建築は昔からその知見を蓄えてきた。それは今後も重要となるはずだ。経済学ではいま、いろんなインセンティブ——ちょっとした名前、色使い、標識の出し方——が人の行動をどう変えるかについての研究が進んでいる。政治も、人が他人の視線にどう反応するか、といった問題を考えはじめている。そしてもちろん、スマートフォンを通じてアプリに情報を送ることで、そうしたものを変えられる。これをどうまとめるか？　壁や廊下とどう組み合わせる？

そうしたところに、ぼくは建築の未来があると思う。最近ある人に、建築というのは形を作るだけでなく、様々なものをまとめる能力にも価値があるのだ、と指摘された。そして今後、従来の「建築」以外のものまでまとめる総合力が重要になるはずだ。本稿では、政治、経済、建築のいろんな関わりについて、ほんの一端だけ見てきた。でもこれらが独立したものだとは思わないでほしい。むしろ建築をなるべく広く捉えて、それらの接点に、新しい可能性を見つけてほしいと思う。そうなればいずれ経済建築学だのミクロ政治建築学だの、変な分野が登場するかもしれないし、それを実践する人々は、建築家とさえ呼ばれないかもしれない。でも、ぼくはそれこそがこれからの建築の考えるべきことだと思っているのだ。

おわりに

本書に収めた雑文は、ぼくが経済ネタで書いたものの中では、比較的穏健で堅実なものばかりだと思う。実はこれ以外に思いつきと勢いだけで書いたおちゃらけな経済雑文も結構あって、いずれはそんなのを寄せ集めてみてもいいとは思わないでもない。

ついでに、本書の最後に収録した建築と経済の話にからめて、なんだかこう、社会全体の中でだんだんネットの比重が高まるにつれて、いまの社会の基盤になっている各種の価値観をネット上で物理的に実装できるのでは、というようなことを最近考えはじめていて、そんなのもいずれホラ話として言えるかもしれない。いやね、ローレンス・レッシグはネットのアーキテクチャはコードによる完璧な規制ができてしまうから、価値観を守るためにコードにわざと不完全性を導入しろ、と主張しているでしょう？　でも逆にコードの完全性を前提とした社会構造を想定し、価値観をその帯域幅の……が、これは本当にまだ思いつきの妄想だ。

さてこれを書いている二〇二一年四月現在は、まだコロナ禍の真っ最中。日本はワクチン接種が遅れ、なんとかワクチンそのものは確保できたと思ったら、接種体制がぜんぜんできておらず、実際の接種が遅々として進まない状況。一方で新規感染者も増えてきて、まさに昨日

（四月二五日）、東京などに緊急事態宣言が出て、日本はもうおしまいだー、コロナで滅亡で経済もダメだー、といった話が大量に出ている。

が、ぼくはそうは思っていない。たぶんこの本が実際に出る頃には沙汰が出ているはずだけれど、ヒヤヒヤしつつも客観的に見れば（つまり他の先進国との比較で、コロナについての全体的な経験で見れば）まあまあの合格点で終わるだろうと思っている。そしてひょっとするとその先に、かなりいい世界が待っているかもしれないとさえ思うのだ。

コロナの話ではないけれど、二〇一九年にマット・リドレーの来日講演会での質疑応答で、質問の前振りに「日本は経済停滞が続いて低成長ですが〜」と言ったらそこでいきなり割り込まれて、ちょっと待て、低成長とか言うがおまえウチ（イギリス）の数字を見たのか、それに比べりゃ日本はすごいぞ、もっと自信を持てとたしなめられた。

で、このコロナ騒動でもそうだ。二〇二〇年の三〜四月頃のコロナ初期には、日本はもうダメだ、ロックダウンもまともにできず滅びるままだ、経済支援もきちんとできていない、とさんざん悪口が出て、出羽守たちが日本は情けないぞ、諸外国はもっと危機感を持った毅然とした対応しているのに、ニューヨークでわー、イギリスでわー、ドイツでわー、あと二週間で日本もー、とわめきたてた。

が、結果として日本は軽めの緊急事態対応でそこそこの成果をあげ、一方で諸外国の切り札のはずのロックダウンはどこでもほとんど効果をあげなかった……かどうかにも議論はあるので面倒なんだが、文句なしの大成功でコロナを抑えましたという状況にはなっていなかった。四月末には怒涛のワクチン接種のおかげで余裕をかますようになったイギリスやイスラエルは、二〇二一年初頭には単位人口あたりで見ても新規感染者数は日本の二〇倍近くが続き、壮絶なことになっていた。だれの手柄かはさておき、日本は決して捨てたものではなかった。

また、経済もそんなに悪くない。本書でも何度か出てきたイギリス「エコノミスト」誌はいつも巻末に世界主要国の経済統計をのせているんだけれど、日本の二〇二〇～二一年の経済の落ち込みは実はG7でいちばん低い。アメリカはマイナス二・四パーセント、ユーロ圏全体でマイナス四・九パーセントなのに、日本はマイナス一・四パーセントという数字になっている。イギリスはブレグジットの打撃もあって、マイナス七・三パーセント。うひー。もちろん、一年前だと日本は消費税率引き上げ直後が基準だから、もともと落ちていて、下げ幅が少なかっただけとか、いろいろ言える。それでも、そーんな絶望的ではない。

だからあれがマズい、これがマズい、GoTo再開とは何事か等々、いろいろ悪口はあるけれど、でも客観的に見て、日本は相対的に見れば、国際的にましなポジションなのだということはわかる。日本は、コロナも低く抑え、経済もあまり落ち込んでいない（その後、ゲラの段階の五月でアメリカは急回復してプラス成長に転じ、日本はワクチンの遅れで順位が下がってしまった。でも、ワクチン接種は出遅れたが順調に進んでいる）。

もちろん、ワクチン接種が遅れているのは事実。欧米はものすごい勢いでワクチン接種が進み、これが出る頃には、英米ではもうコロナなんて昔話、それに比べて日本は……ということになっているかもしれない。これは金融危機のときもそうだった。最初は日本の影響は少ないよー、いかがわしいシャドーバンクなんかに走った欧米とはいっしょにしないでくれ、みたいな感じだった。それが後で、欧米はさっさと回復を始めたのに日本ばかりが停滞と二番底、三番底みたいな状況になってしまった。コロナでもそうなる可能性はある。

が、その一方で数ヶ月遅れにはなっても、なんだかんだ言いつつワクチンの供給はある。外国が急激に回復を見せたら、変な反ワクチン論者もだまるしかなくなり、接種者も確実に増える。来年の今頃はもう先は見えているはずだ。

そしてこのコロナ期間には、いろいろ経済面でおもしろいことが起きている。多くの人は事業継続支援や給付金など、各国内部の財政政策しか考えていないけれど、世界的な金融政策も実は大きな動きがあった。

二〇二〇年の頭くらいに、コロナ恐さで特に対中国の物流がかなり止まったのはご記憶だろう。物流が止まると、当然ながらお金の流れも止まる。世界の貿易はドル建てになっていて、ドル入金がないからドル支払いができない業者が世界中に大量に発生した。しかもアメリカとはまったく関係のないところでこれが起こる。中国とアルゼンチンの取引も相当部分がドル建てだ。その決済用の現金が不足すれば、国内なら自国政府や自国の中央銀行が、自国通貨を提供できる。でもドルは？　アメリカはアルゼンチン企業のためにドルを用立てる義理はない。

実はユーロ危機も、ヨーロッパ企業／ユーロダラー市場の取引決済ドル不足で生じたものだった。そしてそれを解決して再発を防ぐため、アメリカFRBは主要六ヶ国の中央銀行と通貨スワップラインを設け、必要に応じて無制限にドルを供給することを決めた。が、今回のコロナによる世界貿易のストップは主要六ヶ国をはるかに超える規模だった。ヘタをすれば世界の支払いシステム全体が崩壊し、リーマンショックを超える事態になってもおかしくない状況だったんだが……。

結果はご存じ……というかほとんどの人は危機があったことも知らない。世界経済はまわり続け、みんな国内の感染者数だのマスクだのに一喜一憂できるようになった。それは世界の金融システムが、リーマンショック／世界金融危機以来、ほとんど魔改造レベルの進化をとげていて、アメリカとかけ離れた末端にまでFRBがドルを供給できるようになっていた結果だ（おかげでFRBのバランスシートは異様にふくれあがっている）。そのうち、中国が復活してくれて、世界の貿易はまあまあ元に戻り、モノもお金も動き始めた。みんなの知らないところで、いつのまにか危機は到来し、そして去って行った。みんなの知らないところで、実はすごいことが起きていたのだ。

そして一瞬のうちに想い出の彼方になってしまったトランプ騒動を経て、こんどはバイデン政権が、ものすごい規模の公共投資を決め、ついに長期金利が上がって待ちに待ったインフレの懸念まで出てきている。ついでに、コロナ後のリバウンドも世界各国で必ず起こる。これはひょっとすると、世界的に経済がいい方向にころぶんじゃないか、と柄にもなく楽観的な期待をぼくは抱いてはいるのだ。

日本がそこで何か決定的な貢献をする様子がないのは、まあ残念といえば残念。本当に、日本がインフレ率を二パーセントに上げて世界のお手本になるような事態をぼくは期待していたのだけれど、まあ仕方ない。でもそんな日本でも、これから世界的に起こる景気回復の尻馬くらいには乗れるのではないか、というのがぼくのはかない期待だ。ただしそれは……

コロナ後で、みんなに配った給付金や事業支援融資のお金を回収しなければ、といった変な緊縮論が幅をきかせなければの話だ。実はこの文を書いている真っ最中に(二〇二一年四月二六日)、まさに管首相が財務省の突き上げをくらってか、コロナで悪化した財政の再建に取り組む検討をすると発表して、ぼくはかなり青くなっている。財政再建、つまりは緊縮の強化と増税だ。これをやったら日本はかなり絶望的な状況になる。消費税率を一〇パーセントに上げてからの二〇一九年末の景気落ち込みで、もう日本経済ダメだ感はあった。実はコロナによる世界経済の停滞は、それを相対的に目立たなくしたという意味では不幸中の幸いだったとさえ言える面もなきにしもあらず。それを利用しないと。消費税停滞の愚を繰り返してはいけない。

では、楽観的なシナリオとしてはどんなものがあるだろうか？　まず緊縮とか財政再建とか各種のコロナ関連助成の返済は、少なくとも各種事業がたちなおる五年くらい先までは一切手をつけてはいけない。まして一部の人が口走り始めている、コロナ増税なんかもってのほかだ。

さらにそのワクチン接種体制も含め、コロナで日本の医療体制の脆さはかなりあらわになった。どうして欧米の一〇分の一レベルの感染者で医療崩壊とかいう話になるね？　科学立国だったはずの日本はワクチンがなぜこんなに出遅れたんだろう？　ＩＴシステムの無惨、地方分権の併害。ダメなところがいろいろ見えてきたところで、それをコロナ停滞からのリバウンド期に多少なりとも改善しよう。そのために財政なんか無視してどんどんお金をつけよう。で、日本のリバウンドにあわせてアメリカの大規模投資が主導で世界経済も改善し、それで日本の景気が回復すれば、コロナ戒厳令からの回復でみんな羽目をはずしてくれて、久々の対面接触にみんな興奮して異様に低下した出生率も少しは改善するだろうし……。

というようなあまりに甘い皮算用が、少しでも現実のものになってくれるのを願いたいところではある。でも、そんな皮算用をする背景は、本書の各種雑文の中にも見え隠れはしていると思う。

本書の構想を立て、収録すべき文章の一次セレクションをしてくれたのは、亜紀書房の小原央明氏だった。また、初出媒体で担当していただいた多くの方々にも感謝する。ありがとうございました。そして、本書を読んでいただいているみなさまにも、感謝。ありがとうございます！

本書収録の文章の多くは、山形のブログやウェブページで公開されている。本書がまとまっても、特にそれを消したりすることはない。https://cruel.org/ と https://cruel.hatenablog.com/ にある。

そうしたリンク、関連文書（たとえば各種翻訳）へのリンク、および本書で見つかった思わぬ誤変換やミス、および必要な追記については、以下のサポートページにまとめておく。

https://cruel.org/books/hy/hirooEconEssays/

何かお気づきの点があれば、ご一報いただければ幸いだ。随時反映いたしますので。これが出る頃には、このコロナ戒厳令も終わりが見えてくることを祈りたいものだけれど、どうなりますことやら。

二〇二一年春　コロナ戒厳令下の東京にて

山形浩生（hiyori13@alum.mit.edu）

山形浩生（やまがた・ひろお）
評論家、翻訳家。東京大学大学院工学系研究科都市工学専攻修士課程およびMIT不動産センター修士課程修了。開発援助関連調査のかたわら、小説、経済、建築からネット文化まで、広範な分野での翻訳と執筆活動を行う。
著書に『新教養主義宣言』『要するに』（共に河出文庫）、『訳者解説』（バジリコ）、『断言』『断言2』（共にPヴァイン）など。訳書にピケティ『21世紀の資本』（みすず書房）、クルーグマン『クルーグマン教授の経済入門』（ちくま学芸文庫）、ケインズ『雇用、利子、お金の一般理論』（講談社学術文庫）ほか多数。

経済《けいざい》のトリセツ

2021年7月27日　第1版第1刷発行

著　者：山形浩生
発行者：株式会社亜紀書房
〒101-0051
東京都千代田区神田神保町1-32
電話(03)5280-0261
振替00100-9-144037
https://www.akishobo.com

装　丁：アジール（佐藤直樹＋菊地昌隆）
DTP：山口良二
印刷・製本：株式会社トライ
https://www.try-sky.com

Printed in Japan

ISBN978-4-7505-1701-8　C0033

亜紀書房の本

経済の論点がこれ1冊でわかる
教養のための経済学超ブックガイド88
飯田泰之
井上智洋
松尾匡 編

文系学生から、ビジネスマンまで。ケーザイを学ぶ入口はここだ!! リーダブルな必読入門書リストと共に、その概要を専門家たちがダイジェストで解説。初心者のための至れり尽くせり、究極のアンチョコ本、ここに登場！

そろそろ左派は〈経済〉を語ろう
レフト3・0の政治経済学
ブレイディみかこ
松尾匡
北田暁大 著

バージョンアップせよ、これが左派の最新型だ！ 日本のリベラル・左派の躓きの石は、「経済」という下部構造の忘却にあった！ アイデンティティ政治を超えて、「経済にデモクラシーを」求めよう。

「新自由主義」の妖怪
資本主義史論の試み
稲葉振一郎 著

見るものによってその姿を変える「新自由主義」と呼ばれるイデオロギーの正体を、ケインズ経済学／新古典派経済学／マルクス主義経済学の歴史と、戦後日本の経済思想史を丁寧にひもときながら突き止める！